U0164940

史家讲史

黄朴民◎著

《孙子兵法》与战争谋略

华夏出版社
HUAXIA PUBLISHING HOUSE

图书在版编目（CIP）数据

《孙子兵法》与战争谋略 / 黄朴民著 . -- 北京：华夏出版社
有限公司，2024.1
（史家讲史）
ISBN 978-7-5222-0538-0

Ⅰ. ①孙… Ⅱ. ①黄… Ⅲ. ①《孙子兵法》– 研究 Ⅳ. ① E892.25

中国国家版本馆CIP数据核字（2023）第145766号

《孙子兵法》与战争谋略

作　　者	黄朴民	
责任编辑	董秀娟　　吕　方	
责任印制	周　然	

出版发行	华夏出版社有限公司
经　　销	新华书店
印　　装	三河市万龙印装有限公司
版　　次	2024年1月北京第1版
	2024年1月北京第1次印刷
开　　本	880×1230　1/32
印　　张	8.5
字　　数	185千字
定　　价	52.00元

华夏出版社有限公司　　地址：北京市东直门外香河园北里4号　邮编：100028
网址：www.hxph.com.cn　电话：（010）64663331（转）
若发现本版图书有印装质量问题，请与我社营销中心联系调换。

序　言

如果把中国的历史文化现象看成是一桌酒席，那么，毫无疑问，残酷的战争，是这酒席上最醒目的一道"硬菜"，甚至可以说，没有"之一"。"争地以战，杀人盈野；争城以战，杀人盈城"，这是常态；"捐躯赴国难，视死忽如归"，"醉卧沙场君莫笑，古来征战几人回"，这其实更多的是一种无奈。"边庭流血成海水，武皇开边意未已"，这样的社会现实，决定了指导战争的兵学战策在中国古代文化体系中占有相当的比重，据有特殊的地位，其数量之多，可谓汗牛充栋，琳琅满目，蔚为大观。据民国学者陆达节《历代兵书考》的统计，历代兵书有 1304种之多，已故著名学者许保林在其《中国兵书知见录》（解放军出版社）中的统计数据为则为 3380 种，而刘申宁先生《中国兵书总目》（国防大学出版社）一书所呈示的数据，则为 4000种以上。

　　然而，在这卷帙浩繁的兵书中，优秀之作其实并不是太多，称得上是经典的，更是凤毛麟角，在一般人的印象里，恐怕也就《孙子兵法》等寥寥可数的几本。为什么大多数人只能举出《孙子兵法》，若不借助于"百度"等检索工具，连《武经七书》

也有可能都说不上来？我想，原因不外乎有以下两种。第一个原因是，《孙子兵法》的文字非常优美，汉语中的各种修辞手法，如顶真、比喻、排比、对偶等等，它里面都用到了，像"百战百胜，非善之善者也，不战而屈人之兵，善之善者也"，"上兵伐谋，其次伐交，其次伐兵，其下攻城"（《谋攻篇》），"知彼知己，胜乃不殆，知天知地，胜乃不穷"（《地形篇》），等等，皆是第一流的美文，异彩纷呈，早已脍炙人口。孔夫子尝言："言之无文，行而不远。"（《左传·襄公二十五年》）可以说，《孙子兵法》文字之优雅，在先秦诸子中，是堪与《论语》《老子》《庄子》《孟子》等书并驾齐驱，不分轩轾的。因此它的诸多内容，能不胫而走，雅俗共赏，妇孺皆知，富有极高的知名度，使它成为兵学经典中的经典。

第二个原因，也许更为重要，这就是，绝大多数的兵书，所讨论的重点，都主要是战术层面上的问题。像"习手足，便器械，积机关，以立攻守之胜"（《汉书·艺文志》）的具体战术、战法，往往会随着武器装备的发展，作战方式的改变，军队兵种结构调整与编制体制更替，因时过境迁，而成为明日黄花。在《孙子兵法》一书中，当然也有不少战术层面的内容，如自第九篇《行军篇》起，它就多关注和阐释比较具体的战术和战法，今天读来，同样会觉得稍嫌烦琐沉闷。但是，就总体而言，《孙子兵法》的主体内容，是阐发战略原理的。战略乃是宏观的，抽象的，是超越时空的。像"知彼知己""知天知地"这些理论，就不会过时，古今中外，任何战争要赢取胜利的基本前提，就是要做到"知彼知己""知天知地"，因此它们是富有永恒的生命力的。

"战略"的定义，在军事科学院编写的最早一版《战略学》中，就有明确的界定，实为不刊之论："战略是指导战争全局的方略。"寥寥十二个字，至少蕴含有四层意思。一是"战略"就根本宗旨而言，是伴随战争出现的，是为战争服务的。二是从性质上讲，"战略"是"指导性"的，也即方向性的，决定性的，引领性的。三是"战略"所面对的问题，是全局的而不是局部的，是长远的而不是眼前的，是根本的而不是枝节性的。四是"战略"即方略，是方针和策略，它不是大而化之，大而无当的东西，而是可以在实战中加以具体操作的方针和策略。

　　《孙子兵法》近六千字，从本质上来看，其所提炼归纳和总结揭示的，就是一种战略之道，作为博大精深的战略文化，全书归根结底，是围绕着回答战略的四个核心命题而逐次展开的。

　　第一，"做不做"的命题。

　　做还是不做？这是所有战略之所以得到确立的逻辑起点。许多事应该做，值得做，但是环顾各种条件和资源，审视自己所拥有的力量和能力，发现自己在短时间内难以战胜挑战，达成一定的战略目标，那也只能暂时搁置或无奈放弃，或者做一些策略性的必要调整，从而"以迂为直，以患为利"（《军争篇》），通过间接路线来取得依靠直接路线所不易达成的目的。像周武王伐纣翦商之后，以"小邦周"遽临"大邑商"，这个胜利成果实在太巨大了，一下子无法加以吞噬和消化，有鉴于这个现实，周室于是就按"二王三恪"的礼制，兴灭国，继绝世，暂时让纣王之子武庚统领殷遗民占有一部分殷地，让管、蔡、霍三叔就近监控，作为一种过渡。这并不是武王、周公等人宅心仁厚，而是基于殷周更替之际政治现实的形格势禁。而武王去世所诱发的武庚与三监叛乱，则在某种意义上为周室从根本上实现战略重心的东移，提供了契机，周公东征的结果，使营建洛邑、平定薄姑、践灭商奄，都能够顺理成章得以推进，第二次灭商的大业，因而圆满完成。用《孙子兵法》的话说，这就是所谓的"巧能成事"（《九地篇》）。

第二，"何时做"的命题。

决定实施战略进攻之后，紧接着而来的，是何时做的问题。过早启动，会导致自己成为矛盾的焦点，成为众矢之的。俗话说，枪打出头鸟，出头的椽子先烂，所谓"木秀于林，风必摧之；堆高于岸，流必湍之"。战国初年，魏国的霸权之所以昙花一现，旋起旋落，就在于魏惠王急于求成，四面出击，导致东西两线受敌，顾此失彼，捉襟见肘，陷入战略上的困境之中。所以，条件不成熟时，只能暗中积蓄力量，耐心等待时机，必须像越王勾践那样，善于做到韬光养晦，收敛锋芒，"时不至，不可强究"，故朱升向朱元璋提出的九字战略建言中，就强调要"缓称王"。按《孙子兵法》的逻辑，就是要做到"能而示之不能，用而示之不用"（《计篇》），以"始如处女"的低调姿态，诱使对方放松戒备，暴露破绽，使"敌人开阖"（《九地篇》）。但是，也不能过晚实施战略行动，因为这样一来，也就丧失了先机之利，失去了对主动权的掌控，如同俗话所言，过了这个村就没这个店了，蛋糕已经被分割完毕，自己已经被边缘化了，再也没有机会了。正确的做法应该是，把握时机，恰到好处，收放自如，见好就收。如同当年刘邦那样，利用项羽忙于平定齐地动乱、无暇他顾的机会，凭借汉军将士亟思东归的心理与士气，明修栈道，暗度陈仓，及时"还定三秦"，主动地揭开楚汉战争的帷幕，"兵之情主速，乘人之不及，由不虞之道，攻其所不戒也"，"后如脱兔，敌不及拒"（《九地篇》）。

第三，"何地做"的命题。

这就是战略进攻方向和地点的考量和选择问题，也即战略部署和行动，有一个水土服不服的问题。事物有普遍性，但同时又有特殊性。不同的军队，在不同的地域与环境中，其战斗力的发挥与运用，在效率上是截然不同的。故孙子作《地形篇》，阐释战术地理学的要义，又作《九地篇》，论述兵要地理与战略枢纽问题，强调"地形者，兵之助也，料敌制胜，计险厄远近，上将之道也"（《地形篇》）。春秋后期，吴越战争最终以吴王夫差自杀，吴国覆灭而画上句号，越王勾践笑到了最后，这是与吴国战略主攻方向判断与选择上的错误密切相关的。吴国"释越而攻齐"，进而与春秋最大的霸主晋国争龙头老大的地位，导致越国得以乘虚而入，攻克吴国都城，杀死留守吴都的太子友，给吴国君臣与广大民众精神上以毁灭性的摧残。同样的道理，在公元208年爆发的赤壁之战中，曹军打败仗，乃是必然的，不过，败得这么惨，倒是有一定的偶然性。曹操统率的北方将士，以骑兵为主体，这在北方平原地区，可以纵横驰骋，所向披靡，无往而不胜。但是到了赤壁一带，丘陵起伏，河流纵横，曹军不得不舍鞍马而就舟楫，原来的优势荡然无存，又焉得不败。换言之，曹军之所以在赤壁之地大败亏输，根本的原因就是曹操忽略了"何地做"的要领，过早地在一个错误的地点，进行了一场错误的战争。

第四，"由谁做"的命题。

　　孙子无疑是将帅中心论者，这是与他自己将帅的身份直接相关的，正所谓"位置决定立场和态度"。在他的心目中，普通士卒乃是"群羊"，可以"驱而往，驱而来"，只要把他们放置于无路可走的绝境里，他们在求生本能的驱使下，自动就会投入殊死的厮杀，即"投之亡地然后存，陷之死地然后生"（《九地篇》）。相反，将帅才是军队的灵魂，才是国家的栋梁，"将者，国之辅也"（《谋攻篇》），"生民之司命，国家安危之主也"（《作战篇》）。所谓"兵熊熊一个，将熊熊一窝"，"置将不善，一败涂地"，"千军易得，一将难求"。因此，用人、选将问题，是带有战略意义的成功之关键。我们无法设想，倘若没有那位"连百万之军，战必胜，攻必取"的韩信大将军，汉军是否能够顺利开辟北方战场，从而在不到四年的短短时间里，将叱咤风云、所向无敌的项羽逼入绝境，而上演霸王别姬、自刎乌江的一幕。应该说，将帅所处的至关重要的地位和所起的作用，是古今一律的。因此，当年一位伟人才这么点醒众人："政治思想路线确定之后，干部就是决定因素。"这与所谓"抓关键少数"，可以说是异曲同工的表述，传达的是同样一种信息。

　　由此可见，《孙子兵法》是竞争之道，也是战略之道，更是统帅之道，它是战略智慧的结晶，也是作战艺术的荟萃，更是战争谋略的集成。通过这部经典，我们能对古代战争有更好的审视和解读，同样的道理，通过相关事例，我们也能对这部经典有更深的理解和认同。这两者是相辅相成的，是共生互补的。正是缘于这样的考虑，在吕方女史的积极推动下，承蒙华夏出版社诸位领导的信任和抬爱，我将读《孙子兵法》经典与研讨先秦两汉时期战略实践结合在一起，做通盘的考量与整合，从

而尝试着为自己从事中国历代战略文化的研究摸索出一条新的
路径。

是为序。

黄朴民

2023 年 4 月 25 日

于北京世纪城时雨园寓所

目 录

001　东西对峙视野下的周初战略部署诸问题

021　春秋列国的兵要地理及其战略格局

041　晋楚争霸主线下的春秋结盟之道

065　战略均势与弭兵大会

075　吴越战争与春秋后期的列国战略地缘关系

085　战国地缘战略形势及其演变

105　竞"道德"、逐"智谋"与争"气力"
　　　——先秦兵学文化的嬗变轨迹考察

129　秦汉时期统一战争的战略指挥述论

153　秦汉统一战争中的典型战略预案评析

181　岂以一江限南北
　　　——《取陈策》与《御授平陈七策》平议

193　从"尚武"到"崇文"
　　　——漫说中华文化精神风貌之变迁

217　孙子论"将"

233　"同"大于"异"：中西方军事学宗旨与原则的比较研究

周公东征方鼎，又名丰白鼎，现藏美国旧金山亚洲艺术馆。
出自《国家人文历史》2021.5 下

---

* 本文与郭相宜博士合写。

一、夷夏东西说为解读中国上古历史的密码

我们曾经阐述过这么一个观点：自当年傅斯年先生提出"夷夏东西说"之后，从东西部族互动考究中华文明起源（包括政治格局的变化、民族的冲突与融合、文化价值观念的交合与互补等等），遂成为人们认知和解读中国古代历史之谜的重要途径之一。换言之，一部中国上古史，其实便是广袤的中华大地上东西两大区域及其相关势力之间长期对峙冲突，并不断同化融合的文明进程[①]。

现在，我们已习惯将先秦先后更替的历史称作"三代"：夏、商、周（分西周与东周两个阶段，东周又分春秋与战国两个时期），但是在先秦两汉人们的心目中，夏朝之前的虞舜时期，也属于一个相对成熟的特殊朝代，也就是说当为四代，即有虞、夏、商、周。这个情况见于众多古籍。如《司马法·天子之义》："有虞氏戒于国中，欲民体其命也。夏后氏誓于军中，欲民先成其虑也。殷誓于军门之外，欲民先意以行事也。周将交刃而誓之，以致民志也。"又如，《新唐书·儒学下·啖助传》载啖助之言："孔子伤之曰：虞、夏之道，寡怨于民；商、周之道，不胜其敝！故曰：后代虽有作者，虞帝不可及已。"凡此等等，不一而足。很显然，这四代如傅斯年先生所言，虞和殷商为一组，代表东方夷族[②]势力，而夏与周又为一组，代表西部夏

---

① 参见黄朴民、把梦阳《东西战略格局的演进》,《中原文化研究》, 2017 年第 5 期。

② 按庄春波先生的说法，也可称为"华族"，见氏著《华夏东西说》，载《新华文摘》1997 年第 1 期。

族势力。

夏朝时期，东部势力受压制，但其屈服与顺从只是暂时的，一旦条件成熟，他们仍然要与西部势力进行角逐，以控制中原核心地带。这个任务在商族手中得以完成。商的先祖以鸟为图腾，"天命玄鸟，降而生商"（《诗经·商颂·玄鸟》），这显然与东夷有一定关系，众所周知，鸟为夷（华）部落的图腾，少昊氏的后裔郯子曾向孔子讲述过该部落联盟图腾由来与官制建设的详细情况："我高祖少皞挚之立也，凤鸟适至，故纪于鸟，为鸟师而鸟名。"（《左传·昭公十七年》）商族以"玄鸟"为图腾，亦当是属于同一性质。关于商族的发祥之地，学术界的观点可谓是众说纷纭，莫衷一是。但无论是辽东说，华北说，还是山东起源说，江苏北部说，都处于中原大地偏东的位置，说明商族的根据地是在东方，相传其第三世先公相土作"东都"，故经典上有"相土烈烈，海外有截"（《诗经·商颂·长发》）的说法。商汤时"十一征而无敌于天下"（《孟子·滕文公下》），最终战胜后桀，灭亡夏朝，建立商朝，这表明东方势力再次在东西部战略角逐中占据了优势地位。

不过，风水轮流转，等到西部的"小邦周"在甲子朝奏捷牧野，一举"殪戎殷"，推翻"大邑商"之后，中华大地上东西部的政治格局又被重新改写了，西部力量又成为中原地区的主宰，东部势力受到严重的打击，西部胜利者成了"国人"，以"君子"的身份君临天下，而东部的民众与族群作为失败者、被征服者，成为所谓的"野人"，不得不臣服于西部势力。恰如傅斯年先生所说"鲁之统治者是周人，而鲁之人民是殷人"，其实，这种说法，适用于东土的全部。孔子尝言："先进于礼乐，野人也。后进于礼乐，君子也。"（《论语·先进》）就隐隐约约透露了这种东西部关系更替、势力消长的信息[1]。

在这场东西部势力大角逐、大博弈过程之中，代表西部势力的周族在战略运筹方面，做得可圈可点，其中的高招之一，是设法在殷商的侧后开辟战场，让殷商王朝陷于两面作战的困境，顾此失彼，捉襟见肘，首尾不能相顾，远水难救近火，疲于奔命，狼狈不堪！这包括，可能暗中煽动东夷某些部族发动叛乱，让商室在平叛过程中消耗实力，大伤元气，这就是史称的"纣为黎之蒐，东夷叛之"（《左传·昭公四年》），"纣克东夷，而殒其身"（《左传·昭公十一年》）。由于史料缺乏，这一点我们只能做合乎逻辑的推测。更为重要的，是早早开始对东南一带的经营，换言之，周族对东南吴地的经营，可以视为其灭商战略布局中的重要步骤之一。史称太伯、虞仲兄弟在周室权力接班问题上发扬高风亮节，主动谦让，"以让季历"，遂栉风沐雨，远奔吴地（今江苏南部），这虽然听起来很温馨很让人感动，但我们认为，这或许是后世儒学伦理道德化重构古史系统的产物，其背后真实的动因，太伯兄弟奔吴，当是周族将势力楔入商人的后方，以实现周邦蚕灭殷商的迂回包抄战略[2]。故先秦史研究泰斗徐中舒先生论断："余疑太伯、仲雍之适吴，即周人经营南土之始，亦即太王翦商之开端。"[3]

---

[1] 关于为何"野人"反而先进于礼乐，可参阅胡适《说儒》、傅斯年《周东封与殷遗民》等论著。

[2] 参见罗琨、张永山《中国军事通史·夏商西周军事史》，军事科学出版社，1998年，第219页。

[3] 《殷周之际史迹之检讨》，《历史语言研究所集刊》，第七本上册。

二、周公东征背后的东西对峙因素

东西部势力的对峙冲突及其同化融合既然是了解和把握先秦政治格局演进的一大关键，那么，它无疑也是我们在今天探讨周初政治形势发展与周初统治者诸多战略部署的动机之重要切入点。

这种东西政治文化圈事实上的存在，使我们在今天能够真正理解周武王伐纣灭商之后为何又爆发武庚叛乱、大面积东夷反周起事的深层次动因。

众所周知，武王伐纣的胜利，从某种意义上来说，只是军事上的一次征服，并没有从根本上改变被征服地区的政治结构与社会文化基因，这颇与西方亚历山大大帝马其顿军事征服与扩张相类似。毕竟"小邦周"无法在短暂时间内马上消化"大邑商"这份战利品。所以，除了"封建亲戚，以蕃屏周"（《左传·僖公二十四年》），推行初步的分封制，进行武装殖民之外，也不得不承认现实，面对实情，遵循传统的做法，"兴灭国，继绝世，举逸民"（《论语·尧曰》），"举贤立明，正复厥职"（《司马法·仁本》），将纣王之子禄父（武庚）立于商王畿邺地为首领，在那里"俾守商祀"（《逸周书·作雒解》），世守商王的宗庙社稷和治理当地的殷民。周武王之所以这么做，应该说是出于不得已，因为伐纣成功后，周王朝的政治中心依然偏居于西方，对黄河中下游、古济水流域和淮河中上游，乃至江汉地区，都无法直接加以控制，这些地区，其实都是在东部势力的继续掌控之下。当然，周武王也是非常警惕的，他深知东西部势力之间的对峙与冲突属于结构性的矛盾，故不敢放任武庚，十分注意他的动向，防止其坐大，为此派出其弟管叔、蔡叔和霍叔，屯驻于故殷之地，对武庚进行监视控制，史称"三监"。

灭商后才两年，武王便因积劳成疾而撒手人寰，继位的成王尚未成年，"近水楼台先得月，向阳花木易为春"，身在宗周的周公旦趁机上位，充任摄政，代行王权。这下子，可在周廷内部掀起了一场不小的风暴。周文王的长子伯邑考早已不在人世，武王为次子，管叔是三子，周公是四子，在武王不幸去世后，按理说，管叔作为老三，是应该在中枢执政的，至少也该混个与周公共同摄政。可是，由于他和蔡叔等远在殷地为监，在周室内部的权力重新分配中，完全被边缘化了。这口气他当然无法吞下去，于是乎他就发起舆论攻势，以替成王争王权为名，诋毁周公，"管叔及其群弟流言于国，曰：（周）公将不利于孺子"（《尚书·金縢》）。可这么一来，等于是让战败的东部势力捡到了现成的武器，即所谓"管、蔡启商，惎间王室"（《左传·定公四年》），那些不甘心被征服的殷商残余和其同盟者东夷诸方国，认为这是让东部势力重新崛起，再次成为天下主宰的绝佳机会，于是就积极行动起来，窥测时机，以求一逞。一直以来都追随殷商王朝的奄（都山东曲阜）和薄姑（都山东博兴东）在这方面最为积极，上蹿下跳，积极向武庚献计献策，"武王既死矣，今王尚幼矣，周公见疑矣，此百世之时也。请举事！"（《尚书大传》）武庚正处心积虑想夺回失去的王朝，重振东部势力的雄风，对奄君等人的说辞当然深表认同，遂游说管、蔡，争取他们一起兴兵犯阙，而管、蔡等人亦利令智昏，居然不顾周室的根本利益，决定和武庚等合作，共同举事。双方各怀鬼胎，互相利用，遂一拍即合，发动了叛乱。

叛乱一起，东方势力都兴高采烈，十分振奋，遂纷纷起兵，策应和配合武庚和三监的行动，"徐、奄及熊、盈以略（畔）"（《逸周书·作雒解》），"三监及淮夷叛"（《尚书·大诰》），"徂兹淮夷，徐戎并兴"（《尚书·费誓》）。东夷诸方国之所以对三监与武庚之乱欢欣鼓舞，闻风而动，景从响应，从根本上讲，他们和武庚一样，都属于东部势力集团，都仇恨周人为代表的西部势力的东进和控制。所以，这场动乱，就管叔、蔡叔而言，是王室内部的权力斗争，而对武庚和诸多东夷方国来说，则是东西部势力大对抗与大较量，是武王伐纣之战的延长赛。尽管性质不同，目的有异，但是在针对周公为主导的周王室这一问题上，他们有利益交集，遂暂时结成统一战线，一致以周公为敌。

面对来势汹汹的大叛乱，在宗周朝廷主政的周公没有退缩与妥协，而是以强硬的手段坚决应对。他先是作《君奭》，说服二号人物召公站队在他的一边，又作《大诰》申明武力平叛的必要性与迫切性，进行战前动员。在统一认识，统一思想，实现内部团结，激发起从上到下的同仇敌忾之气的基础上，从事充分的作战准备。一切就绪后，周公遂统率大军，东进平叛，史称"周公东征"，从某种意义上来说，这也是第二次灭商战争。

周公东征进展顺利，周军率先进攻武庚封地邶，很快就击溃武庚的主力，"殷大震溃"，迫使武庚累累若丧家之犬仓皇北奔，"王子禄父北奔"（《逸周书·作雒解》）。部分周军在召公的指挥下乘胜追击，不久将其残部彻底歼灭，"成王既黜殷命，杀武庚"(《书序》)。与此同时，周公统率周军主力直捣管叔驻地鄘，一举而下，诛杀管叔，转而又将兵锋指向蔡叔驻地，将其生擒活捉，囚禁废锢。对与叛乱活动牵涉不严重的霍叔，同样也加以惩罚。至此，周公东征取得了决定性的胜利。

周公等周室掌舵人，心里非常清楚，这场大叛乱，除了王室内部的权力之争外，更是东西部两大集团之间的政治主导权和势力范围之博弈。所以，与其扬汤止沸，不如釜底抽薪，当借此平叛的良机，摧毁东部的抵抗力量，大张挞伐，犁庭扫穴，毕其功于一役。于是，周军就全面展开了对参与三监武庚之乱的东夷大小方国的征伐，血腥镇压，绝不宽恕，东征之役，从此进入了更为残酷、更为激烈的第二个阶段。

周族虎狼之师浩浩荡荡向东挺进，率先指向鲁北的薄姑国，通过残酷的厮杀，薄姑国被周军攻陷，金文记载："唯周公于征东夷，丰公、薄姑咸戈。"[1]咸，意为全部；戈，是斩杀的意思。这表明这一仗打得十分血腥，薄姑国的统治者与广大民众被屠戮殆尽！所谓的不嗜杀人的仁义之师，只是后世儒家的理想化想象与虚构而已，"血流漂杵"才是上古战争的常态与真相。《汉书·艺文志·兵书略序》所称的"下及汤武受命，以师克乱而济百姓，动之以仁义，行之以礼让"云云，其实只是后世儒者的凭空想象而已，是不宜天真信从的。

在屠灭了薄姑之后，周公挥师南下，长驱直入，势不可当。在接下来的战事中，周公采纳辛公甲所建议的作战方

---

① 《殷周金文集成》2739，中华书局，1985—1995 年。

略，"服众小以劫大"（《韩非子·说林上》），先攻地处鲁南和泗水以北的众多东夷小国"九夷"，以孤立最强之敌商奄。周师的进展还是相当顺利的，很快就取得了平定"九夷"的战果："凡所征熊、盈（嬴）十有七国，俘维九邑。"（《逸周书·作雒解》）

至此，周军也就只剩下最后一个对手奄国了，然而，这也是整个东征之役中的一块最难啃的骨头，对周军而言，面临的是最艰巨的一仗。奄，其都城所在地，正是商王南庚、阳甲的旧都[①]，故史称"商奄"。该地民众与商人有难以割舍的深厚渊源关系，国势又是东夷诸国中最为强盛的，所以面对周军的大举进攻，奄国上下同仇敌忾，顽强不屈，进行了殊死的抵抗，"商人服象，为虐于东夷，周公遂以师逐之"（《吕氏春秋·古乐》）。这里的"商人"，其实就是商奄人。这场鏖战，让周军与奄国人都伤亡惨重，付出了沉重的代价（可参见《诗经·豳风·破斧》诸篇），最后，还是周军经过极其惨烈的苦战击败了奄人，赢得了作战的胜利，实现了所谓"践奄"的战略目标。

践奄的残酷程度，较之于征服薄姑与"九夷"，可谓是有过之而无不及。一个"践"字，充分体现了这种惨绝人寰的性质。古人解释"践之者，籍也。籍之谓杀其身，执其家，潴其宫"（《尚书大传·成王政》）。也就是说，不仅奄国当地的东夷青壮男子被残杀，而且其老弱妇孺也通通沦为奴隶，其宫室被彻底毁坏，再在原址上挖一个大池塘，从地面上完

---

① 参见方诗铭、王修龄古本《竹书纪年辑证·殷纪》，上海古籍出版社，1981 年。

全铲除象征东夷方国存在的标志物。其报复之狠，实在是无出其右！

周军在整个东征过程中所表现出来的残忍与暴虐，其实也就是西部势力对东部势力的反抗予以无情镇压的必有之义。换言之，没有夷夏东西的客观存在与长期对峙，就不至于酿成这场差一点颠覆周族统治的大规模武装叛乱。同样的道理，为了彻底解决东部势力的死灰复燃、卷土重来、东山再起问题，也只能是全力以赴加以镇压，不但要摧毁东部势力赖以抗衡的物质基础，而且更需要在精神意志的层面给对手以致命的打击，"破其肝胆"，完全摧毁其反抗的心理，使其彻底屈服和顺从周族统治的现实。普鲁士杰出军事学家克劳塞维茨在其《战争论》一书中指出，"在战斗的过程中，精神力量的损失是决定胜负的主要原因。……因此，使敌人精神力量遭受损失也是摧毁敌人物质力量从而获得利益的一种手段。"① 法国著名军事学家博福尔也说："要想解决问题，必须首先创造，继后利用一种情况使敌人的精神大大崩溃，足以使它接受我们想要强加于它的条件。"② 可见，当年周公"咸戈"薄姑，残酷"践奄"，其动机和做法，或许也是类似的考量。而他之所以毫无心理负担敢于亮剑，敢于痛下杀手，这也许是他始终以西部势力的领袖自居，视殷民与其附庸东夷方国为"异类"，"非我族类，其心必异"，这样的所作所为，恰好进一步坐实了傅斯年先生所主张的"夷夏东西说"乃是不刊之论。

---

① 《战争论》，中国人民解放军军事科学院译，解放军出版社，2012年，第245页。
② 《战略入门》，军事科学院外国军事研究部译，军事科学出版社，1989年，第8页。

三、周初的分封布局与洛邑经营所显示的东西对峙态势

西周时期周公制礼作乐，成为中国古典文明全面兴盛的标志性事件，后人习惯于将这种文化气象与文明的核心内涵及相关表现形式，概括地称之为"礼乐文明"。

西周礼乐文明体现到制度建设的层面，就是四个基本制度像四根柱子一样，支撑起了西周礼乐文明这座辉煌的大厦。具体而言，这就是经济上生产经营模式的井田制，社会管理模式上区别并规范征服族与被征服族各自权利与义务的"国野制"，处理和协调统治集团内部各种关系与权力分配的宗法制，整个国家机器从事治理天下的基本模式"分封制"。

所谓分封，就是周天子根据与自己关系的亲疏远近，对自己的子弟、亲戚、功臣和古代王族后裔，授予一定范围的土地和人民，进行武装殖民，建立统治据点，以拱卫周王室，即所谓"封建亲戚，以蕃屏周"。这种统治据点，就是"封国"，众多的封国就是"诸侯"。

诸侯受封时，要举行隆重的册封仪式，由周天子委派的朝廷专门机构的官员，代表周天子向受封者颁布"册命"，其主要内容就是"授民授疆土"，同时授予受封者官属、奴隶、车旗、命服、仪仗等象征诸侯等级的标志物。受封的诸侯，则要对周天子承担镇守疆土、出兵勤王、交纳贡赋、朝聘述职、参与祭祀等义务。

西周的大分封，先后有两次。第一次发生在武王伐纣灭商

之后，"昔武王克商，光有天下，其兄弟之国者十有五人，姬姓之国者四十人"（《左传·昭公二十八年》）。第二次大分封，是在周公旦东征平定武庚、管蔡之乱以后，这次也许更为重要。康王之后，周王室仍陆续有所分封，但规模和数量皆不能与周初相比了。

周初大分封的对象，主要有四个大类。一是周王室的同姓贵族。这一类封国为数最多，其中又集中于文王、武王及周公的后裔，《左传·僖公二十四年》："管、蔡、郕、霍、鲁、卫、毛、聃、郜、雍、曹、滕、毕、原、酆、郇，文之昭也。邗、晋、应、韩，武之穆也。凡、蒋、邢、茅、胙、祭，周公之胤也。"二是异姓的功臣谋士，如封姜尚于营丘，国号齐。三是殷商之后，先是封商纣王之子武庚于殷，后又册封微子启于商丘，国号宋，爵为上公。四是前代帝王之后，如封神农之后于焦，封黄帝之后于祝，封帝舜之后于陈，封大禹之后于杞。这四类中，第一类与第二类乃是主体，他们之间的关系，不是天然的"兄弟之国"（第一类），便是通过缔结婚姻的方式，形成的所谓"甥舅之国"（第二类），自然可以起到"股肱周室"的作用。

分封的目的是"夹辅王室"，"以蕃屏周"，这一点属于常识。而我们感兴趣的，乃是相关分封内容中所蕴含的武王、周公等人的机心深沉，他们通过分封所要实现的战略考量与战略目标。稍加留意，我们就能发现，他们是在下一盘大棋，而整个棋盘上他们的每个棋子，每个谋势，都将以西制东，不让东部势力再度崛起为唯一原则。

这一点，只要看一下周初政权中核心人物的封国地点也就可以理解了。众所周知，西周开国以及随后在周初政治生活中扮演主要角色的，也就是周公旦、召公奭、太公望以及康叔等人。为了应对东部势力的抵制与反抗，他们受封的地点，无一不在东方区域，在原先殷商王朝与其同盟者的根据地，就近加以监督与控制，从而紧紧扣住了东部势力的命脉，使得殷商及其同盟者无法兴风作浪，破坏天下安宁稳定之大局。

鲁国，为周公的封国，建于东夷大国奄的故地之上，可见它立国的重要任务之一，是在镇抚东方的战略部署中发挥核心作用。由于周公本人在朝廷摄政，遂由其"长子伯禽代就封于鲁"。不过，伯禽就封后，所有的做法，包括治国理念的确立、治国方法的推行，皆遵循了周公的教导，可谓是亦步亦趋，中规中矩。这中间，防范和打击东夷残余势力，也是伯禽及其继承者致力于践行的职责之所在。为此，伯禽等人积极主动地反击徐戎与淮夷的侵扰，并将敌人赶到淮河下游地区，从而使命必达，圆满实现了"大启尔宇，为周室辅"（《诗经·鲁颂·闵宫》）的战略目标。这正是周室分封的初衷。显而易见，周公受封鲁国，占有商奄故地，目的与客观效果，都带有一定的东西大对峙的色彩。

召公，是武王宾天后周室新政治格局中的第二号大臣，即便是周公，要办成大事，也无法独断专行，而必须首先获得召公的首肯与支持，东征之举已完全证明了这一点。他和周公旦、太公望同为武王灭商的功臣，成王时又是协助周公平定三监之乱的副手，因此，他的分封，按理来说，应该是封于交通发达，土地肥沃，经济繁荣，人口稠密的中原核心地带或王畿周围，可事实上，却是被赐封在遥远而苦寒的燕地，金文载：

"召公建匽"（《集成》2556）。东征结束后，召公返回宗周佐助成王，"以元子就封"（《史记·燕召公世家》）。此说在克盉等铭文中得到证实，它们明确记载，燕国的受封人为召公奭（"王曰太保"），而就封者是其子克（"令克侯于匽［燕］"）。功高德劭的召公之所以被册封在东北一隅，很显然，同样是出于压制东部势力的考量，它南有邶国，东有孤竹国，北有蓟，越燕山而东可与肃慎发生瓜葛，军事和政治地位十分重要，孤竹等方国，与殷商关系较近，也属于东部势力集团中的一分子，如果放松警惕，它们一旦与东夷及殷商残余势力联合在一起，那么就势必会对周室的统治造成相当大的威胁，所以有必要将重臣分封在这里，以点带面，控制局势，维系安全。

太公望姜尚，是最重要的异姓功臣，在武王伐纣灭商和周公东征时，功勋卓著，"师尚父谋居多"，"后世之言兵及周之阴权皆宗太公为本谋"（《史记·齐太公世家》）。后世的人们多认同司马迁的看法，如《唐太宗李卫公问对》卷上中就有这样的见解："周之始兴，则太公实缮其法：始于岐都，以建井亩，戎车三百辆，虎贲三千人，以立军制，六步七步，六伐七伐，以教战法。陈师牧野，太公以百夫致师，以成武功，以四万五千人胜纣七十万众。周司马法，本太公者也。"缘此，太公在成王时被赐封于齐，并被授予"五侯九伯，女实征之，以夹辅周室"的征伐大权和辅弼王朝的使命，其征伐范围"东至于海，西至于河，南至于穆陵（豫鄂交界的穆陵关），北至于无棣（河北卢龙）"（《左传·僖公四年》）。周室的战略意图很明显，有这样的重臣坐镇齐地，镇抚薄姑、莱人，南可得鲁国之策应，北可恃强燕之奥援，何惧东方集团的势力寻衅滋事，万一变生腋下，事起仓促，也无须惊慌失措，因为有齐、鲁、燕携手应对，谅对手也难成气候，纯属以卵击石，自取灭亡！所以，太公望受封于齐，亦是从东西势力之间对峙的大局运筹帷幄的产物，要真正起到"夹辅周室"的作用，发挥一种类似于定海神针的功效。

除了上述周公、召公、太公三大巨头，周室的其他重要人物，大多也被分封到东方一带，共同致力于防范和镇压东部势力的反扑。如，武王少弟康叔，在平三监之乱中立有大功，故受封于殷墟，建立卫国，都朝歌（今河南淇县），镇守殷王畿故地，治理殷遗民七族。康叔兢兢业业，不辱使命，统领封在豫北和冀南的邢、凡、胙、祭、原、雍等姬姓诸侯和其他异姓诸侯，确保了周室东土的安全，圆满实现了周公要他成为"孟侯（侯伯之长）"（《尚书·康诰》）的期许。又如，蔡国本为武王之弟蔡叔叔度的封地，都于蔡（河南上蔡），蔡叔因参与叛乱而被囚禁，其国一度被废，但其子胡与乃父行事完全不同，能"率德驯善"，故不久就被复封于蔡（《史记·管蔡世家》）。蔡国的战略地位相当重要，它立国于淮河支流汝河之东，是淮河中上游诸姬中的大国，对于防范东部势力，控制那一带的局势起着不可或缺的作用，由此可见，周初大分封过程中的具体布局，都是根据东西势力双方角逐较量这个根本问题而展开的，这是认识周初政局演变的一个重要切入点。

同样的性质，周公经营成周（洛邑）的作为之动机与相关做法，也应该置放在东西势力竞逐无已、纷争不休这个历史演进之主旋律的大背景下加以考察。

周公东征，历尽千辛万苦，虽说最终凯旋奏捷，胜利回师，但是，事件本身也让周公等人从伐纣灭商的胜利陶醉中清醒了过来，对"靡不有初，鲜克有终"的道理有了切身的感受，知道了"夫战胜攻取而不修其功者，凶"（《孙子兵法·火攻篇》）的历史昭示。他们明白，以"小邦周"来消化"大邑商"是个十分艰巨的任务，更何况殷商作为东部势力的代表者，还拥有广大东夷集团的支持，可谓百足之虫，死而不僵。这中间原因很多，但是从战略地理来考究，宗周的位置过于偏于西方，这对军事防御体系的完善而言，是个很严重的缺陷，所谓"虽鞭之长，不及马腹"，一旦东部势力卷土重来，宗周做出反应就比较迟钝，容易错失战机，不便及时制止动乱，控制形势。当务之急，就是要做好东西势力长期胶着于博弈状态的思想准备，果断地调整周室的军事部署，将战略前沿基地加以东移，将军事防御建立在东西部势力博弈的第一线。

要达到这个目标，有几点是必须考虑到，并事先做出安排的。一是权力结构要有所调整，职责划分要合理区隔和明确。周公固然强悍能干，但也不能将所有政务全压在他一个人的身上。这时候需要有人替他卸掉一些事务，减轻他的负担。所幸的是，召公奭无反顾地站了出来，替周公减压，两人开始分工合作，分别承担起治理王朝东、西部两地的重任，东部问题更多，难度更高，自然由一号周公来处置，"自陕以西，召公主之。自陕而东，周公主之"（《史记·燕召公世家》）。有召公鼎力相助，周公便能够集中精力来应付东方的事务，而不再有什么后顾之忧了。二是掌控东方局势的战略中心点，需要有地理上的形胜之利，处于进可以攻，退可以守的主动地位。于是乎，洛邑很自然就成了这个军事战略前进基地的首选地点。洛邑地理位置优越，处于东西交通的要冲，地势亦易守难攻，它东有成皋之固，西有崤函之险，"背河向雒，其固亦足恃"（《汉书·张良传》），且有经济方面的优势和便利，"天下之中，四方入贡道里均"（《史记·周本纪》）。

由于清晰地意识到镇抚东方的迫切需求，又看到了成周的特殊地理优势，周公辅政后，便以其为政治与军事重心来治理东方，东征平定三监之乱后，周公和召公通力合作，全面规划与营建成周，不惜为此投入大量人力、财力、物力，仅短短一年，成周便粗具规模，最后终于成为一座牢固的城池。至此，西周朝廷终于分别建立起以丰镐和成周为中心的战略防御体系，两大中心东西相望，互为表里，而这种战略布局，归根结底，也是东西势力角逐竞雄的现实形势与战略逻辑条件下的自然结果。从相关史料记载来看，成周的重要性越来越突出，这表现为：一是周室军事力量的大部分部署在成周，宗周为六师兵力，称"西六师"，而成周拥有八师兵力，号称"成周八师"（也称"殷八师"，有学者认为，殷八师与成周八师是两支部队，那么成周拥有十六师兵力，更是占据绝对优势）。二是周室的重大军事行动往往从成周出发，周王越来越习惯于在此处理朝政，接见诸侯，颁布政令[1]。三是同时成为手工制作与生产基地，大面积铸铜遗址的发现，或标有"新邑""成周"铭文铜器的出土[2]，显示出成周在当时已是手工业发达、经济逐渐繁荣的大都会，是西周政治、经济、文化、军事向东拓展与交流

---

① 参见献侯鼎，罗振玉《三代吉金文存》3.50.2；作册令方尊，同前 11.38.2。

② 参见王奠新邑鼎，《陕西金文汇编》上 135，三秦出版社，1989 年；士卿尊，《三代》11.32.7。

的大本营，功能上已渐渐超越丰镐的宗周了，而这种情况的发生，毫无疑问，是东西势力博弈下的产物。为了全方位压倒东部势力，依托成周一是为了战略上就近掌控，在力量上碾压对手；二是为了展示新生王朝对殷商王朝的全方位超越，在精神上击溃对手。

四、余论

总之，周初政治军事格局的变化与发展，其根本动因在于东西势力的对峙之因素的发酵与影响，这种情况，早在黄帝与蚩尤进行涿鹿之战时便已存在，在中国上古数千年而没有本质的改变。但是在指出这种对峙状况的同时，我们也不要忽略了事物的另一个方面，即在对峙过程中，夷与夏是不断地处在融合之中，东与西的畛域也不断地处在淡化之中，这样，才有夷（华）夏不断地交融在一起。这一点在卫康叔的做法上就有鲜明的体现，所谓"启以商政，疆以周索"（《左传·定公四年》），既尊重殷人的文化与风俗习惯，又以周室的法规制度实施管理，从而较快地得到殷民的理解与顺从，史称卫康公在殷墟"能和集其民，民大说"（《史记·卫康叔世家》）。这个说法似可存疑，亡国之民，哪里会有可能对武力征服者感恩戴德，感激涕零，以至于"大说"，这一看就是粉饰之词，是站在西部势力的立场而替周室统治者"洗地"，但是，殷商故土一带矛盾相对缓和，周之征服者与殷商之遗民彼此之间大体相安无事，想来也许比较接近于事实。

司马迁曾说过："夫作事者必于东南，收功实者常于西北。"(《史记·六国年表序》)这简直就是解读中国历史演进的一个密码，许多历史现象都可以通过它来接近真相，解释疑惑，揭示本质，总结规律。"夷夏东西说"，就是打开不少先秦历史之谜谜底的一把钥匙，先秦的王朝兴衰存亡，往往与在东西平衡的战略举措上左支右绌、顾此失彼相关联。商纣的过度经营东方，导致殷商西部防御的空虚，给周族趁机东进提供了千载难逢的机遇，所谓"纣克东夷，而殒其身"(《左传·昭公十一年》)。西周的兴衰成败，同样与此有关。周公等人专志锐意致力于防范和镇抚东方，如在分封问题上，过分强调原来殷商王畿及其周围殷商与国的战略地位，把拥有强大军事实力的大国都安排在东方和东北方，并倾注了大量的各类资源，这固然消弭了殷商残余势力的死灰复燃，也制止了殷商诸多同盟者的反噬和捣乱，然而，再多的资源也是有限度的，难免捉襟见肘，于是乎，就严重疏忽了对王畿西部的防范（当然也包括对南国及淮河中下游地区），具体来说，王畿西部几乎都是异姓诸侯处于守边的第一线，而二线的姬姓侯伯也实力单薄。周初几代国君凭借文、武的余威，尚可勉强保住西土的安宁，共、懿之后，戎族急剧崛起，势力膨胀，对周室构成严重的威胁。可此时周室仍然局囿于东西势力竞逐的视野，以抗衡东部势力为战略导向，故而在西线没有采取强有力的弥补措施，造成戎族多次突破周室的西部防线，抵达渭河中游地区，甚至逼近镐京附近。在这种困境中，周室无法自拔，到了西周晚期更是彻底失控，王室两大集团军"西六师"与"成周八师"东西两线作战，疲于奔命，苦不堪言，其结果自然非常悲惨，犬戎蜂拥而至，长驱直入，宗周失陷，王室不得不仓皇东迁洛邑，日薄

东西对峙视野下的周初战略部署诸问题

019

西山，无力回天！

两汉之后，随着北方地区游牧民族的蓬勃兴起并南下侵扰，引发了农耕文明与游牧文明两大文明圈的冲突与对撞。为了维系各自的生存空间与生产生活方式，两大文明圈之间无止无休地进行铁与血的较量，与此相关联，中国古代军事斗争的战略轴心，也随之发生了根本性的变化，即由东西的角逐一变而成为南与北的竞雄。但即便是南北之争中，东与西的对峙与冲突的影子也始终相伴随于整个中国历史的进程。王朝的兴起与强盛，取决于统治者能够在东与西的战略部署与应对上保持适当的平衡，维系相对的均势。而王朝的中衰或崩溃，则通常是因为这种脆弱的均势被打破，统治者顾此失彼，左支右绌。

在绝大多数情况下，后者是常态而前者往往属于特殊。如隋炀帝，应该说经营西域还是颇见成效的，但是，在应对东部问题上，就明显力不从心了，数次征伐高丽，都惨遭失败，最终导致隋王朝土崩瓦解，身死国灭。又如明王朝的覆灭，也是因为陷入东西两个方向同时面临危机的结果，既要对付东北的女真族军事威胁，又要对付发轫于陕西的农民军战略进攻，首尾无法兼顾。再如晚清，也是东西防线都岌岌可危，资源有限，不能从容应对，故有李鸿章"海防"与左宗棠"塞防"之间的重大争议。由此可见，长时段考察古代中国的历史与文化，我们能够发现，东与西的对峙，是与历史的进程如影相随的，如果懂得了这其中的奥秘，那么，不少匪夷所思的历史现象之本质，也就可以思之过半，昭然若揭了。

秦公簋及铭文，春秋晚期。1920年，出土于甘肃礼县红河乡。
出自《西垂有声》，梁云著，三联书店，2020年

春秋列国的兵要地理及其战略格局

春秋列国的兵要地理及其战略格局

军事活动总是在一定的时间和空间中进行的。春秋时期的战争都发生在地面或水上，因此，今天我们要总结春秋战争历史的进程及其影响，就有必要深入考察当时主要列国的兵要地理状况，揭示其所处的地理环境与其战略动态、发展前景的内在联系。

一、列国的兵要地理环境

春秋初期见于《左传》等史籍记载的大小诸侯国大约有一百四十余个，其中绝大多数面积狭窄、人口稀少，且往往有被称为夷狄的少数部族错杂散居其间。所谓"昔天子之地一圻，列国一同，自是以衰"（《左传·襄公二十五年》），就反映了这一客观现实。在长期的兼并争霸战争中，它们先后为大中型国家所吞灭。终春秋之世，真正具有经济、政治、军事实力和影响的大中型国家，不过十多个而已，它们是周、晋、楚、齐、秦、鲁、宋、郑、吴、越、燕、曹、卫、陈、蔡、许等。我们分析论述春秋主要列国的兵要地理，当以这些国家为具体对象。

周。自平王东迁洛邑后，周王室在名义上仍为天下的共主，在春秋初年，它尚拥有一定的实力，在某种程度上还能够起控制中原局面、调节诸侯关系的作用。这是与其拥有较大的疆域，地居天下之中，地理形势优越有直接的关系的："西有虢，据桃林之险，通西京之道；南有申、吕，扼天下之膂，屏东南之固；而南阳肩背泽路，富甲天下；辗辕伊阙，披山带河。地方虽小，亦足王也。"（顾栋高《春秋大事表》卷四）大体而言，当时东周王室奄有方圆六百里地的统治区域，包括今河南省洛阳、原阳、济源、修武、孟州、温县、沁阳、武陟、巩义、嵩县、登封、新安、宜阳、孟津、汝阳、鲁山、临颍等地。然而，好景不长，在当时的历史条件下，王室衰微乃是不可逆转的趋势，这也包括周王室在周围勃兴诸侯国的不断进逼、蚕食之下，统治地域逐渐萎缩，优越地理条件日益丧失的因素。对此，宋人吕祖谦在其《东莱博议》中曾有概括的揭示和慨叹："呜呼！周自平王捐岐、丰以封秦，既失周之半矣。以破裂不全之周，兢兢自保，犹恐难立。岂容复有所侵削耶？奈何子孙犹不知惜，今日割虎牢畀郑，明日割酒泉畀虢。文、武境土，岁朘月耗。至襄王之时，邻于亡矣。又顿捐数邑于晋，犹弃粮于陈、蔡之间，挥金于原、曾之室。果何以堪乎！"形象地显示了周王室战略地理环境日益恶化的必然归宿，这遂决定了"周固赢国"（《国语·周语下》）的地位。

晋。晋国为武王子唐叔虞始封之国。其根据地在今山西省南部一带。春秋之初，晋国并非头等大国，郭偃称"今晋国之方，偏侯也，其土又小，大国（指齐、秦等国）在侧，虽欲纵惑，未获专也"（《周语·晋语一》），就是明证。然而，由于"晋文侯于是乎定天子"（《国语·郑语》），晋国自春秋初年起便拥有了政治上的主动。至曲沃武公代晋自立，统一晋国，晋国便进入了新的发展阶段。历春秋之世，晋国先后灭亡周围诸多蕞尔小国，如唐、韩、耿、霍、魏、西虢、虞、邢、滑、沈、姒、蓐、黄、赵、雍、翼等，又从周王室手中取得温、原、攒茅、焦、杨等要邑，并征服诸多戎狄部落，国势迅速增强。到春秋中叶以后，晋已略有今山西省的大部，河北省的西南部，河南省的西北端，陕西省的东端，兼及山东省的西端，纵横跨五省的境地，成为北部中原首屈一指的大国。这中间固有政治清明、外交成功、军力强大的因素在起作用，但也与兵要地理环境优越直接有关。从地理形势看，晋东有太行之险，南有王屋、崤函之固，西部跨越黄河而可依黄河、洛水为守，尽占中原北部河山之形胜，进可以攻，退可以守。故顾祖禹云："周之衰也，晋得南阳而霸业以成。"（《读史方舆纪要》卷四十九）

楚。楚国的始封君为熊绎，传言周成王时受封，都丹阳（今湖北秭归一带）。春秋初年，楚国和晋国一样，其面积和实力均尚有限，所谓"若敖、蚡冒至于武、文，土不过同"（《左传·昭公二十三年》）。但楚国的兵要地理环境也相对优越，加上其以蛮夷之国自居，不受周礼传统的束缚，故始终以兼并小国、争霸中原为立国发展的基本宗旨，"楚蚡冒于是乎始启濮"（《国语·郑语》）。在春秋的大部分时间内，楚国一直建都于郢（今湖北江陵），此地居南北中枢，北据汉、沔，接襄汉之上游，襟带江湖，东连吴会，西通巴蜀，远接陕秦，且内阻山险，易守难攻。故顾祖禹引胡安国语："荆渚，江右上流也。故楚子自秭归徙都，日以富强。近并谷邓，次及汉东，下收江黄，横行淮泗，遂兼吴、越，传六七百年而后止。此虽人谋，亦地势使然也。"（《读史方舆纪要》卷七十八）可见，楚国就是凭借着这一优越有利的兵要地理条件，致力于对外扩张，兼并小国，兵进中原，与晋国为首的中原列国同盟一争高低的。在三百余年中，它先后翦灭权、鄀、郧、绞、蓼、息、邓、申、吕、黄、江、巢、沈、舒蓼、舒庸、舒鸠、唐、微、濮、许、杞、随等六十余个小国，使自己的疆域扩大到今湖北省的大部，河南省的南部，江西、安徽的一部，以及江苏的西端，陕西的南端，横跨七八个省，一跃而成为春秋第一大国。

齐。齐国为太公望姜尚始封之国，都营丘（今山东临淄东北）。后又先后定都薄姑（今山东博兴东南）、临淄。自西周以来，齐一直是雄踞东方的大国。进入春秋以后，齐国的国力有增无减。早在春秋初年，就形成了"庄、僖小伯"的强盛局面。至齐桓公统治期间，更在管仲的辅佐下，"尊王攘夷"，成就一代霸业。齐桓公卒后，齐国虽丧失了霸主的地位，但仍不失为东方头号强国的规模。齐国战略地理环境比较有利。它的地盘拥有今山东省的大部分地区，东负大海，南以泰山山脉与鲁国为界，西及今山东与河南、河北交界之处，北倚黄河与北燕诸国相峙。地域东西长而南北狭，广运约六七百里。从兵要地理角度分析，齐处于中原争战之地的边缘，既可进而西向角逐霸主地位，亦可退而固守山川形势，自成格局。对此古人曾有充分的论述："济清河浊，足以为限；长城巨防，足以为塞"，"齐负海岱，阻河济，南近楚，虽数十万师，未可岁月破也"，"齐东有琅邪、即墨之饶，南有泰山之固，西有浊河之限，北有勃海之利，地方二千里，持戟百万，悬隔千里之外"（《读史方舆纪要》卷三十）。同时，齐国执行比较正确的争霸治国的方针，发展农业，通工商之业，增强军力，并拥有相当丰富的战略资源。因此在春秋期间压住泰山以南的主要对手鲁国，吞并周围纪、成、谭、遂、障、阳、莱、介、牟、任、薛、郭、项、夷州等十四个小国，与晋、楚、秦合称为四大强国。但是由于齐拥有"悬隔千里之外"的兵要地理环境，亦影响了其实施主动进攻的战略方针，而其实齐国兵要地理的重要特点之一，是"以自守则易弱以亡，以攻人则足以自强而集事"。这也是为春秋历史进程本身所证明了的，"齐桓公南征北伐，用霸诸侯。孝公以后，齐仅为自守之国。是以终春秋之世，累代听命于晋，几夷于鲁、卫"。(《读史方舆纪要·山东方舆纪要序》)

秦。秦始祖非子，受封于秦（今甘肃清水东北），本是周室的附庸小国。至襄公时，因勤王有功，周平王赐以岐西之地，秦始得列为诸侯。此后，经历代国君的苦心经营，秦国迅速崛起于西方，成为春秋时期屈指可数的大国之一。当时秦定都于雍（今陕西凤翔），并以此为中心，向四边蚕食扩张，大约占有今陕西省中部及甘肃省东南一带，即东距黄河桃林、崤函之塞，南接秦岭，西依陇山，北或抵平凉、泾川附近。为了确立自己的霸权，对中原局势施加更大的影响，秦的主要战略目标是东进，而其所处的兵要地理环境则为此提供了一定的帮助。所谓"陕西据天下之上游，制天下之命者也，是故以陕西而发难，虽微必大，虽弱必强"(《读史方舆纪要·陕西方舆纪要序》)，说的就是这层意思。然而，对秦国来说相当不利的是，当其崛起之际，正值东方近邻晋国国势强盛、号令中原之时。其东向发展势头为晋国所阻扼，虽多年兵戎相见，进行激烈的控制与反控制的斗争，但终因国力不逮而基本趋于下风，未能从根本上扭转被动局面。而其南下发展，又直接同楚国发生利害冲突，也无法实现目标。在这种情况下，秦国统治者遂根据自己的兵要地理条件，致力于向西经营，开拓疆域，巩固根基，平定汧渭之地，吞并召、芮、毛、毕、彭、密、彤、郇、杜、亳、梁等十余国，并进而攻灭周围不少戎狄少数部落，"灭国十二，拓地千里，遂霸西戎"（《史记·秦本纪》）。为秦国日后的进一步发展奠定了坚实的基础。

以上是名义上的"天下共主"东周王室与四个一等强国的兵要地理概况，下面再进一步考察其他较重要的诸侯列国的兵要地理形势。

郑。郑国为西周宣王时郑桓公友始封之国。在西周末年的犬戎之难中，郑桓公死于勤王之役。其子掘突立，是为郑武公。其在位时，随平王东迁，都新郑（今河南新郑）。武公卒，其子寤生立，是为郑庄公。郑曾有功于东周王室，"我周之东迁，晋、郑焉依"（《左传·隐公六年》）。其与王室之关系最为亲近，且地又近在洛邑王畿附近，故其在春秋初年一段时间内颇受周天子的倚重，郑武公、郑庄公均曾为王室卿士，主中枢之大政。郑国凭借这一有利条件，远联齐、鲁，近攻宋、卫，并翦灭东虢、许、管、邬、祭等周围小国，在春秋初期率先崛起，几成霸主。但郑国的兵要地理环境并不十分有利。郑国地处河南腹心一带，虽有"河山拱戴，形胜甲天下"之誉，但"河南者，四通五达之郊，兵法所称衢地者是也"（《读史方舆纪要·河南方舆纪要序》），"盖四方必争之地也"（《读史方舆纪要》卷四十八）。这种位于中原咽喉之地的地理条件，决定了郑国势必成为南北必争的焦点，兵连祸结，庶几无可避免。同时由于它周围都是文化发达的地区，宋、卫、曹、陈诸国实力并不逊色于郑国，故郑国的任何军事行动，都必将受到强烈的反弹。而这种内线作战的态势，也给它本身的发展造成极大的限制。加上郑庄公父子在外交、军事方针上的一系列失误，更加速了郑国丧失暂时的优势，而成为晋楚争霸大战略环境夹缝中的苟且幸存者，"处大国之间，缮贡赋以共从者，犹惧有讨"（《国语·鲁语下》）。这虽是指当时一般中小国家的共同处境，但用来说明郑国在春秋战略格局中的情况，尤为妥帖确切。

宋。宋国为殷商后裔微子启的始封之国，都于商邱（今河南商丘）。其地约有今河南省的东南部、江苏省的北端以及山东省的西端，方圆约三四百里。它西与鲁国接壤，北与曹、卫相邻，东与郑国为界，南与陈、蔡衔接，战略地位亦相当重要。"据江淮之上游，为汴洛之后劲"，"襟带河、济，屏蔽淮、徐，舟车之所会，自古争在中原"，未有不以其地"为腰膂之地者"（《读史方舆纪要》卷五十）。宋系亡国之余，爵为上公，终周之世，始终以宾国自居，在中原列国诸侯中地位比较特殊。在春秋战略格局中，宋由于地处中原要冲，因此一直为各大国争取角逐的对象。但是另一方面，宋不像郑国那样起着直接阻扼楚北上或晋东出的作用，所以其战略选择的回旋余地较郑要稍见优裕。一般地说，宋以东邻郑国为最现实的竞争对手，而以南方强楚为自身生存和发展的最大的潜在威胁。所以它在绝大部分时间里与晋结成战略同盟，站在抵御楚国北上的最前列，经常起着影响中原霸局的作用。像弭兵之会由宋倡导就不是偶然的。然而总的看来，终春秋之世，宋国地位虽尊贵，但毕竟国力有限，只能在晋国争霸大业中担任"为王驱除"的角色而已。

鲁。鲁国为武王弟周公旦的始封之国，都于曲阜（今山东曲阜）。其地略有今山东省东南部一带以及江苏北部之一隅。大致东到今沂水之东，南到今山东、江苏两省交界处，西至今山东郓城、巨野一带，北及泰山与汶水而同齐国为界。北邻强齐，南接吴、楚，西连宋、卫，东南和莒、郯等小国相望。从兵要地理角度分析，鲁国还是拥有一定的优势的。所谓"据河济之会，控淮泗之交，北阻泰岱，东带琅邪，地大物繁，民殷土沃，用以根柢三楚，囊括三齐，直走宋、卫，长驱许、陈，足以方行于中夏矣"（《读史方舆纪要》卷三十二）。然而，在春秋期间，除了初年鲁国曾一时强盛，仅一败于齐，而四败宋，两败齐，一败卫、燕，几与强齐相匹敌外（参见童书业《春秋左传研究》"春秋初年鲁国之强"条），绝大部分时间里一直处于弱小被动的境地。导致这一局面出现的主要缘由，当是鲁国统治者基本国策的失误，即只知死守周公礼乐之教，拘泥而不知变通，未曾依据有利的战略地理环境，利用列国争雄的矛盾，采取积极主动的战略发展方针，以致坐失良机，渐渐没落。由此可见，兵要地理环境的优劣固然重要，但必须得到正确的运用才能发挥其作用。这正如顾祖禹所总结的那样："然自春秋以来，不能抗衡于齐、楚，而纷纭之际，豪杰竞起，未见能以兖州集事者，何欤？盖必悬权而动，所向无前，然后可以拊敌之项背，绝敌之咽喉。若坐拥数城，欲以俟敌之衰敝，未有得免于覆亡者也。"（《读史方舆纪要》卷三十二）

卫。卫国为武王弟康叔始封之国，初都朝歌（今河南淇县）。春秋初年曾为狄人所灭，藉齐桓公之力而复国，都楚丘（今河南滑县附近），后又迁都于帝丘（今河南濮阳附近），疆域日渐削小。约有今河北南端、河南北端及山东西端之一部。

在当时，卫处中原腹心之北部，齐、鲁在其东，宋、曹居其南，晋、郑处其西。概括而言，卫在春秋争霸战略格局中的地位不如郑、宋、曹诸国重要。晋、楚等大国只要控制了郑、宋等国，也就同时控制了卫国的归属。而卫国本身由于国微力弱，也很难对当时战略形势的演变施展大的影响。就春秋整个历史考察，卫国在较长的时期内和齐、宋诸国关系较为密切，并多依从晋国同楚国北进势力相抗衡，可谓是中原诸侯集团抵御强楚争霸的第一道防线。它的战略地位之重要，在于防止楚国深入中原，分割东西，以致使晋与齐、鲁的战略联系被切断。

陈、蔡、许。这三个诸侯国均疆域狭小，实力不强，且国都迁徙频繁，国祚旋绝旋续。例如蔡先后都于上蔡、新蔡、下蔡；许先后迁都于六处；唯陈国相对稳定，一直建都于陈（今河南淮阳一带）。大体而言，三国之地在今河南省东南部，与湖北、安徽两省相交界，即汝水、颍水流域及淮水之上游地区。就兵要地理而说，三国为中原腹心之南方门户，楚国在其南，鲁、宋在其东北，郑、晋在其西北，具有一定的战略意义。如蔡国"北望汴洛，南通淮沔，倚荆楚之雄，走陈许之道。山川险塞，田野平舒，战守有资，耕屯足恃，介荆豫之间，自昔襟要处也"（《读史方舆纪要》卷五十）。楚国北进，首当其冲者则为此三国；而齐、晋之御楚者，亦争战于此三国之境。故终春秋之世，此三国恒为中原列国与南楚争夺之战场。但由于三国紧邻强楚，而晋则与它们中隔郑、宋诸国，影响力殊微，所以三国实际上始终归入楚的势力范围，系楚忠实之附庸国，曾多次协助楚国对晋、宋等国的军事行动，成为楚北进争霸的桥头堡垒。

燕、曹。燕国为召公奭始封之地，与鲁国的情况一样，也是由其长子就国。燕国在春秋史上一般称作北燕，其地以今北京市一带为中心，略有今河北省一部。在当时，燕僻处中原北陲，杂处于山戎与诸狄之间，经济文化相对落后，地旷人稀。终春秋之世，其战略地位并不显得特别重要，其战略动态也似乎不曾对整个形势产生过太大的影响。其真正崛起，是在战国中期。曹国，地处今河南省东北及山东西部一带，都于陶邑（今山东定陶）。四周与宋、鲁、卫、郑诸国相邻，亦为四战之国，其兵要地理形势与卫国相似，唯实力与影响似较卫国尤为逊色。

吴、越。吴、越两国位处长江中下游地区。其中吴国都于吴县（今江苏苏州），其地略有今江苏省大部，兼及今安徽、浙江一部之地。东至海，南有太湖，西及皖北与楚国接壤，北距徐州与宋、鲁为界。越国都于会稽（今浙江绍兴），以今浙江中北部为其活动中心。东至海，西至今江西省境内，北至今浙江嘉兴一带与吴国为界。灭吴后，其疆域曾拓展至今江苏北部、山东南部一带。吴、越在春秋前中期尚默默无闻，但至春秋中晚期迅速崛起，"迭为霸王"。其地拥有江湖地利之胜，巩固后方，伺机而动，攻守皆宜，进退自如。对争霸主角晋、楚诸国来说，吴、越是自己争霸中心战场的最大侧后，谁拥有两国的支持，即可对敌手构成侧后的威胁，陷对手于两线作战的不利处境。故晋国拉拢吴国牵制楚国北进在前，楚国如法炮制联络越国消弭吴国威胁于后。由此可见，吴、越独特的兵要地理环境曾对春秋晚期列国战略态势的递嬗，产生过不可忽视的影响。而吴、越两国亦凭依各自有利的兵要地理条件，际会风云，脱颖而出，成为春秋末年大国争霸斗争中的重要角色。

春秋时期列国间的军事斗争、外交活动就是在这样的兵要地理环境下展开的。换言之，当时列国战略方针的制定、战略决策的得失、战略格局的演变，都无不打上了这种兵要地理条件的深深烙印。

二、列国兵要地理与战略格局的演变

春秋时期，无论是国与国之间的关系、国势的盛衰、一国疆域的拓展或削小，还是一定时期里战略结盟、列国军队建设或作战方式的变革，都与特定兵要地理条件有关。概略而言，这种错综复杂的关系，体现在以下几个方面：

第一，中原边缘国家在激烈的诸侯争霸战争中具有更广阔、更有利的生存、发展空间，随着时间的推移，它们的疆域日益扩大，实力日趋强盛，成为主导春秋政治、经济、军事、外交形势的核心力量。

《史记·十二诸侯年表序》尝云："晋阻三河，齐负东海，楚介江淮，秦因雍州之固，四海迭兴，更为伯主。"晋、齐、秦这三个国家连同地处南方、据有大别桐柏汉淮山河之险、拥有江汉云梦之富的楚国一起，成为春秋时期的头等强国。造成这一局面的原因是多种多样的，但其中不乏有利的兵要地理环境之因素在起作用，所谓"距险而邻于小，若加之以德，可以大启"（《国语·郑语》），就是这个意思。

据上所述，这四个国家中除齐国以外，在春秋初年并非最具地位和实力的国家。然而由于它们各自占据中原东南西北之一角，据有山河之险，地形便利遂极大地催生着它们的勃兴。首先，这些国家（包括春秋后期的吴、越）和争霸中心地区——黄河中、下游流域保持着相对的距离，在战略上处于外线作战的有利地位，在军事活动中不复存在有"诸侯自战其地"（《孙子兵法·九地篇》）的被动状态。它们的作战行动基本上都在中原腹心中小国家的国土上展开，而本土则较少遭受战争的灾祸。像城濮之战、崤之战、鄢陵之战等著名大战就属于这种情况。这样就大大减轻了这些国家的财富、人员损失，而将战争的损失之很大一部分分摊到其他中小国家的身上，可谓攻守皆宜，进退主动。

其次，它们大多和文化发展相对落后的蛮夷戎狄等少数族为邻，背临空旷地带，所谓"戎狄之与邻，而远于王室"（《左传·昭公十五年》）。这些少数部族虽曾程度不同地对晋、秦、楚诸国构成某种威胁，但就总体而言，这种威胁主要是骚扰侵掠，远远不曾达到倾覆其社稷的地步。相反，倒是这几个国家对错杂混居的蛮夷戎狄少数部族占有压倒性的优势，可以运用军事手段逐渐蚕食吞并之。尤其当其在争夺中原霸权斗争中暂时受挫，南下北上或东进西出受阻，不得已而采取战略守势之时，往往适时调整战略方针，转而加强对少数部族的进攻和兼并，巩固后方，扩张疆域，积聚力量，为下一轮争霸中原创造条件。如齐灭纪、莱、谭诸国；晋攻灭长狄、赤狄、白狄诸多部落；楚经略江、淮流域，吞并群舒、百濮，"并国二十六，开地三千里"（《韩非子·有度》）；秦尽灭绵诸（今甘肃天水一带）等西戎各国，"辟地千里"（《新序·善谋》），"并国二十，遂霸西戎"(《史记·李斯列传》),就都是充分利用所据兵要地理环境优势而发展壮大自己的具体例证。

其三,由于这些国家在地理距离上都不进入中原腹心范围,因此其受中原文化圈的影响相对于郑、卫诸国要来得薄弱,在其身上较少旧传统的包袱,即所谓"王灵不及",从而容易更新观念,因时变革,满足时代前进的要求。无论是在军队的扩充、战术的变化上,还是在官制的建设、田制的改革中,都反映了它们积极进取、顺应潮流的基本面貌。从春秋的具体史实看,打破旧礼制所规定的限额军队制最为坚决、扩军规模最庞大、速度最迅速的,是它们;田制改革走在前列,官制建设自成特点,立足于理顺战时管理体制需要的,也是它们;根据地形条件特点(如晋多山地,楚多丘陵与江河湖泊),结合对少数部族作战的需要,而改革车兵,发展步兵与舟兵,采用奇谲诡诈战法的,仍然是它们(吴、越的情况亦类似)。

由此可见,正是有利的兵要地理环境,使得这些中原边缘国家能够在继承传统的同时,善于汲取当地固有文化(包括戎狄等少数族文化)中的有益成分,不断创新,努力进取,从而有效地避免了重蹈中原腹心国家让旧的束缚住新的、死的窒息了活的覆辙。从这个意义上说,打破中原车战一统局面,促成步兵的重新崛起,舟兵的广泛组建,骑兵的初步萌芽,其中起主导作用的就是这些国家;而实现作战方式的转变,导致班固所说"自春秋至于战国,出奇设伏,变诈之兵并作"(《汉书·艺文志·兵书略序》)现象出现的,也是由这些国家在扮演主要角色。我们不是地理条件决定论者,但是我们并不否认地理条件对历史进程所起的作用。齐、鲁、楚、秦、吴、越等国的兴亡盛衰的历史，正是这方面颇具说服力的确证。

第二，中原腹心地区的诸侯列国生存空间狭窄，战略回旋余地局促，多为四战之地，长期处列国争霸战争的中心旋涡，加之这些国家受周礼旧文化传统影响甚深，政略、战略保守，缺乏开拓创新精神，因此其发展受到严重的限制，积贫积弱，日趋衰微，终春秋之世，它们只能成为当时争霸战争全局中的配角，听凭大国的左右摆布。

所谓中原腹心地区的国家，多半为"虞、夏、商、周之胤"，位处黄河的中下游地区。它们以东迁以后的周王室为中心，包括了郑、卫、宋、曹、鲁、许、陈、蔡、申等国。有的学者将其界定为"周文化圈"①，这是有道理的。从文化上说，这些国家比较繁荣发达，为当时最重要的文化中心。这在《左传》等文献上曾有较多的反映。例如《左传·襄公十年》载："诸侯宋、鲁，于是观礼。"《左传·昭公二年》云："周礼尽在鲁矣。"孔子也有"鲁一变，至于道"（《论语·雍也》）的说法。可是在春秋期间，这些国家多不强盛，国土狭小，军力单薄，很少能够拓展疆域，主宰中原战略局势。相反，纷纷沦为大国的附庸，成为强国相互争夺控制的焦点，"介于大国，诛求无时"（《左传·襄公三十一年》），在诸大国的夹缝中苟延残喘。虽然其间也曾产生过几位颇占风光的"霸主"，如郑庄公和宋襄公等，但都是稍纵即逝，昙花一现，没有能形成更大的气候。

这一现象的发生，其原因是相当复杂的。一般论者多认为是它们"对于旧文化、旧制度的保存，尤为丰富和深厚"，而

① 参见晁福林《霸权迭兴》，三联书店，1992年，第49页。

"受旧文化、旧制度束缚较深"的结果，是"传统变为包袱，反而成了前进中的后进者"[①]，换言之，即历史文化传统负担过重的缘故，影响和限制了这些国家的进步与发展。这一看法是可以成立的。中原腹心国家普遍的"犹秉周礼"(《左传·闵公元年》)经文治武方略选择，决定它们立场比较保守，缺乏对新生事物的敏锐反应力和博大容纳力，从而使自己的国家游离于时代潮流的主导趋势。仅就军事活动领域考察，它们普遍遵循旧"军礼"重"偏战"的原则，"偏，一面也。结日定地，各居一面，鸣鼓而战，不相诈"(《公羊传·桓公十年解诂》)，奉行"战不逐奔，诛不填服"(《穀梁传·隐公五年》)，"成列而鼓，是以明其信也"(《司马法·仁本》)等僵化教条。宋襄公在宋楚泓之战中的表演，就是这方面的典型。他侈谈"古之为军也，不以阻隘也……不鼓不成列"，鼓吹"君子不重伤，不禽二毛"(《左传·僖公二十二年》)，放弃有利的战机，结果导致宋军惨败于楚师，"公伤股，门官歼焉"，转眼间破灭了自己的"霸主"迷梦，成为千古笑谈。宋襄公的事例固然是个极端，但是其他中原列国的情况也没有强到哪里去，"以礼为固，以仁为胜"(《司马法·天子之义》)是它们开展军事活动的共识，而在这种文化氛围的笼罩制约之下，其就不能不陷于攻守皆困的被动处境了。

但是，将这些国家衰弱的原因仅仅归结于它们迷恋旧文化、旧制度，承受传统的包袱过重这一点，是不够全面辩证的。这些国家之所以在当时成为前进中的后进者，还当有其

---

① 参见金景芳《中国奴隶社会史》，上海人民出版社，1993年。

他的原因。其中它们所处兵要地理环境的不利，就是一个不可忽视的因素。这种不利大致包含两个方面：其一，这些国家都处于中原腹心地带，在战略上陷于内线作战的处境。其地四通八达，多面受敌，为兵家所必争。从兵法上说，属于"我得亦利，彼得亦利者"（《孙子兵法·九地篇》）的"争地"。这一特点，决定了它们只能成为争霸战争的主战场，兵连祸结，内外交困，以致严重限制了经济发展、政治稳定和军事强盛。其二，这些中原腹心国家，作为个体存在时，其周围都是与自己疆域大小相仿、实力强弱相近的同类国家，虽说各国之间有一定数量的隙地可供争夺，如"宋、郑之间有隙地焉，曰弥作、顷丘、玉畅、嵒、戈、锡"（《左传·哀公十二年》），但是毕竟范围比较有限，绝不像楚、晋、齐、秦诸国那样背临广袤的空旷地带，能供自己开拓经略。因此它们当中任何一国的战略动向，都为其他诸国所高度警惕，一切针对他国的军事行动，都势必引起对方的强烈反弹，而由于彼此又实力相近，任何一国都无法拥有置对手于死地的优势，所以只好长期拉锯相持，即使有所动作，亦只能浅尝辄止。就在这样不死不活的僵持中，它们错过了战略发展的有利时机，沦为新兴大国的附庸仆从。

第三，春秋主要列国的兵要地理，直接制约着当时各国之间的战略关系的确定或变化，整个天下战略格局的平衡或动荡。换言之，春秋时期列国战略主攻方面的制定和调整，外交结盟关系的建立或破裂，都可以从列国所拥有的兵要地理特定条件中寻找到一定的原因。同时，在这个动态变化过程中，也伴随着"伐谋伐交""远交近攻"等战略决策思想以及"严其险阻"扼守关隘等战术应用原则的形成雏形或走向成熟。

秦、晋两国由盟邦转变为世仇，可谓是兵要地理决定国与国之间关系的一个颇具代表性的缩影。春秋前期，秦、晋两国往来频繁，关系密切，互通婚姻，实为同盟。"秦晋之好"遂成为盟国相互信任，相互支持，共襄大业的代名词。尤其是秦国，在先后扶持晋惠公、晋文公回国登基，稳定晋国政局，巩固秦、晋同盟方面，曾发挥过重要的作用。如晋文公自秦归晋时，秦穆公曾予以兵力上的援助，"秦伯送卫于晋三千人，实纪纲之仆"（《左传·僖公二十四年》），并协助晋文公铲除晋怀公的残余势力，史载秦穆公"东平晋乱"（《史记·秦本纪》），这是有根据的。

然而，两国所处的兵要地理条件，决定了两国的战略结盟只能是暂时的，双方之间的关系必然会随着时间的推移而恶化。秦国要染指中原，争夺霸权，必定要越过黄河，锐意东进。而晋国要独霸中原，号令天下，也必定要竭力遏阻秦国的东进，将秦国的活动范围限制在西方一隅。两强相遇，双方都以维护各自的国家利益为自己行动的准则，发生激烈的冲突遂不可避免，双方的关系也就自然而然由同盟互助而转化为尖锐敌对状态，且不存在任何调和缓解的可能。

公元前 627 年爆发的秦晋崤之战，是双方关系彻底破裂的重要标志。在这场战事之后，两国之间又先后发生了彭衙之战、河曲之战、麻隧之战、栎之战、北林之战等一系列战事，双方互有胜负，但总的形势是晋占据着主动，具有战略上的优势。这些战争的根本症结，是秦要克服东进争霸的障碍，将自己的势力延伸到中原腹心地区；而晋国则千方百计要挫败秦的战略企图，维护自己在中原的根本利益。双方作战的焦点，是争夺对战略要地桃林、崤山的控制。由于晋国在这场斗争中，将"其地皆河流翼岸，巍峰插天，绝谷深委，峻坂纡回"（《读史方舆纪要》卷四十六）的"崤函之险"牢牢掌握在自己的手中，因此终于使秦国终春秋之世未能得志于中原。可是这种因兵要地理背景而引起的秦晋联盟的破裂，致使秦国转而同楚国结盟，并极大地牵制了晋国的行动，使晋无法集中力量与楚国决战。相反，楚则得以乘机拓展疆域，增强实力，甚至发展到"问鼎中原"的地步，春秋时期整个战略格局为之发生了巨大的改观。

　　制定和推行实质上的"远交近攻"策略，从侧后牵制主要敌手，使之陷于多面作战的被动处境，从而实现己方的战略意图，这是春秋时期列国军事外交斗争的重要内容，也是当时军事艺术日显高明的显著表现。这在郑庄公初霸实践中即已呈示端倪。当时郑国就是以远结齐、鲁，近攻宋、卫而所向披靡、雄视中原的。其后，齐、晋联手对付楚、秦，晋国联吴制约强楚，楚国借越牵制吴国，越国"亲于齐，深结于晋，阴固于楚"（《吴越春秋·勾践归国外传》），以力克强吴，所遵循的也都是类似的战略策略方针。而这类举动之所以层出不穷，且屡试不爽，在很大程度上也是由当事国当时当地的兵要地理条件所决定的。在地理距离上间隔甚远、彼此间暂时不会发生直接冲突的情况下，自然可以互相借助对方的力量来首先打击主要的敌人。

　　当然，这种格局也并非一成不变，一旦共同的主要对手被削弱或消灭，双方的地理位置接近，那么原先的盟国也可能反目成仇，形同水火。如弭兵之会后，随着楚国势力的退缩，中原列国与楚的矛盾冲突缓解，齐、晋这两个主要抗楚盟国的关系就开始趋于紧张，多次兵戎相见。又如晋、吴本为战略盟国，但在吴国五战入郢击破强楚，夫椒之战迫使越国臣服后，吴国就开始经营中原，而与晋国为敌了，于是遂有黄池争霸的一幕。再如越国，当它在从事灭吴战争时，曾经亲齐、结晋、联楚，可是一旦实现了吞并吴国的战略目的，使己之疆域推进到淮泗流域，也就立即放弃原先的亲齐、结晋方针，而要同中原列国一争高低了，"越灭吴，上征上国，宋、郑、鲁、卫、陈、蔡执玉之君皆入朝"（《国语·吴语》）；"句践已平吴，乃以兵北渡淮……当是时，越兵横行于江淮，东诸侯毕贺，号称霸王"（《史记·越王句践世家》）。

由此可见，春秋时期列国的兵要地理环境，是影响和制约列国军事外交关系变化、国势兴盛衰微以及各自战略方针制定的重要因素。今天我们要全面了解和深入把握春秋战略格局的递嬗轨迹，就必须注意对列国的兵要地理状况的考察和分析。

晋楚争霸主线下的春秋结盟之道 *

绢本《晋文公重耳复国图》(局部)

---

* 本文与姬丽君博士合写。

一、春秋时期的结盟与争霸

整个春秋时期，也即从公元前 770 年一直到公元前 453 年（关于战国起始年代各家说法不同，笔者以三家分晋为战国开端），其历史演变的主线，除了社会、经济、文化、学术思想和政治制度的急剧嬗变以外，还表现出两个主要形式：争霸战争和外交结盟，我们可以看到，这两者之间是相互结合、如影随形的。这就是，发生重大战争之前一般会有外交上的纵横捭阖，折冲樽俎，钩心斗角，尔虞我诈，如新城之会、戚地之盟、鸡泽之会等等。战争结束之后一般又会举行盛大的盟会，像葵丘之会、践土之盟、萧鱼之会等等，发表一些"凡我同盟之人，既盟之后，言归于好"（《孟子·告子下》）这样的类似于今天"共同声明"的言辞①。换言之，外交结盟与争霸战争，这两者乃是一个钱币的正反两面。

春秋时期的战争为什么会与外交联系得这么密切？当然在中国后来的历史上，外交与战争也是紧密联系的，故在《孙子兵法·谋攻篇》中，"伐谋""伐交""伐兵""攻城"乃处于一个系列，是并列关系。但是，必须承认，这一点在春秋时期尤为特殊，尤为突出，我认为，这是由春秋时期的战争性质所决定的。春秋战争和战国战争的最大区别就是，春秋战争的宗旨或主题是争霸，彼此之间争名分，争当"龙头老大"；而战国

---

① 按，城濮之战后践土大会的盟约则为："皆奖王室，无相害也。有渝此盟，神明殛之！俾队（坠）其师，无克祚国，及而玄孙，无有老幼。"（《左传·僖公二十八年》）

战争的主题则是兼并，到了后期，又水到渠成、瓜熟蒂落演变为"统一"。争霸战争的主要战略目标，是自己争当老大，其他诸侯国，必须唯我马首是瞻。只要你承认我的霸主地位，顺从于我，听命于我，接受我对你的驱使，那么，我也让你活下去，所谓"贰而执之，服而舍之，德莫厚焉，刑莫威焉"（《左传·僖公十五年》），"叛而不讨，何以示威；服而不柔，何以示怀"（《左传·文公七年》）。总之，争霸，是争名分，立秩序。而这种名分则是通过召开诸侯盟会来确定的，即所谓"执牛耳者"。

但是，兼并战争的情况则完全不同，战国时期的战争之所以残酷，就是因为转变为兼并的性质，无所谓名分，不需要再图什么虚名，当什么领头羊，而是要追求实实在在的利益，要彻底兼并对方的土地、完全吞噬对方的人口，最后通过兼并逐渐走向统一。这种战争的性质是让对方再也活不下去，这样一来，对方为了保持社稷的存在，自然要做殊死的抵抗，战争于是变得日益激烈，日益残酷，伏尸百里，血流成河，"入其国家边境，芟刈其禾稼，斩其树木，堕其城郭，以湮其沟池，攘夺其牲牷，燔溃其祖庙，劲杀其万民，覆其老弱，迁其重器"（《墨子·非攻下》）。孟子说"争地以战，杀人盈野；争城以战，杀人盈城"（《孟子·离娄上》），说的就是这种特点。故刘向在其《战国策书录》中强调指出："滑然道德绝矣……贪饕无耻，竞进无厌，国异政教，各自制断；上无天子，下无方伯；力功争强，胜者为右；兵革不休，诈伪并起。"

春秋争霸战争的副产品是诸侯之间的外交结盟，因为要成功争霸，单凭一己之力往往会捉襟见肘、力不从心的，而需要拉拢尽可能多的盟国，有效地进行战略合作，以共同对付主要的敌人。这显然是争霸的主要命题之一。通观整个春秋历史，我们可以发现，当时争霸结盟的核心内容，或者说所谓的主线，就是晋楚两个主要大国陷入所谓的"修昔底德陷阱"，无休无止争霸，也即晋国和楚国跨越数百年的长期较量。当然，在此之前有一个先声，这个先声就是从郑庄公的"初霸"到鲁庄公的"小霸"，一直到"正而不谲"的齐桓公的"首霸"，中间还有宋襄公不自量力、东施效颦式的"图霸未成"插曲，不过，泓水一战，即把这个冒牌的"霸主"彻底打回了原形，让他徒然落个"画虎不成反类犬"的千古笑柄。但是，从本质上考察，所有这些，都不过是晋、楚两强争霸角逐的预演与铺垫，是晋、楚两大强权之间角逐厮杀的"前戏"而已。更加需要指出的是，这些重大活动都跟当时的外交结盟紧密联系，如公元前656年齐、楚之间的召陵之盟，齐桓公成为霸主的标志性事件葵丘大会（前651）等等。

春秋时期的结盟不纯粹是单纯的纵横捭阖、朝三暮四，而是有共同的旗帜、普世的价值理念的，这个主题就是"尊王攘夷"。所谓尊王，就是尊周天子，这是当时最大的政治正确，尽管当时的周王室已是日薄西山、风光不再，但毕竟还是形式上的"天下共主"，可见高擎"尊王"这面大旗，可以给结盟披上合法而高尚的外衣，这正如狐偃所说的"求诸侯，莫如勤王。诸侯信之，且大义也"（《左传·僖公二十五年》）。所谓攘夷，就是秉持"非我族类，其心必异"的圈子观念，"内中国而外诸夏，内诸夏而外夷狄"，让中原诸侯们紧密地团结在一起，来共同对付与打击非华夏族，这样，就为当时的结盟活动界定了一致的战略目标。

当然，"反者道之动"，在历史发展过程中"尊王攘夷"的政治内涵与价值取向是有一些变化的，总的趋势就是"尊王"慢慢淡出，所以孔夫子说齐桓公"正而不谲"。"正而不谲"意思就是说，齐桓公对周天子在形式和名义上的权威还有更多的尊重，能在履行道义宗旨与谋取自身利益两者之间取得相对的协调和平衡。但是，到了晋文公的时候，则是"谲而不正"了，换言之，晋文公的争霸与结盟宗旨，乃是更多地站在晋国自身的立场上，而尊重周天子则完全成了一个幌子。而所谓的"攘夷"，其对象也慢慢地由泛指而转为专指，即主要对象最终锁定在楚国的身上。当时的中原诸侯国有一个共同并且强烈的忧患意识，"南夷与北狄交，中国不绝若线"，"中国"指的就是中原诸侯国古典礼乐文明的传统。这样看来，晋国的争霸与结盟虽然主要是出于对自己利益的考量，但它毕竟还是一种西周以来旧的礼乐文明的维系者、旧的国际秩序的维持者，是诸侯国中的老大，所谓"周卑，晋继之"（《国语·晋语八》），就非常形象而准确地形容了晋国在这方面所扮演的角色。作为"夷狄"的主要代表，楚国所扮演的角色，更多的是新崛起的大国，是咄咄逼人的挑战者的角色，因为它对原来周代那种具有"普适性"价值的礼乐文明是不怎么认同的，总是希望那些抱残守缺的中原诸侯能够认清形势的发展变化，理性地承认和接受楚国全面崛起、走向历史舞台中心的客观现实，"识时务者为俊杰"，及时改换门庭，转而向楚国靠拢。在楚国霸权的顶峰时期，也就是当楚庄王在位的时候，楚国曾"陈兵周疆""问鼎之轻重"，这标志着当时的晋楚争霸进入了高潮时期，而围绕晋楚争霸的相关结盟活动，也随之轰轰烈烈，随着霸权迭兴而轮番上演，从而牢牢地占据了当时历史舞台的中心位置。

二、晋楚争霸与结盟的几个阶段

晋楚争霸与结盟，大致可以区分成以下几个阶段：

第一个阶段，标志着晋楚争霸大格局的正式确立。这种格局确立的标志性事件，就是城濮之战后晋国隆重举行践土大会和温地之盟，其霸主地位长期确立与延续，即所谓的"报施救患，取威定霸"（《左传·僖公二十七年》）。晋国的霸权有高潮，也有低谷，但总体来说晋国的霸权国地位是毫无疑问的。当时人们的普遍认识就是这样，"周卑，晋继之"，周朝衰落了，由晋国来引领天下，重建秩序，这就如同大英"日不落帝国"衰落后，其霸权地位由美国取而代之，而且是长时期的。晋楚的长期对峙局面从此正式形式。

但是，公元前 627 年爆发的秦、晋崤之战，让这一过程发生了一些变化。开始时，秦、晋两国对楚国发起的挑战进行针锋相对的回击，是共同的战略抉择。城濮之战中它们坚定地站在了一起。晋国之所以能在这场关系到"取威定霸"的战事中取胜，重要的原因之一，就是因为拉拢了其他两个大国，一个是秦国，一个齐国。秦晋之间自晋献公死后，即走得很近，秦穆公曾深度插足了晋国内部的权力更迭，包括晋文公能够登上晋国国君的宝座，也是拜秦穆公所赐，双方之间存在着密切的联合与协作，并互通婚姻，"秦晋之好"即为象征。但是，崤之战中，晋国杀得秦军片甲不留，"匹马只轮不返"，秦晋关系遂告破裂。这一仗，虽然使得晋国在军事上取得了绝对性的胜利，却在政治和外交联盟上遭受了全方位的失败，产生了非常严重的后遗症。战争结束后，秦国与晋国决裂，并投靠楚国，毫不妥协地同晋国长期为敌，这为晋国称霸中原制造了巨大的障碍。也就是说，晋国此后在战略上深深地陷入了侧背受敌、两线作战、顾此失彼、捉襟见肘的被动局面，根本无法集中全部力量与主要的对手楚国进行决战。到了这一阶段的后期，晋、楚之间的战略态势进一步发生转换。这一转换意味着诸侯各国之间联盟重新整合，重新洗牌，中原诸侯对晋国这个霸主的离心倾向渐渐变得严重，如郑穆公就愤然表示："晋不足与也！"（《左传·宣公元年》）中原地区中小诸侯国重新选边和站队的结果，是郑国、陈国、蔡国跟楚国慢慢地走在一起，晋国的霸业开拓因此受到了严重的挑战，出现了盛极而衰的征兆。

第二个阶段，可以概括为是以晋、楚争霸的延续与变化为主题，晋国完全处于守势，陷入被动的困境，楚国全面崛起，进取中原，势头咄咄逼人，锐不可当，天下霸主的权柄其实易手，楚国一度成为天下新的领袖。其标志性事件就是邲之战（前597），此后，中原霸权从晋国转移到楚国，这一点连晋国自己也是承认的："虽鞭之长，不及马腹。天方授楚，未可与争。"（《左传·宣公十五年》）邲之战这一仗打完之后，晋国非常被动，秦国继续在背后捣乱，是为当时的第四大国。第三大国齐国的做法，也不怎么地道，在晋国侧后捅刀子，似乎跟现在的欧盟一样，原来是跟着霸权国美国走的，可现在则是不怎么听话，甚至要闹事了。在齐国眼里，现在晋国既然已经衰落，而我齐国原先就是首霸，所谓"五霸，桓公为盛"，现在机会来了，就不妨翻转乾坤，乱中夺权，重新恢复原先的天下霸主之地位，总之，齐国这时想上位，想重新当老大了。这一时期，晋国在北方地区跟少数民族杂居，南方地区楚国为第一霸权，秦国是不依不饶，继续捣乱，齐是心怀不轨，兴风作浪。显而易见，晋国当时的确处境十分困难，战略态势相当被动，可谓是内外交困，四面受敌。

那么，晋国又是怎样千方百计来积极破解这一困局的呢？稍加考察，即可知乃是战争和外交同时进行，分兵合击，双管齐下，刚柔相济，文武并用。

首先是看清了问题的实质所在，秦国作为挑战者，的确给晋国造成了相当的困扰，带来了严重的威胁，这决不能听之任之，而必须加以严厉的抑制与打击，但是，对晋国而言，这时候更为重要的是拉拢齐国，不能放弃。于是乎，晋国通过公元前589年的鞌之战，击败不自量力的齐顷公所率齐军，对齐国以战促和。这个事件非常有意思。战争结束后，晋国漫天要价，提出了齐国不可能答应的两个条件：一是让齐国国君的母亲萧同叔子到晋国当人质；二是"尽东其亩"，即规定齐国所有南北走向的垄亩道路要变成东西走向。这两个条件过于苛刻，是齐国绝对没有办法接受的。因为，在一般情况之下，可以让弟弟、儿子、侄子等人去当人质，但是，如果是让母亲去当人质，那就是对孝道最严重的挑战，对国家来说，这也是颜面无存，贻笑天下。而所有的垄亩间道路如果都改成东西走向，那就相当于修了现在的高速公路，齐国哪天不听话、有所企图，晋国的战车部队就可以朝发夕至。这就意味着国门洞开，根本没有国防可言了。所以，齐国再窝囊，再想休战罢兵，也是无法答应的，"反先王则不义，何以为盟主？其晋实有阙。四王之王也，树德而济同欲焉；五伯之霸也，勤而抚之，以役王命……吾子惠徼齐国邑之福，不泯其社稷，使继旧好，唯是先君之敝器、土地不敢爱。子又不许，请收合余烬，背城借一。敝邑之幸，亦云从也；况其不幸，敢不唯命是听"（《左传·成公二年》）。晋国早就料到齐国不会答应自己的天价条件，所以就地还钱，逼得齐国表态，要跟晋国一起对付共同的敌人——楚国。晋、齐本来就是中原诸侯圈中的同伙，信奉共同的"礼乐"文明，而早在之前的召陵之盟中，齐国对楚国就已产生宿怨，因此齐国接受了这一要求，而没有什么顾虑与障碍。这样重新结盟后，齐、晋联合在一起，携手共同对付"非我族类"的楚国势力，战略局面马上改观，对楚国就占有了明显的优势。

与此同时，晋国通过公元前 578 年的麻隧之战彻底打垮了秦国。崤之战后，秦晋两国前前后后征战了几十年，麻隧之战对彼此多年的恩怨纠葛做了一个比较彻底的了断，是役使秦国遭到一次极为沉重的失败，其精锐主力悉数就歼，实力严重受损，数世不振，在很长一段时间里无法再对晋国构成实质性的战略威胁，换言之，秦国从此在晋国面前变得老实了，不敢再轻易挑衅与捣乱。这样一来，晋国消除了后顾之忧，同时通过大量的外交活动，使得秦楚两国在麻隧之战时无法组成联盟来对付晋国。这中间，最重要的举措就是公元前 579 年的第一次弭兵大会，晋国借假宋国大夫华元为白手套，晋、楚两国各派代表在宋国都城西门外举行会盟，约定"凡晋、楚无相加戎，好恶同之，同恤菑危，备救凶患。若有害楚，则晋伐之；在晋，楚亦如之。交贽往来，道路无壅，谋其不协，而讨不庭。有渝此盟，明神殛之，俾队（坠）其师，无克胙国"（《左传·成公十二年》）。很显然，晋国主使下搞起来的华元"弭兵"，目的是让楚国在秦晋角逐中暂时置身局外，保持中立。而楚国统治者居然轻易地中了晋国设计的圈套。从此之后，秦·楚双方都对对方是否为自己的可靠伙伴这一点存有了疑虑，因此秦楚联盟某种程度上已经处于停摆乃至瓦解的状态，为晋国再度全面称霸提供了有利的契机。

第三个阶段，是以公元前 575 年的鄢陵之战为标志，晋楚之间的战略态势再次全面转变。晋国在外交和战争中的全面优势得以重新确立。这一确立过程一直延续到晋悼公在位期间发起的"三驾之役"。"三驾之役"时，楚国完全承认自己已不再是晋国对手，需要韬光养晦，重新来过，低调，再低调，"当今吾不能与晋争"（《左传·襄公九年》），"宜晋之伯也，有叔向以佐其卿，楚无以当之，不可与争"（《左传·襄公二十七年》）。楚国意识到之前战略上的积极出击包括外交上的猖狂挑衅实在太过冒进，需要重新检视，改弦更张。

但这时晋国也碰到了问题，而这又是跟鄢陵之战的结果密切地联系在一起的。鄢陵之战这一仗既可以打，也可以不打。从单纯的军事层面与具体战术上讲，打一定会赢，但从战略全局上讲，从政治意义上讲，则会产生严重的后遗症，激化各种潜伏的矛盾。也就是说，如果存在着楚国这样的强大敌人，那么晋国内部就会团结，六卿之间，各大宗族之间，就会暂时放下彼此间的恩恩怨怨，保持一定程度上的团结，共同对付外敌，对此晋国六卿中的范文子所言，可谓鞭辟入里，一针见血："唯圣人能外内无患。自非圣人，外宁必有内忧。盍释楚以为外惧乎"，他认为正确的做法应该是："我伪逃楚，可以纾忧……我若群臣辑睦以事君，多矣！"（《左传·成公十六年》）但如果晋国打败了楚国，那么内部矛盾就会凸显，公室和强族之间的矛盾就会激化，你死我活的政治动乱就会上演。从这个角度看，鄢陵之战应该不打。但是能拍板的中军帅栾书拒绝这么看问题，他只强调政治正确，而不在乎其他："不可以当吾世而失诸侯！"（《左传·成公十六年》）于是乎，鄢陵之战晋国还是打了，而且打赢了，结果，这之后晋国就如范文子在鄢陵之战大捷后所预料的那样，"君骄侈而克敌，是天益其疾也，难将作矣！"（《左传·成公十七年》）真的出现了内部的大动乱，这个变故的影响是极其深远的，也是完全负面的。也就是说，如果没有晋国的内部动乱，那也就不会有后来公元前453年的"三家分晋"，进而也很可能不会发生秦国顺利东出函谷关，在战国全面崛起，横扫六合，一统天下的历史场景，那么最后完成统一大业就有很大的概率会落到晋国的头上，中国古代的历史很有可能会改写。

《孙子兵法》佚文中的《吴问篇》最后讲到赵氏家族取代晋国的政权，类似于田氏家族取代齐国政权的情况。本来晋国应该是统于赵氏家族一家的，但"三家分晋"后导致了晋国的分裂，这就给秦国的东进创造了机会。于是晋国不得不发起公元前546年的第二次"弭兵大会"，借此与楚国平分中原霸权，所谓"晋、楚之从交相见"（《左传·襄公二十七年》），让楚国承认晋国的霸主地位，同时，自己也承认楚国的霸主地位，这是双方暂时的战略平衡，这似乎是春秋时期共治天下的模式，一种非常有意思的动态战略平衡现象。

第四个阶段，也就是最后一个阶段，其显著特色之一就是晋、楚之间争霸战争与外交结盟中代理人战争与外交现象的呈示，也可以看成是晋、楚百年竞逐的回波余澜，这就是晋楚争霸背景下的吴越战争和吴楚战争。晋国为了对付楚国，打破僵局，就注重开辟第二战线，拉拢了吴国，派遣申公巫臣带着战车与军事顾问到吴国，帮助吴国训练军队，鼓动吴国从侧后攻击楚国。"以两之一卒适吴，舍偏两之一焉。与其射御，教吴乘车，教之战陈，教之叛楚。"楚国因此而陷入战略上的极大被动，"吴始伐楚，伐巢，伐徐……子重、子反于是乎一岁七奔命，蛮夷属于楚者，吴尽取之"。（《左传·成公七年》）对此，楚国非常恼怒，致力于反击，如法炮制，你这么搞，那我也这么搞，来而不往非礼也。但是楚国很聪明，知道晋国太强大，它的龙头老大地位是不能轻易去挑战的。于是，楚国没有直接去挑战晋国，而是去找晋国的马前卒吴国的晦气，同时积极拉拢越国，让越国在吴国的背后捅刀子。越国最主要的大臣如文种、范蠡都是楚国人，可见楚国在吴越战争中所扮演的影武者角色。后来的《申包胥哭秦庭》乃是小说家言，是后人的文学夸张与包装，其实，从结盟的核心宗旨看，秦国是一定会救助楚国的。吴国柏举之战大破楚军，乘胜追击，五战入郢后，楚国的衰落和灭亡与秦国的命运是紧密相连的，秦国也深切感受到了唇亡齿冷、兔死狐悲的阵阵寒意。所以，秦楚两国一定会联盟的，这种出兵相助与申包胥在秦庭上哭不哭根本没有什么关系。

至于兵学家孙子为什么跑到吴国去，我认为其历史的谜底也许跟当时的外交结盟同样有关系。晋国派出军事教官去帮助吴国，而齐国兵学发达，有著名的军事理论家，作为晋的同盟国，齐国也不能袖手旁观，坐享其成，也得出力，也得添砖加瓦，于是派人掺和，敲敲边鼓乃是理有固宜，势所必然。所以孙子就是齐国派出的前去帮助吴国的人。另外，根据 1972 年山东临沂银雀山汉墓出土的竹简《孙子兵法》佚文《吴问篇》的记载，吴王阖闾向孙子询问晋国的政局动态与权力重组，"六将军专守晋国之地，孰先亡？孰后存？"也即其政局会怎么演变？他不问齐国的情况，不问鲁国的情况，也不问楚国、秦国、越国的情况，而偏偏问晋国的情况，这里面同样很有讲究。当时晋国是六个大族当政，彼此之间拉帮结派，钩心斗角，暗潮汹涌，云诡波谲，吴、晋是战略同盟，自己在选择与晋国哪一宗族打交道时，一定要小心翼翼，十分谨慎，注意选边站队，千万不能押宝押错了，那样的话，也就前功尽弃，后患无穷了！所以，吴王阖闾才向孙子请教分析晋国的政局，即所谓"不知诸侯之谋者，不可豫交"（《孙子兵法·军争篇》）。

三、春秋结盟的几个显著特征

第一，利益导向原则。通观春秋时期的历史，我们可以清晰地发现，当时所有结盟或者背盟，归根结底，大多都是由国家利益驱动的。所谓"没有永远的朋友，没有永远的敌人，只有永远不变的利益"。这个本质属性，在春秋时期也没有例外。秦国在秦穆公统治前中期积极支持和扶助晋国，并不是出于道义，而是想让晋国投桃报李，亲附依从秦国，使秦国得以通过函谷关进占中原。但晋国强大后基于独霸中原的战略考量，就不能容忍利益均沾，更不乐意为他人作嫁衣裳，所以，一定要把秦穆公关在西部一隅之地，秦、晋之盟最终难以避免地破裂，两国反目成仇，进而兵戎相见，大打出手，这乃是大势之所趋，是完全不以人们的主观意志为转移的。晋国和吴国联合，也不是由于晋国品德高尚，乐于助人，而是因为晋国要考虑对付楚国的大战略，等到吴国羽翼丰满，真正强大起来的时候，吴王夫差就过河拆桥、恩将仇报，要跟晋国一样去争当老大，遂有"黄池之会"争当盟主、反目成仇一幕的发生，"于周室，我为长"（《左传·哀公十三年》），"孤欲守吾先君之班爵，进则不敢，退则不可。今会日薄矣，恐事之不集，以为诸侯笑。孤之事君在今日，不得事君亦在今日。为使者之无远也，孤用亲听命于藩篱之外"（《国语·吴语》）。越王勾践在楚国的帮助下打败并灭亡了吴国，但等到他横行江淮的时候，就将楚国晾在一边了。楚国派去的援越大臣，要么自己"识时务者为俊杰"，早早跑路，溜之大吉，譬如范蠡带着西施泛舟五湖，过快乐逍遥的小日子了，要么被杀，譬如文种，脑袋进水，自以为有大功于越，该一起分享胜利的果子，不听从范蠡的劝告，赖在越国不走，到头来只能落个"兔死狗烹"、身首异处的悲惨下场。而这所有的一切，不能简单地归结于个人的道德品质问题，而应该看到这背后都是由利益作导向的。

第二，关键诸侯国的争夺才是结盟的重点。晋、楚争霸过程中双方抢夺的最重要的诸侯国是郑国，其次是宋国。郑国是中原的核心地区，地处河南腹心一带，有"河山拱戴，形胜甲天下"之誉，但"河南者，四通五达之郊，兵法所称衢地者是也"(《读史方舆纪要·河南方舆纪要序》),"盖四方必争之地也"(《读史方舆纪要》卷四十八)。这种位于中原咽喉之地的地理条件,决定郑国势必成为南北必争的焦点,几乎所有的春秋时期的大战,如邲之战、鄢陵之战等等,都发生在郑国国土上,郑国投向谁,霸权一般就属于谁,同样的道理,谁被郑国反叛背弃,其实就意味着霸权的终衰。晋国对楚国之所以占有全面的战略优势,乃与郑国的背楚投晋有相当直接的关系。也即"三驾之役"之后,郑国好多年里都不再敢背叛晋国,而之前楚国最大的战略同盟就是郑国,郑国既叛,楚终于不得不承认现实,低下了高昂的头颅,所谓三驾而楚"不能与晋争"(《左传·襄公九年》)

至于宋国,西与鲁国接壤,北与曹、卫相邻,东与郑国为界,南与陈、蔡衔接,战略地位亦相当重要。"据江淮之上游,为汴洛之后劲","襟带河、济,屏蔽淮、徐,舟车之所会,自古争在中原",未有不以其地"为腰膂之地者"(《读史方舆纪要》卷五十)。在春秋战略格局中,宋由于地处中原要冲,因此也一直为各大国争取角逐的对象。但是另一方面,宋不像郑国那样起着直接阻扼楚北上或晋东出的作用,所以其战略选择的回旋余地较郑国要稍见优裕。一般地说,宋以东邻郑国为最现实的竞争对手,而以南方强楚为自身生存和发展的最大的潜在威胁。所以它在绝大部分时间里与晋结成战略同盟,站在抵御楚国北上的最前列,经常起着影响中原战略格局的作用。像两次弭兵之会皆由宋国倡导,应该说不是偶然的。然而总的看来,终春秋之世,宋国地位虽然尊贵,但毕竟国力有限,只能在晋国争霸大业中担任"为王驱除"的角色而已。

第三，结盟中，坚持重要的战略原则至关重要，例如，要运用最大的战略智慧，做到善于妥协，漫天要价，就地还钱，把握时机，恰到好处，收放自如，见好就收。例如，齐桓公从长勺之战中汲取了教训，使得他在后来的争霸斗争中，能够正确判断形势，根据实际情况与对手做必要的妥协，进两步退一步，见好便收，在可能的范围内满足自己的战略诉求。战略是否成功，不在于战略利益的内涵有多大，战略目标的设定有多高，而关键看它实现的可能性有多少。如果脱离实际，那么，再好的战略方案也不过是望梅止渴，画饼充饥。所以，善于妥协，本身就是战略运筹中的一门高明的艺术，是寻求战略利益的一个重要手段。这方面的驾轻就熟，得心应手，无疑是一位政治家高度成熟的突出标志。

齐桓公就是这样一位成熟的政治人物，公元前 656 年举行的召陵之盟，充分体现了他通过妥协的方式，实现虽说有限但却实在的战略利益的稳重政治风格。当时，楚国兵锋北指，成为中原诸侯的巨大威胁，所谓"南夷与北狄交，中国不绝如线"。在这种情况下，当缩头乌龟是不成的，若保护不了中原地区的那些中小诸侯，任凭"南夷"四处横行，齐国岂能称为"霸主"？然而，如果心血来潮，孤注一掷，同强大蛮悍的楚国真刀真枪干上一仗，弄得两败俱伤，恐怕也不是正确的选择。最好的办法，是出面组织起一支多国部队，兵临楚国边境，给楚国施加巨大的政治、军事、外交压力，迫使对手作出一定的让步。如此，既压制了楚国嚣张的气焰，安定了中原动荡的局面，又不必使自己陷入战争的深渊，付出过于沉重的代价。这叫作"全胜不斗，大兵不创"，"不战而屈人之兵"，"兵不顿而利可全"，是战略运用上的"善之善者也"。

在接下来的齐、楚召陵之盟上，齐桓公与楚国就联袂上演了一出妥协大戏，楚国承认了不向周天子"贡苞茅"的过错，表示愿意承担服从"王室"的义务，算是多少作了让步，给了齐桓公所需要的脸面；而齐桓公也达到了警告楚国、阻遏其北进迅猛势头的有限战略目的，于是也就适可而止，见好就收。这种战略上不走极端，巧妙妥协的做法，可能会让习惯于唱"攘夷"高调的人觉得不够过瘾，可它恰恰是齐、楚双方当时唯一可行的正确抉择。

再如，鞌之战，也同样是一个很典型的范例。晋军对齐的军事行动，始终是其整个争霸战略大棋盘上的一枚棋子，它始终服从于晋国对楚争霸战略全局的需要。其打击齐国，目的完全在于以战压齐，以打促盟。因此，当这一战略目标基本实现后，即适可而止，留有余地，同意了齐国提出的议和请求。《孙子兵法·军争篇》有云："穷寇勿迫。"其《火攻篇》亦云："夫战胜攻取，而不修其功者，凶！命曰费留。"纵观古今，战略上的最大智慧，就在于善于妥协！晋国的战争善后之高明，就集中体现在这种善于妥协、见好就收的大智慧上：不过多挫伤齐国的威望，不加剧两国的裂痕，最大限度降低两国间的仇恨敌对，从而保有了战争的成果，避免了秦、晋崤之战消极影响的覆辙，顺利达到了联合齐国以对付主要敌人楚国的战略目的。这就是某些西方军事学家所情有独钟的"有限战争目的的战争"："战争可分为两大类：具有有限政治目的的战争，和具有无限政治目的的战争。只有第一种战争给胜利者带来利益，而决非第二种。"事实的确如此，"纵观战争史，值得注意的是，敌友关系是频繁变化的。当你打败了你的对手时，你应该明智地让他再站起来。这是因为，在下次战争中，你有机会需要他的帮助"。[1] 历史的发展证明了这一点，在后来的春秋大部分时间里，齐国的确成了晋国的小伙伴，在晋与楚角逐的过程中，它时不时助晋以一臂之力。

第四，春秋时期的外交结盟形式虽然多种多样，异彩纷呈，但归根结底还是由实力决定的。选择谁，拉拢谁，投靠谁，依靠谁，唯谁马首是瞻，归根结底都是由实力来决定的。当然，高明的外交艺术在结盟中也是非常重要的，在外交结盟上，应该遵循的做法是"惟仁者为能以大事小"，"惟智者为能以小事大"（《孟子·梁惠王下》）。

具体地说，作为在晋楚两强争霸夹缝之中苟存的中小诸侯国，受实力弱小现实的制约，不能轻易出头，在其他诸侯面前硬撑门面，而不知天高地厚，否则就会像不自量力、狂妄自大的宋襄公那样，挨真正的强国楚国一顿暴揍，满地找牙，惨不忍睹，"宋师败绩，公伤股，门官歼焉"（《左传·僖公二十二年》）。同时还要尽量避免轻率选边站队，不宜无保留地倒向任何一边，而必须趋利避害，做到见机行事，左右逢源。

例如郑国，自公元前 570 年鸡泽之会后，虽一时臣服于晋，但不久又背晋而附楚。此后，在相当一段时间内，郑国依然对晋、楚两大国采取依违的态度，首鼠两端，游移于两大国之间，时叛时服。这中间，固然有郑国国内统治集团分裂为亲晋、亲楚两大派的重要原因："子驷、子国、子耳欲从楚，子

---

① ［英］富勒：《战争指导》"前言"，绽旭译，周驰校，解放军出版社，2014 年。

孔、子蟜、子展欲待晋。"（《左传·襄公八年》）但关键的原因则在于郑国地处中原腹心，夹于晋、楚两大国之间，形格势禁，首当其冲成为大国争霸的主要控制目标，而郑国本身实力有限，没有足够的力量抗击大国的进攻，只好晋强而附晋，楚强而从楚，根本无法讲什么盟誓信约。这正如子驷所说的那样："民急矣，姑从楚，以纾吾民。晋师至，吾又从之。敬共币帛，以待来者，小国之道也。牺牲玉帛，待于二竟，以待强者而庇民焉。"（《左传·襄公八年》）至于大国，也要在争霸战争和外交结盟的过程中，体现出大国的风范，展现更大的包容性，做到老子所说的"故大国以下小国，则取小国"（《老子》第六十一章）。这在《左传》中，就是人们所一再推许的，"叛而伐之，服而舍之，德、刑成矣。伐叛，刑也；柔服，德也，两者立矣"（《左传·宣公十二年》）。

另外，需要指出的是，结盟中也要立足于贯彻与落实远交近攻的原则。因为国土相连，所以宋国跟郑国一定会打得不可开交，但跟鲁国、燕国却能搞好关系。更具体地说，制定和推行实质上的"远交近攻"策略，从侧后牵制主要敌手，使之陷于多面作战的被动处境，从而实现己方的战略意图，这是春秋时期列国争霸与结盟的重要内容，也是当时军事艺术日显高明的显著表现。这在郑庄公初霸实践中即已显示端倪。当时郑国就是以远结齐、鲁，近攻宋、卫而所向披靡、雄视中原的。其后，齐、晋联手对付楚、秦，晋国联吴制约强楚，楚国借越牵制吴国，越国"亲于齐，深结于晋，阴固于楚"（《吴越春秋·勾践归国外传》），以力克强吴，所遵循的也都是类似的战略策略方针。而这类举动之所以层出不穷，且屡试不爽，在很

晋楚争霸主线下的春秋结盟之道

大程度上也是由当事国当时当地的兵要地理条件所决定的。在地理距离上间隔甚远、彼此间暂时不会发生直接冲突的情况下，自然可以互相借助对方的力量来首先打击主要的敌人。

当然，这种格局也并非一成不变的，一旦共同的主要对手被削弱或消灭，双方的地理位置接近，那么原先的盟国也可能反目成仇，形同水火。如弭兵之会后，随着楚国势力的退缩，中原列国与楚的矛盾冲突缓解，齐、晋抗楚盟国的关系就开始趋于紧张，多次兵戎相见，先后爆发了齐攻打晋国的越太行之战与晋报复齐国的平阴之战。又如晋、吴本为战略盟国，但在吴国五战入郢击破强楚，夫椒之战迫使越国臣服后，吴国就开始经营中原，而无可避免地与晋国为敌了，于是遂有黄池争霸的一幕。再如越国，当它在从事灭吴战争时，曾经亲齐、结晋、联楚，可是一旦实现了吞并吴国的战略目的，使己之疆域推进到淮泗流域，也就立即放弃原先的亲齐、结晋的基本方针，而要同中原列国一争高低了，"越灭吴，上征上国，宋、郑、鲁、卫、陈、蔡执玉之君皆入朝"（《国语·吴语》），"句践已平吴，乃以兵北渡淮……当是时，越兵横行于江淮，东诸侯毕贺，号称霸王"（《史记·越王句践世家》）。

第五，任何时候的结盟都是双管齐下，多头并进的，手段不可单一，方法需要多样。以军事斗争为引导的争霸战争跟纵横捭阖的外交结盟两者不可偏废，而必须做到相得益彰，相辅相成。春秋"首霸"齐桓公的战略思维与相关举措，就是这方面很有说服力的一个范例。他刚登基时，也一样是雄心勃勃，血气方刚，老是想做一番惊天动地的伟业，早早确立起齐国的霸权，汲汲于"欲诛大国之不道者"。管仲谏阻他，告诉他时机并不成熟，"不可，甲兵未足"（《管子·中匡》）。可他全然当作耳边风，一意孤行按着自己的性情去做，满心以为中原霸主的宝座可以唾手而得。

然而，齐桓公的热情之火，很快就让长勺之战的那一大盆冷水给浇灭了。他引以为自豪的强大齐军，居然让有曹刿当高参的鲁庄公麾下的将士们杀得丢盔弃甲，狼狈逃窜，"齐师败绩"（《左传·庄公十年》），真是败得无话可说，败得窝囊透顶。不过这次出乎意料的惨败，也有一个好处，就是使得齐桓公发热的头脑得以冷静下来，急功近利的浮躁心态得以平复下来。既然单纯战争手段连鲁国这样军力很一般的国家都摆不平，那么，想靠它去对付比鲁国强大十倍的楚国，比鲁军能打仗的戎狄，还不纯粹是自讨没趣吗！看来不能单纯依赖战争来实现自己的称霸目标，而应该更多地运用政治、外交手段，伐谋、伐交、伐兵三管齐下，才是正道。齐桓公是这么想的，也是这么做的，他马上调整了自己的争霸战略方针，改急躁冒进为稳重待机，变单凭武力为文武并举，"以迂为直，以患为利"（《孙子兵法·军争篇》）。而正是这种稳重的做法，才保证了他日后少走弯路，一步步走向自己事业的巅峰。

在实施有限军事行动的同时，齐桓公更重视通过外交斡旋与结盟来达到自己的战略目的。这是其建树霸业的最显著特色之一，《国语·齐语》云："兵车之属六，乘车之会三"；《论语·宪问》曰："桓公九合诸侯，不以兵车"；《史记·管晏列传》亦云："齐桓公以霸，九合诸侯，一匡天下，管仲之谋也。"可见齐桓公以诸侯盟主的身份，多次主持会盟，乃是其皇皇霸业的重要组成部分。

大体而言，齐桓公在建立霸业的根本宗旨下所主持的诸侯盟会，就其直接而具体的目的而言，可分为以下几类性质：

一是安定周室，维护周天子名义上的权威。如公元前652年，周惠王去世，齐桓公与诸侯会盟于洮（今河南濮县西南），以定周襄王之位。其他像公元前655年的首止之会，公元前653年的宁母之会等等，也都分别是出于定周天子之位和救援王室戎难的。二是压服其他诸侯，树立齐国威望。如公元前680年鄄之会，公元前679年鄄之会，其基本意图是为了压服宋国，从此，宋、郑、卫等三个较为重要的诸侯国均归附齐国，故史称鄄之会为齐桓公霸业的开始。又如公元前678年的幽之会，其目的是警告郑国不要受楚国的拉拢，继续听从齐国的号令。三是以诸侯之长的身份，干预某些诸侯国国君的废立等内部事务。如公元前682年，宋国发生大夫南宫万弑君之乱，次年，齐桓公召集宋、陈、蔡、邾四国国君在齐邑北杏会盟，商讨稳定南宫万之乱后的宋国局势等事宜。四是团结中原诸侯，对付北方戎狄的侵扰与南方强楚的北进。如公元前664年，齐桓公与鲁庄公在鲁济（今山东巨野县境内）会见，商量如何帮助北燕对付山戎的威胁。又如，公元前659年，齐桓公与鲁、宋、郑、曹诸国国君在荦（今山东聊城市西）相会，计议援助郑国抵御楚国的进攻。另外，公元前658年的贯之会，公元前657年的阳谷之会，公元前656年的召陵之会，公元前645年的牡丘之会，公元前644年的淮之会，也都是召集诸侯联合抑制或打击楚国的会盟活动。五是出面协调诸侯之间的关系，通好敦谊，巩固诸侯群体间的战略协同。这方面最突出的例子，就是公元前651年举行的，有周、齐、宋、鲁、郑、卫、许、曹等八国参加的葵丘之会。

这样，齐桓公通过多次的会盟，终于主要以"不战而屈人之兵"的方式，用最小的代价，赢得最大的政治、军事、经济利益，实现了控制诸侯、雄霸中原的初心与理想！

第六，正确分析与认知结盟的利弊相杂。孙子说"是故智者之虑，必杂于利害。杂于利而务可信也，杂于害而患可解也"（《孙子兵法·九变篇》），结盟和战争都有利有弊，利中有害，害中有利。有利的时候要容忍它的害，最坏的事情中也有有利的因素，最好的东西也有不利的一面。因此，作为战略决策者，怎样抓大放小，怎样抓住核心的利、长远的利、全局的利和关键的利就变得尤为重要，受挫时不要灰心丧气，破罐子破摔，成功时更不可得意忘形，趾高气扬，忘乎所以，让胜利冲昏头脑，导致阴沟里翻船。

另外，外交结盟中，在受利益驱动的同时，也必须坚持一定的道义原则，考虑到双方可以认同的价值立场。这一点，在春秋的外交结盟活动中，也是有所体现的。春秋时期争霸战争及其相应的外交结盟，尽管本质上皆出于对利益的追逐，对得失利弊的算计，但是，在形式上，在大部分时间里都倡导所谓的"政治正确"，都打着冠冕堂皇的旗号。当时最能鼓蛊人心的口号，就是所谓的"尊王攘夷"，作为普适的价值观念，是得到诸侯群雄的普遍认可的。周室东迁后，周天子的地位已经是今非昔比，其实力也急剧衰落，"礼乐征伐自天子出"，只是一个虚幻的光晕。但是，传统毕竟是一种巨大的惯性力量，所谓"共主悉臣之义，犹在人心"（《左传纪事本末·王朝交鲁》），其在名义上仍是天下的共主和宗法上的大宗，具有一定的号召力。所以，在实施战争或进行结盟时，坚持"尊王"的立场，可以收到挟天子以令诸侯的效果，便于争取与国，也有利于压服敌对的诸侯。当时的霸主一般都深谙其中的利害关系，于是就把"尊王"作为自己行动时的政治依据，所谓"求诸侯，莫如勤王"（《左传·僖公二十五年》），"皆奖王室，无相害也"（《左传·僖公二十八年》）。

至于"攘夷"，也是春秋时期政治、军事、外交背景下的产物。因为戎狄势力的南下侵扰，严重威胁着中原列国的安宁，造成中原地区人力、物力、财力巨大损失。而楚国作为"礼乐文明"体系外的异类诸侯，其咄咄进逼，亦给中原诸侯们带来极大的压力。绝大多数中原列国凭自己单独的力量是无法抗衡这种势头的，所以，它们都渴望有一个强大的诸侯国，勇于承担使命，来出面领导中原诸侯抵御戎狄和"蛮楚"的进攻，抱团取暖，荣辱与共。而"攘夷"就是这中间一种最好的工具，它本身即可以迎合与满足中原诸侯的这一强烈诉求，能够煽动起同仇敌忾的华夏本位情绪，利于博得广大华夏族的认同与拥护！

从这个意义上说，齐国、晋国的结盟之所以相对比较容易，也相对易于维持，这与它们一直高举"尊王攘夷"的大旗是有着一定的关系的。正是因为有这面旗帜的张扬，才使得其比较容易占据道义上、政治上的制高点，从而把握先机，赢得主动。法国著名作家雨果曾在其《九三年》一书中强调："在绝对正确的革命之上，有绝对正确的人道主义。"相似的道理，在绝对重要与合理的结盟活动之上，有绝对重要与合理的"礼乐"原则与核心价值体系。

漆画神兽武士，湖北曾侯乙墓出土

公元前 546 年由宋国大夫向戌发起，在宋国都城商丘举行的弭兵大会，是春秋历史进程中的一个重要转折点，是春秋中后期列国争霸战争进入战略均势状态背景下的必然产物，对春秋乃至后来战国历史的发展曾产生过极其深远的影响。

在此之前，春秋诸侯中的头等列强晋、楚、齐、秦四国都竭尽所能全力向外扩张，秀肌肉、挥拳头，一门心思想通过战争这个主要手段，配合以外交斡旋，角逐霸权，经营中原。但在弭兵大会落幕之后，这四大列强开始消停下来，转而眼光向内，实现战略重心的转移，即变"攘外"为"安内"，忙于国内事务，无暇外顾了。

例如，作为春秋大国争霸的最主要的两大角色，晋国与楚国，虽然仍免不了尔虞我诈，互找晦气，然而，一直到春秋末年，两国在中原并没有大动干戈，杀个血流成河，这就是很好的证明。从这个意义上来讲，弭兵大会的召开并获得成功，完全可以看作是晋、楚两国中原争霸战争进入尾声的重大标志，争霸的主角该由正在崛起中的吴、越两国来担当了。

晋、楚两国参加向戌发起的弭兵大会，并达成平分霸权的协议，绝不是它们突然良心发现，金盆洗手，从此爱好和平，尊崇道义。毫无疑问，"江山易改，本性难移"，两国统治者骨子里依旧是嗜血的，他们之所以暂时放下屠刀，倡导和平，是因为长期的竞争与角逐，无法决出最终的胜负，无休止的僵持与胶着，让双方都陷于泥淖，难以为继，争霸的格局进入了战略均势的复杂状态，这种以相持为特征的战略均势，决定了双方有可能坐下来平心静气地谈判并达成一定的妥协与谅解。

众所周知，春秋历史发展的最重要线索是晋、楚争霸。这中间有三场战事可谓是具有里程碑的意义。这就是先后爆发于公元前632年的城濮之战，公元前597年的邲之战，公元前575年的鄢陵之战。这三场战事，都是晋、楚两大国之间的战略性会战。

其中，城濮之战是晋文公统率雄师，打得楚军满地找牙，落花流水，从而"取威定霸"，晋文公成为继齐桓公之后中原诸侯的真正霸主。邲之战则是楚庄王"一鸣惊人""一飞冲天"，杀得晋军丢盔弃甲，溃不成军，楚国从而取代晋国成为新的天下霸主。到了鄢陵之战，风水轮流转，战争胜利的天平又向晋国一侧倾斜，是役，晋厉公麾下的栾书、郤至诸将尽心用命，让楚、郑联军饱尝了何谓兵败如山倒的痛苦滋味。三场决定性会战，晋胜二场，楚赢一场，总体来说，是晋稍占上风，但是，楚也不是好剃的头，毕竟也胜过一回，所以，到头来，谁也无法拥有争霸角逐中的绝对优势，只能以时间换空间，彼此僵持，互相对峙。

当然，在当时整个晋、楚争霸大格局中，晋国还是拥有一定的优势的。尤其是经历了晋悼公"复霸"阶段的"三驾之役"后，楚国的战略颓势显得更为突出。在"三驾之役"中，晋军取得了比较重大的胜利，并乘胜召开了重建晋国霸权的"萧鱼之会"，这标志着楚国这时候已无力北上同晋国作全面抗衡，也标志着晋国保宋、服郑的战略目标的基本实现，更标志着晋悼公复霸大业达到鼎盛的阶段，即所谓三驾而楚"不能与晋争"（《左传·襄公九年》）。

然而，需要指出的是，"三驾之役"并没有真正彻底摧毁楚国赖以抗衡晋国的军事实力，双方态势或有不利与有利的差异，但战略对峙的格局并未被打破，仍然是处于战略均势的状态。换言之，晋国自晋悼公复霸以后，虽对楚国已拥有了相对的战略优势，但是受种种条件的制约，晋国的这一优势并不能顺利发展成为胜势。

从外因上讲，经历了齐、晋平阴之战后，齐、晋联盟破裂，多次兵戎相见，大打出手，晋国削弱了自己的力量，牵制了自己的行动，分散了自己的资源。从内因上说，则是晋国国内公室日益衰微，国君大权逐渐旁落，卿大夫势力不断膨胀，内乱不已、纷争无止，使得其不得不将自己的主要注意力转移到国内来，以致无法集中力量与楚国相角逐争雄。这一点早在晋悼公在位晚期就已经显示端倪，所谓晋国"实不能御楚，又不能庇郑"（《左传·襄公十年》），在这种情况之下，晋国统治集团实在不乐意为争夺和维系霸权而全力以赴，而是十分渴望有一个比较缓和与平静的外部环境，来首先调和内部矛盾，解决积重难返的国内问题，"形格势禁"，别无更好的选择，所以遂有了罢兵停战的意向。

楚国对谈判与弭兵的愿望也同样热衷。自鄢陵之战惨败以来，楚国的实力受到相当严重的削弱，在与晋国争夺天下霸权的斗争中基本处于下风。尤其是晋悼公复霸后，楚国的盟国与仆从越来越少，"门前冷落车马稀"，不但中原枢纽国郑国彻底投入了晋国的怀抱，就连陈、蔡这样长期的坚定盟友也落井下石，与晋国眉来眼去，表现出动摇携贰的迹象。楚国的处境日趋孤立，"茕茕孑立，形影相吊"，加上侧后的句吴在晋国的一手扶植与策划下，不断进行骚扰和进犯，对己方构成严重的威胁。在这样的背景下，楚国也认识到自己已无力再与晋国相抗争，"当今吾不能与晋争"（《左传·襄公九年》），"宜晋之伯也，有叔向以佐其卿，楚无以当之，不可与争"（《左传·襄公二十七年》）。所以它非常希望暂时停止大规模的战争，获得一个和平的环境，以恢复国力，重振声威。

至于郑、宋、曹、卫、陈、蔡等中小国家，备尝战争所带来的苦果，处于"其民人不获享其土利，夫妇辛苦垫隘，无所厎告"（《左传·襄公九年》），"民死亡者，非其父兄，即其子弟。夫人愁痛，不知所庇"（《左传·襄公八年》）的悲惨境地，早已经受够了，都快要崩溃了，因此，无论是其统治者，还是其平头百姓，都早就如"大旱之望云霓"，期盼着大国争霸能够止息，和平生活能够降临。

由此可见，厌倦战争，拒绝戈戟，渴望和平，追求安顿，业已成为广大民众和中小诸侯的共同心声，这标志着进行弭兵完全具备了广泛的社会基础。晋、楚两大争霸主角危机败象已渐露端倪，没有力量"将革命进行到底"，继续从事大规模的争霸战争，这标志着开展弭兵基本具备了现实层面的可能。而晋、楚两国主要执政者的明智决策，宋国大夫向戌的积极斡旋，则使得主要大国能够顺应历史的潮流，将这种可能性及时、圆满地转变为现实，公元前546年的弭兵大会就在这样的背景下隆重热闹地开了起来。

公元前548年，晋国卿大夫赵文子（赵武）替代病死的范宣子出任晋国的首席执政。他深富韬略、老谋深算，对国际政治大势有相当清醒的认识，所以，上台伊始，便正式将弭兵戢战作为国家的战略方针提了出来，毫不含糊地表示："自今以往，兵其少弭矣"(《左传·襄公二十五年》)，并且明确指出当时已经初步具备了实行弭兵的条件："齐崔、庆新得政，将求善于诸侯。武也知楚令尹。若敬行其礼，道之以文辞，以靖诸侯，兵可以弭。"(《左传·襄公二十五年》)我们知道，晋国是争霸战争中的第一号角色，此时又拥有对楚国的相对优势，只有它才具备主动挑起战争的条件，属于矛盾中的主要方面。如今它率先表示不再玩了，愿意追求和平、放弃战争，那么，弭兵取得成功就有了一半以上的希望。

楚国的执政者令尹子囊同样反对与晋国继续进行争霸厮杀，希望收敛锋芒，韬光养晦，曾坚定地表示："当是时也，晋不可敌，事之而后可。"(《左传·襄公九年》)所以，晋国有偃武修文的意向，正中楚国的下怀，楚国连做梦都要笑出声来了。正是在这种你情我愿又羞羞答答不易主动伸出橄榄枝的微妙时刻，宋国大夫向戌的机会来了，"欲弭诸侯之兵以为名"(《左传·襄公二十七年》)，于是乎粉墨登场，主动地站到历史舞台的中央，扮演和事佬，开展积极的外交穿梭活动，一举促成晋、楚弭兵大会的顺利召开。

向戌此人可不简单，他人脉极其广泛，活动能量非同寻常，他左右逢源，与赵文子和楚国令尹子囊都有很密切的私人交谊，在察觉和了解到晋、楚双方都有歇手不打的意向后，便扮演起"联合国秘书长"的角色，鞍马劳顿奔走于晋、楚等大国之间，宣传和推销他的弭兵主张。

他先是兴冲冲地到了晋国，向赵文子提出弭兵的方案。赵文子的作风倒比较民主，将向戌的建议交付诸大夫进行讨论。大多数人都表示了赞同，其中韩宣子的分析尤为透彻。他的观点是："兵，民之残也，财用之蠹，小国之大菑也。将或弭之，虽曰不可，必将许之。弗许，楚将许之，以召诸侯，则我失为盟主矣。"（《左传·襄公二十七年》）意思是，即便明明知道这场"弭兵秀"是幌子而已，也要假戏真做，否则丢了话语权，让对手利用，那就彻底陷入被动，必定是全盘皆输。诸大夫的反应，正符合赵文子本人的初衷，因此，向戌游说晋国弭兵的目的就水到渠成地实现了。

接着，向戌又风尘仆仆地跑到楚国，郑重建议楚国呼应晋国，进行弭兵，楚国正是求之不得，也十分爽快地答应了。

尔后，向戌不辞辛苦抵达二等强国齐国，鼓动齐国积极参与弭兵大会，齐公室开始有点勉强，不太情愿出面给晋、楚"背书"，但拥有军政实权的新贵田（陈）文子，却振振有词地表示："晋、楚许之，我焉得已？且人曰弭兵，而我弗许，则固携吾民矣，将焉用之。"（《左传·襄公二十七年》）意思是：老大们定的事，我们不必唱反调，跟着走就是，要知道自己是吃几两干饭的，不要做"蚍蜉撼树""螳臂当车"的蠢事，更何况，我们本国的民意也是盼望和平，如果抵制"弭兵"，那就是与人民为敌，届时一定成为孤家寡人，祸不旋踵矣！终于说服齐景公同意参加"弭兵大会"。至此，向戌又下一城。

此外，向戌再接再厉，又先后抵达秦国和一些中小诸侯国，也凭着自己的巧舌如簧，很容易地争取到它们对弭兵倡议的认同与支持。

一切就绪之后，向戌就在公元前546年的夏秋之交，广发"英雄帖"，约集晋、楚、齐、秦、宋、鲁、郑、卫、曹、许、陈、蔡、邾、滕等十四国代表来到宋国都城，在那里召开了规模盛大、礼仪庄严的弭兵大会。这样重要的会盟，居然是各国君主基本"隐形"，而绝大多数由十四个诸侯国大夫代表所在国家出席，这在春秋历史上尚属于第一回，可见这也是礼乐征伐"自大夫出"的一个显著标识。

虽然在这次弭兵大会上小插曲不断，曾经出现过诸如晋、楚争先歃血主盟，楚国一方穿着防弹背心（"衷甲"）与会，意欲蛮干动武等紧张气氛，但是，从总体来讲，乃是开得顺利与成功的，达到了弭兵休战的基本战略目的。

会议郑重其事地作出决定：以晋、楚为首，各国共同签订盟约，不再打仗，共享和平。晋、楚共为盟主，不分轩轾，自此之后，中小诸侯国对晋、楚要同时朝贡，"晋、楚之从交相见"（《左传·襄公二十七年》），即晋、楚平分霸权，楚国的盟国要到晋国去朝聘，同理，晋国的盟国也要前往楚国去朝聘。唯有齐国、秦国这两大列强是和晋、楚相当的大国，所以可以享受特殊的待遇"晋之不能于齐，犹楚之不能于秦也"（同上），所以就分别与晋、楚联盟，不向晋、楚朝贡。事至如此，轰轰烈烈的弭兵大会宣告结束，晋、楚两大强国罢兵休战、平分霸权的格局就此正式确立了。

向戌所倡导的弭兵运动之实质，是所谓的晋、楚"共治"天下，换言之，乃是当时中原长期争霸两大主角晋、楚承认战略均势，互相妥协，分享霸权。

对于中小诸侯国来讲，弭兵休战的结果，实际上是用加倍的贡赋来换取征伐之苦的减轻，他们的使臣，也就不得不跋山涉水、栉风沐雨，觐拜于晋、楚两国的朝廷，汲汲于分别呈交"保护费"了。在这之前，中小诸侯国的贡赋就十分沉重了，如《左传·襄公二十四年》记载：晋国"范宣子为政，诸侯之币重，郑人病之"。弭兵大会后，随着贡赋的加倍，中小诸侯国的困难处境可想而知，当然，"羊毛出在羊身上"，其普通民众所遭受的剥削自然而然是层层加码。不过，弭兵毕竟大大地减少了战争，在一定程度上带来了比较和平安全的社会环境，这多少还是具有积极意义的。

对于晋、楚等大国而言，弭兵的圆满成功，使得它们能够从漫长而沉重的对外争霸战争中暂时摆脱出来，这当然有利于减轻负担，赢得宝贵的喘息与恢复时机。同时，随着外患的暂时淡出，各国内部的统治秩序就可以较好地理顺了，各种内政改革措施可陆续推出并着手实施了，利益集团的统治权益重新洗牌、重新配置的速度也能够大大地加快了，这样，就有力地促进了统治集团内部的新生力量的成长壮大，为适应历史大潮流，在日后建立起新的运行机制，开辟了道路，创造了条件。

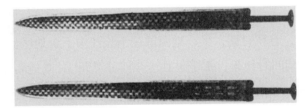

越王勾践剑

吴王夫差鉴

一、春秋时期的吴、越战略地理

春秋初期见于《左传》等史籍记载的大小诸侯国大约有一百四十余个，其中绝大多数面积狭窄、人口稀少，且往往有被称为夷狄的少数部族错杂散居其间。所谓"昔天子之地一圻，列国一同，自是以衰"（《左传·襄公二十五年》），就反映了这一客观现实。在长期的兼并争霸战争中，它们先后为大中型国家所吞灭。终春秋之世，真正具有经济、政治、军事、外交实力和影响的大中型国家，不过十多个而已，它们是周、晋、楚、齐、秦、鲁、宋、郑、吴、越、燕、曹、卫、陈、蔡、许等国。

据史籍记载，春秋时期，吴、越两国位于长江中下游地区。其中吴国自吴王阖闾时代起，都于吴县（今江苏苏州），其地略有今江苏省大部，兼及今安徽、浙江一部之地，东至海，南有太湖，西及皖北与楚国接壤，北距徐州与宋、鲁为界。

吴国建国的历史相当悠久，但自西周直至春秋前期，由于它地处东南一带，远离中原文化腹心，因此，虽有一定程度的发展，疆域有所开拓，但是总的来说，吴国在列国中并不显眼，影响也比较有限。然而，自春秋中叶起，随着社会生产力的发展，吴国在大国争霸的局势中逐渐崭露头角，成为当时迅速崛起的新兴国家。尤其是其第十九代君主寿梦登位后，虚心向周围和中原的先进国家学习，改良政治，发展经济，繁荣文化，扩大对外交往，加强军队建设，使吴国迅速崛起为一个新兴强大的国家。吴国历史的发展遂进入了一个新的阶段。

越国都于会稽（今浙江绍兴），以今浙江中北部为其活动中心，东至海，西至今江西省境内，北至今浙江嘉兴一带与吴国为界。灭吴后，其疆域曾拓展至今江苏北部、山东南部一带，纵横数百里。越地文化与传统就是坚韧不拔，死不旋踵，所谓"文身断发，披草莱而邑焉"（《史记·越王句践世家》）。这种恶劣的环境，艰辛的生活，使得其地民风剽悍凶猛，尚武好斗，"吴、粤（越）之君皆好勇，故其民至今好用剑，轻死易发"（《汉书·地理志下》）。

吴、越在春秋中晚期迅速崛起，"迭为霸王"。其地拥有江湖地利之胜，巩固后方，伺机而动，攻守皆宜，进退自如。春秋时期的时代命题既然是争霸，吴国与越国当然无法免俗。所以随着国势的蒸蒸日上，其先后在位的统治者也想照猫画虎，学中原诸国的样，循序渐进争霸中原。

对于春秋时期争霸主角晋、楚诸国来说，吴、越是自己争霸中心战场的最大侧后，谁拥有两国的支持，即可对敌手构成侧后的威胁，陷对手于两线作战的不利处境。故晋国拉拢吴国牵制楚国北进在前，楚国如法炮制联络越国消弭吴国威胁于后。由此可见，吴、越独特的兵要地理环境曾对春秋晚期列国战略态势的递嬗，产生过不可忽视的影响。而吴、越两国亦凭依各自有利的兵要地理条件，际会风云，脱颖而出，成为春秋末年大国争霸斗争中的重要角色。

二、吴越战争的内在驱动因素

众所周知，晋楚争霸，是整个春秋大国争霸历史的一条主线。春秋后期的吴楚战争与吴越战争，从某种程度上来说，乃是晋楚之争的延长赛，也可以看成是晋楚两大中原霸主的代理人战争。当然，这种大国的幕后操纵，还是外因，而外因只是变化的条件，内因才是变化的根据，外因通过内因而起作用。就内因而言，吴楚战争，是吴国迅速崛起过程中，与江淮汉水流域的守成大国楚国发生利益冲突的自然产物，是新生吴国企图取代楚国，成为主宰江淮地区新势力的一种结构性矛盾的大爆发。这个角逐，以公元前506年的柏举之战，吴军以秋风扫落叶之势"五战入郢"，大获全胜而暂时画上了阶段性的句号，楚国后来虽然在同盟国秦军的支持下收复郢都，但毕竟元气大伤，不得不在大国争霸中采取守势。

同样的道理，吴越战争也是更后进的越国，随着实力的增长，而要北上跨越钱塘江，与太湖流域的老地主吴国一争高下，希望"总把新桃换旧符"，成为东南地区新的发号施令者。具体地说，越国在春秋中期以前几乎湮没无闻，它第一次见诸严肃典籍的记载是在《左传·宣公八年》"盟吴、越而还"。但是到了春秋后期，越国进入了骤然勃兴的快车道。据《国语·越语》记载，在越王允常和其子勾践统治期间，越国的综合实力有了全面的提升，其疆域已包括"南至于句无（今浙江诸暨），北至于御儿（今浙江桐乡崇德镇东南），东至于鄞（今浙江宁波），西至于姑蔑（今浙江衢州）"，纵横数百里，成为南方地区仅次于楚国和吴国的地区大国。其雄才大略的统治者允常、勾践等人也希望循序渐进北上称雄，争霸中原。然而，越国的北面是比它出道更早的强大吴国，越国要北上，首先要突破吴国的这道障碍，这就势必会诱发两国经济、政治、军事利益上的尖锐冲突，出现"争三江五湖之利"的局面。这就是吴越战争无法避免的内在根源。

三、吴、越战争的"国际"因素

再回到外因，晋楚争霸，各自争取战略后援与合作，则毫无疑义是吴越战争爆发的重要推手。自公元前632年晋楚城濮之战起，这两个春秋时期的一号与二号大国，就进入了战略上全方位的"零和"博弈。三场战略会战（公元前632年的城濮之战，公元前597年的邲之战，公元前575年的鄢陵之战），晋楚打成了二比一的比分，晋二胜一负，楚一赢二输，随后的三驾之役，也是晋国占了上风。这个结果，显示出两强相争，晋国稍有优势，楚国略处下风，"当今吾不能与晋争"（《左传·襄公九年》），"宜晋之伯也，有叔向以佐其卿，楚无以当之，不可与争"（《左传·襄公二十七年》）。但是，晋国的优势并不是压倒性的，而楚国亦绝非泥足巨人，不堪一击。两国基本上可以说是势均力敌，形成胶着状态，进入对峙局面，两国都难以独立打破僵局，于是乎各自寻求与国，以利霸业的发展，达成既定的战略目标。

晋国在这方面率先着鞭，为了对付楚国，打破僵局，就注重于开辟第二战线，采取"联吴制楚"的方略。早在吴王寿梦二年（前584），晋景公派遣楚国叛臣申公巫臣带着战车与军事顾问到吴国，游说吴国选边站队，投入晋国的怀抱，帮助吴国训练军队，鼓动吴国从侧后攻击楚国。"以两之一卒适吴，舍偏两之一焉。与其射御，教吴乘车，教之战陈，教之叛楚"

（《左传·成公七年》），"凡中国之长技皆与吴共之"，拉拢吴国从侧后骚扰进攻楚国，置楚国于顾此失彼、左支右绌、捉襟见肘、疲于奔命的两线作战困境，楚国因此而陷入战略上的极大被动，"吴始伐楚，伐巢，伐徐……子重、子反于是乎一岁七奔命，蛮夷属于楚者，吴尽取之"（《左传·成公七年》），严重遏抑了楚国北上争霸的势头。

至于兵学家孙子为什么跑到吴国去，我个人认为其历史的谜底也许跟当时的外交结盟同样有关系。晋国派出军事教官去帮助吴国，而齐国兵学发达，有著名的军事理论家，作为晋的重要同盟国，齐国也不能袖手旁观，坐享其成，也得出力，也得添砖加瓦，于是派人掺和这场战略博弈，敲敲边鼓乃是理有固宜，势所必然。所以孙子就是齐国派出的前去帮助吴国的人。另外，根据 1972 年山东临沂银雀山汉墓出土的竹简《孙子兵法》佚文《吴问篇》的记载，吴王阖闾向孙子询问晋国的政局动态与权力重组，"六将军专守晋国之地，孰先亡？孰后存？"也即其政局会怎么演变？他不问齐国的情况，不问鲁国的情况，也不问楚国、秦国、越国的情况，而偏偏问晋国的情况，这里面同样很有讲究。当时晋国是六个大族当政，彼此之间拉帮结派，钩心斗角，暗潮汹涌，云诡波谲，吴、晋两国是战略同盟，在选择与晋国内部哪一个宗族打交道时，一定要小心翼翼，十分谨慎，注意选边站队，千万不能押宝押错了，那样的话，也就前功尽弃，后患无穷了！所以，吴王阖闾才向孙子请教分析晋国的政局，即所谓"不知诸侯之谋者，不能豫交"（《孙子兵法·军争篇》）。

楚国为了扭转和改变这种被动不利的战略态势，走出战略上的窘境，遂依样画葫芦，如法炮制，利用越和吴争夺江湖河泽之利、各自拓展疆域的深层次矛盾，煽风点火，积极争取和扶植越国，鼓动它从侧后威胁和骚扰吴国，以减轻吴国对楚的压力。楚国很聪明也很克制，知道晋国太强大，它的龙头老大地位是不能轻易去挑战的。于是，楚国没有直接去挑战晋国，而是去找晋国的马前卒吴国的晦气，可见楚国在吴越战争中扮演的是影武者的重要角色。

不仅如此，楚国还从人力与物力方面添加赌注，狠下血本。辅佐越王勾践成就灭吴大业的最重要功臣范蠡和文种，其实都是楚国人士（范蠡为楚宛地人，文种为楚郢都人），所以他们千里迢迢，跋山涉水到越国为臣，为越国战胜吴国而殚精竭虑，呕心沥血，很有可能是带着任务来的，不能排除其秉承楚国朝廷的旨意而行事的背景。而勾践对来自楚国的两位客卿范蠡与文种，同样是毫不介意他们的身份问题，引以为自己的最大心腹，尊重有加，言听计从，并且根据他们的特长（"兵甲之事，种不如蠡；填抚国家，亲附百姓，蠡不如种"，见《史记·越王句践世家》），委以不同的要职，"举国政属大夫种"，而由范蠡全面主持军事、外交事务，因能授官，各尽其才："种躬正内，蠡出治外。内浊不烦，外无不得，臣主同心，遂霸越邦。"（《越绝书·外传纪策考》）

由此可见，野心勃勃，热衷于事业崛起，梦想着弯道超车的越国，正需要有荆楚这样的大国支持，来为自己背书。于是，双方你情我愿，一拍即合，出于各自的利益考量而联合起来，构成了实质上相对稳定的战略同盟关系。这样一来，吴越战争就因为十分复杂的国际背景因素的深度介入与影响，而日趋激烈，双方互视对方为自己的主要敌手，杀得天昏地暗、不可开交。像孙子在吴国为将，其兵书中就明确把吴国当作作战的重点对象："夫吴人与越人相恶也"（《孙子兵法·九地篇》），"越人之兵虽多，亦奚益于胜哉"（《孙子兵法·虚实篇》）。到了吴楚柏举之战后，吴、越两国间愈演愈烈的军事冲突，更进一步发展成为主导当时天下战略格局的全面战争。

四、吴、越战争与春秋后期列国战略地缘关系的嬗变

从更深的层次考察，吴越战争也集中体现了春秋时期列国战略地缘关系的诸多特征。例如，制定和推行实质上的"远交近攻"策略，从侧后牵制主要敌手，使之陷于多面作战的被动处境，从而实现己方的战略意图，这是春秋时期列国军事外交斗争的重要内容，也是当时军事艺术日显高明的显著表现。这在郑庄公初霸实践中即已呈示端倪。当时郑国就是以远结齐、鲁，近攻宋、卫而所向披靡、雄视中原的。其后，齐、晋联手对付楚、秦，晋国联吴制约强楚，楚国借越牵制吴国，越国"亲于齐，深结于晋，阴固于楚"（《吴越春秋·勾践归国外传》），以力克强吴，所遵循的也都是类似的战略策略方针。而这类举动之所以层出不穷，且屡试不爽，在很大程度上也是由当事国当时当地的兵要地理条件所决定的。在地理距离上间隔甚远、彼此间暂时不会发生直接冲突的情况下，自然可以互相借助对方的力量来首先打击主要的敌人。

当然，这种格局也并非一成不变，一旦共同的主要对手被削弱或消灭，双方的地理位置接近，那么原先的盟国也可能反

目成仇，形同水火。如弭兵之会后，随着楚国势力的退缩，中原列国与楚的矛盾冲突缓解，齐、晋这两个主要抗楚盟国的关系就开始趋于紧张，多次兵戎相见。又如晋、吴本为战略盟国，但在吴国五战入郢击破强楚，夫椒之战迫使越国臣服后，吴国就开始经营中原，而与晋国为敌了，于是遂有黄池争霸的一幕。再如越国，当它在从事灭吴战争时，曾经亲齐、结晋、联楚，可是一旦实现了吞并吴国的战略目的，使己之疆域推进到淮泗流域，也就立即放弃原先的亲齐、结晋方针，而要同中原列国一争高低了，"越灭吴，上征上国，宋、郑、鲁、卫、陈、蔡执玉之君皆入朝"（《国语·吴语》）。更具体地说，越王勾践坚韧不拔，经过二十余年的努力，终于灭亡了世仇吴国，成了华夏大地东南部又一个崛起的强国，即和晋、楚、齐一起"四分天下"的泱泱大邦（《墨子·非攻下》有云，楚、越、齐、晋"四国独立"）。勾践是个权欲熏心、不甘消停的君主，不间歇地折腾，是他与生俱来的本性，于是乎，就趁着成功灭吴的兵威，"乃以兵北渡淮，与齐、晋诸侯会于徐州，致贡于周。周元王使人赐句践胙，命为伯。句践已去，渡淮南，以淮上地与楚，归吴所侵宋地于宋，与鲁泗东方百里"（《史记·越王句践世家》）。为了碾压众诸侯国，加强对中原核心区域的控制，勾践还将越国的都城由会稽迁徙到琅邪（今山东诸城东南），"琅邪，山名也。越王勾践之故国也。勾践并吴，欲霸中国，徙都琅邪"（《水经注·潍水》）。"当是时，越兵横行于江、淮，东诸侯毕贺，号称霸王。"（《史记·越王句践世家》）这是春秋时期的最后一个叱咤风云的"霸主"，是年为公元前 473 年。

　　总之，军事活动总是在一定的时间和空间中进行的。春秋时期的战争都发生在地面或水上，因此，今天我们总结春秋战争历史的进程及其影响，就有必要深入考察当时主要列国的兵要地理状况，揭示其所处的地理环境与其战略动态、发展前景的内在联系。而吴、越战争的进程及其结局，在某种意义上，为我们提供了一个很好的范例。

战国宴乐铜壶，从中可以看出战国时期兵战的阵势

一、战国七雄各具特点的地理环境

  战国时期，华夏民族的活动范围西起渭水流域，东至黄河下游，南到长江中下游流域，北达蓟辽地区，在这广阔的地域上，并立着秦、楚、赵、齐、魏、韩、燕等七个诸侯大国，此外，还在相当长的一段时间里，存在着宋、鲁等次要诸侯国。这些大小诸侯国还分别形成了四个大的文化类型，即：三晋文化、荆楚文化、燕齐文化、邹鲁文化，而以三晋文化为主导。由于宋、鲁等小国对当时战略格局的演变没有太大的影响，所以我们分析论述战国时期的兵要地理，当以七雄为具体的对象。

  战国七雄中，以秦、楚、齐为头等强国。秦是所谓的"虎狼之国"，"有吞天下之心"。楚国的实力也很可观，"凡天下强国，非秦而楚，非楚而秦，两国敌伴交争，其势不两立"，有"纵合则楚王，横成则秦帝"之说（《战国策·楚策一》）。齐国自西周以来始终为东方大国，战国中期更一跃而为第一流强国，史称齐湣王为东帝、秦昭王为西帝即是证明。魏与赵为第二等强国，"魏王拥土千里，带甲三十六万"，"秦王恐之，寝不安席，食不甘味"（《战国策·齐策五》）。至于赵国，则是"当今之时，山东之建国，莫强于赵"（《史记·苏秦列传》）。其不同的是，魏国强盛于战国之初，赵国崛起于战国中后期。韩与燕相对较为弱小，史称韩国的战略地位是"今天下散而事秦，则韩最轻矣；天下合而离秦，则韩最弱矣"（《战国策·韩策三》）。又称燕国"燕固弱国，不足畏也"（《战国策·赵策二》）。均说明韩、燕在七雄竞争中处于软弱无力的境地。上为战国七雄的一般情况，以下分别论述它们的政治形势、军事实力及其地理条件。

（一）秦国。秦是春秋四强之一，据有今陕西省大部和甘肃省一部，即东距黄河桃林、崤函之塞，南接秦岭，西依陇山，北抵平凉、泾川附近。但由于强晋在崤函一带设防，扼其咽喉，使其长期无法东出逐鹿中原，"秦僻在雍州，不与中国诸侯之会盟，夷翟遇之"（《史记·秦本纪》）。然而到了战国，历史为秦国提供了新的机遇，强晋分裂为魏、韩、赵三国，力量大大削弱，秦国遂把握时机，重新启动东进的战略。而秦孝公任用商鞅进行变法，开阡陌，废井田，致力耕战，推行"尚首功"的政策，遂使秦国迅速强盛起来，为秦国夺得山东六国的战略优势，并进而兼并天下打下了坚实的基础。在此基础上秦国又实施连横策略以破合纵联盟、远交近攻等一系列正确的策略方针，为达到其战略目标开辟了道路。至战国中期，秦国的实力已俨然驾乎山东任何一国之上："秦地半天下，兵敌四国，被险带河，四塞以为固。虎贲之士百余万，车千乘，骑万匹，积粟如丘山。法令既明，士卒安难乐死，主明以严，将智以武，虽无出甲，席卷常山之险，必折天下之脊，天下有后服者先亡。"（《史记·张仪列传》）尤其是秦国的民风尚武乐战，骁勇强悍，"怯于私斗而勇于公仇"，所以秦国的军队战斗力在七雄中为最强，"魏氏之武卒不可以遇秦之锐士"（《荀子·议兵》）；"秦性强，其地险，其政严，其赏罚信，其人不让，皆有斗心，故散而自战"（《吴子兵法·料敌》）。这样的军队在作战中自然是所向披靡，攻守皆宜了："山东之士披甲蒙胄以会战，秦人捐甲徒裼以趋敌，左挈人头，右挟生虏。夫秦卒与山东之卒，犹孟贲之与怯夫；以重力相压，犹乌获之与婴儿。"（《史记·张仪列传》）

秦国战略优势地位的确定，是与其兵要地理环境优越密切联系的。班固尝云："秦地天下三分之一，而人众不过什三，然量其富居什六。"（《汉书·地理志下》）特别是秦统治中心关中地区的地理条件更是十分优越，它作为四塞之地，"带山阻河，地势便利"，处于进可以攻，退可以守的有利地位，占有了它，对敌便拥有主动和行动的自由。兼之它土地肥饶，水利灌溉系统发达，特产丰富，"号称陆海，为九州膏腴"，"沃野千里，民以富饶"（《汉书·地理志》），能够支持长期的战争活动，故一直成为秦国实施兼并统一战略的有力保障。值得注意的是，秦国长期贯彻拓土开疆，扩展战略纵深，巩固战略后方，争夺战略要枢的方针，先后攻占河西、上郡、陕等地，完全控制黄河天险与崤函要塞，向南灭亡巴蜀，夺取汉中，向西北攻灭义渠，并进而占领黔中、陶邑、南阳、河内等战略要地，几乎将主要的兵家必争的战略形胜地区大部分都纳入了自己的疆域，进一步占有了地理环境上的优势，为展开席卷天下、统一六国的战略行动创造了非常有利的条件。用苏秦的话说，就是"秦四塞之国，被山带渭，东有关河，西有汉中，南有巴蜀，北有代马，此天府也。以秦士民之众，兵法之教，可以吞天下，称帝而治"（《史记·苏秦列传》）。

（二）楚国。楚国在战国七雄中疆域最大，全盛时其地奄有今湖北、湖南、安徽三省之全部以及贵州、陕西、河南、山东、江苏之一部。楚文化滋生于江汉流域，具有其独特的风格，很少受周礼传统文化的束缚，故自其立国以来，始终以兼并小国、逐鹿中原为战略上的根本选择，并取得了重大的成果，成为能与秦国全面抗衡的唯一强国："秦之所害莫如楚，楚强则秦弱，秦强则楚弱，其势不两立。"（《史记·苏秦列传》）在战国时期，楚国扮演了合纵抗秦之中坚的角色，曾多次出面组织合纵阵线，扼制秦国咄咄逼人的进攻势头。而楚国能发挥这样的作用，在很大程度上也是和它地大物博、人口众多、军力充足、兵要地理条件有利直接相关的。众所周知，在战国大部分时间里，楚国的统治中心在郢（今湖北江陵），它地处南北中枢，北据汉沔，襟带江湖，东连吴会，西通巴蜀，远接秦国，且内阻山河之险，易守难攻。故苏秦有云："楚，天下之强国也；王（指楚威王），天下之贤王也。西有黔中、巫郡，东有夏州、海阳，南有洞庭、苍梧，北有陉塞、郇阳，地方五千余里，带甲百万，车千乘，骑万匹，粟支十年。此霸王之资也。夫以楚之强与王之贤，天下莫能当也。"（《史记·苏秦列传》）

然而，楚国在地缘战略上的优势，却随着其政治的腐朽、外交的失败而渐渐消磨殆尽。在战国时期，楚国旧的宗族贵族势力始终强盛，政治黑暗，吏治腐败，上下离心，民怨沸腾，除了楚悼王任用吴起进行改革，稍有振作之外，楚国长期走下坡路，直到走向灭亡。对此，秦将白起曾有准确的分析："楚王恃其国大，不恤其政，而群臣相妒以功，谄谀用事，良臣斥疏，百姓心离，城池不修，既无良臣，又无守备。"（《战国策·中山策》）吴起也指出楚军的弱点："楚性弱，其地广，其政骚，其民疲，故整而不久。"（《吴子兵法·料敌》）尤为致命的是，楚国在外交事务上也屡犯错误，虽然组织和参加合纵抗秦，却往往瞻前顾后、虎头蛇尾，没有能真心全力以赴，又听信纵横家张仪之言，企图与秦国约为"兄弟之国"，轻率地"闭关绝约于齐"（《史记·张仪列传》），瓦解了与齐国的战略同盟，终陷于孤立挨打的处境。在这样的背景之下，楚国地虽广，人虽众，兵虽多，地理环境虽优越，也不能不江河日下，危亡必至了。等到秦国据有汉中、巴蜀、黔中之地，"起两军，一军出武关，一军下黔中"（《史记·苏秦列传》），对楚国形成两路夹击之势后，楚国就大势尽去，只能坐以待亡了。

（三）齐国。战国中期，齐威王发愤图强，改革吏治，任用邹忌、田忌、孙膑等贤能之士，发展农业生产，增强军事实力，在战国七雄中崭露头角，"齐，负海之国也，地广民众，兵强士勇"（《史记·张仪列传》）。及至宣王、湣王之世，"齐之强，天下不能当"（《战国策·齐策一》）。短短近百年内，齐国先后大破魏军于桂陵和马陵，终结了魏国的霸权；伐燕灭宋，张扬齐国声威于天下，左右着当时的战略局势，齐国进入了国势最鼎盛的阶段，"齐地方二千余里，带甲数十万，粟如丘山。三军之良，五家之兵，进如锋矢，战如雷霆，解如风雨"（《史记·苏秦列传》）。但是到了乐毅率五国联军伐齐之后，齐虽凭借田单即墨保卫战的胜利而免于覆灭，但实力已受到根本性的损伤，难以重振雄风，更无法对战国历史的进程施加决定性的影响了。

齐国在战国期间的兴衰存亡，固然与其政治的得失、军事的成败、经济的利弊、外交的正误直接有关，但也不能不看到地理环境、民风习俗所起的作用，换言之，在齐国所选择的基本国策、所制定的军事战略或外交斗争方针的背后，蕴含有齐国特定的地理环境以及民风习俗的深层次因素。

齐国擅有渔盐之利，农业发达，工商业繁荣，民众生活比较富裕，这一点司马迁在其《史记·货殖列传》中曾有概括的描述："齐带山海，膏壤千里，宜桑麻，人民多文彩布帛鱼盐。临菑亦海岱之间一都会也。其俗宽缓阔达，而足智，好议论，地重，难动摇，怯于众斗，勇于持刺。"优裕的生活环境，使得齐国民众不乐意于耕战，这直接导致齐国军队战斗力不强，所谓"齐之技击不可以遇魏氏之武卒"（《荀子·议兵》），"夫齐性刚，其国富，君臣骄奢而简于细民，其政宽而禄不均，一陈两心，前重后轻，故（齐阵）重而不坚"（《吴子兵法·料敌》）云云，正反映了齐军缺乏战斗力的特点。从战略地理环境来看，齐国处于中原争战之地的边缘，既可西进，雄霸诸侯；亦可退守，固据山川形势，自成格局。即如古人所云："济清河浊，足以为限"，"北有勃海之利，地方二千里，持戟百万，县（悬）隔千里之外"（《读史方舆纪要》卷三十）。在较长的时间里，强秦的兵锋对齐国并不构成太大的威胁，齐国自能御土自守，南面称孤，"今秦之攻齐则不然。倍韩、魏之地，过卫阳晋之道，径乎亢父之险，车不得方轨，骑不得比行，百人守险，千人不敢过也。秦虽欲深入，则狼顾，恐韩、魏之议其后也。是故恫疑虚猲，骄矜而不敢进，则秦之不能害齐亦明矣"（《史记·苏秦列传》）。但是正由于齐国拥有"悬隔千里之外"的兵要地理环境，它遂丧失了主动进攻的积极态度，在强秦面前，甘于做"自守之国"，不受兵达四十余年，到了战国末年，更朝秦输诚，坐视秦国连年攻打三晋以及楚、燕，使得秦能够逐一灭掉五国。五国既亡，秦军大举伐齐，兵入临淄，齐终于未能逃脱彻底覆灭的命运。

（四）魏国。魏国是从晋国分裂出来的一个诸侯国，地方千里，经济发达，"南有鸿沟、陈、汝南、许、郾、昆阳、召陵、舞阳、新都、新郪，东有淮、颍、煮枣、无胥，西有长城之界，北有河外、卷、衍、酸枣，地方千里。地名虽小，然而田舍庐庑之数，曾无所刍牧。人民之众，车马之多，日夜行不绝，輷輷殷殷，若有三军之众"（《史记·苏秦列传》）。魏文侯在位时，礼贤卜子夏、田子方、段干木等儒家人物，重用吴起、李悝、西门豹等才能之士，实行改革，富国强兵，先后伐秦、攻打中山，使魏国在战国初年率先崛起，称霸中原。传至其孙魏惠王时，魏国势力达到极盛，史称"梁君伐楚胜齐，制赵、韩之兵，驱十二诸侯以朝天子于孟津"（《战国策·秦策五》），就是魏国强盛，号令诸侯的具体写照。魏国的军队数量庞大、战斗力强劲，在当时也是遐迩闻名，仅吴起为西河守期间，魏军在吴起统率下，"与诸侯大战七十六，全胜六十四，余则钧解。辟土四面，拓地千里"（《吴子兵法·图国》）。故世人有云："魏，天下之强国也。"

然而，从兵要地理环境角度考察，魏国的处境十分不利。它生存空间比较狭窄，战略回旋余地局促，这主要表现为其地四通八达，多面受敌，无险要可供守御，为兵家所必争，在战略上陷于内线作战的被动局面，这一点张仪曾有扼要的评述："魏地方不至千里，卒不过三十万。地四平，诸侯四通辐凑，无名山大川之限。从郑至梁二百余里，车驰人走，不待力而至。梁南与楚境，西与韩境，北与赵境，东与齐境，卒戍四方，守亭鄣者不下十万。梁之地势，固战场也。梁南与楚而不与齐，则齐攻其东；东与齐而不与赵，则赵攻其北；不合与韩，则韩攻其西；不亲于楚，则楚攻其南：此所谓四分五裂之道也。"（《史记·张仪列传》）张仪所言，虽或有夸张之处，但基本上是准确的。魏国的这一地理形势特点，决定它只能成为兼并战争的主战场，兵连祸结，内外交困，以致严重限制了其经济发展、政治稳定和军事强盛，加上它选择了错误的四面出击战略方针，导致河西之地失守于秦，桂陵、马陵之战惨败于齐，更加加速了其由盛转衰的步伐。

（五）赵国。赵亦是从晋国分裂出来的诸侯国，其疆域，北邻林胡、楼烦，东北与燕、东胡接界，东与中山、齐为邻，南与卫、魏、韩交错，西亦与魏、韩毗连。赵建国伊始，赵烈侯即任用牛畜、荀欣、徐赵、公仲等贤能之士，初行改革，国内称治。赵武灵王在位时，更推行以胡服骑射为标志的大规模改革，使国家实力迅速增强，取得了攻灭中山，北逐楼烦、东胡的重大胜利，成为七雄中后起的强国，"当今之时，山东之建国，莫如赵强。赵地方二千里，带甲数十万，车千乘，骑万匹，粟支十年"（《战国策·赵策二》）。赵国强盛之后，多次充当合纵抗秦的首领，成为抵抗秦国东进的头号对手，"收率天下以宾（摈）秦，秦兵不敢出函谷关十五年"（《史记·张仪列传》）。

赵国能够支撑战国后期抗秦大局，同样是与其民风习俗与兵要地理环境相联系的。赵地居北，"地薄人众"，其民风"丈夫相聚游戏，悲歌忼慨"，"矜夸功名，报仇过直"，"好气为奸，不事农商，自全晋时，已患其剽悍，而武灵王又益厉之"，"其民鄙朴，少礼文，好射猎"，总之其特点是"号为难治"(《汉书·地理志下》)。这样的民风，决定了赵国的军队拥有十分强大的战斗力，造就了廉颇、李牧、赵奢等一代名将，从而在兼并战争中战胜攻取、拓土开疆。就兵要地理环境而言，赵国也处于有利的位置，"西有常山，南有河漳，东有清河，北有燕国"(《战国策·赵策二》)，居高临下，难攻易守。

秦国对赵国的强盛和抗秦威胁是心中有数的，它看到"天下之士，众从相聚于赵，而欲攻秦"(《战国策·秦策三》)，是自己兼并天下的巨大障碍，所以必然要以赵国为新的主要打击对象。于是它适时改变出豫西通道以东进的战略方针，改由出晋南豫北通道以攻击赵国，它先是"举安邑而塞女戟，韩之太原绝；下轵道、南阳、高邑，伐魏绝韩，包二周，即赵自消烁矣"(《战国策·赵策四》)，对赵构成战略包围之势，"断赵之右臂"。待时机成熟后，又直接给赵国以凌厉的打击。赵虽利用地势之便，且殊死抗衡，也曾取得过阏与之战等胜利，但终因实力不逮，攻守异势，而处于战略被动的境地，长平一战，赵军主力悉被歼灭，其亡国绝祚，也就指日可待了。地理形势之胜，终究未能挽救赵国。

（六）韩国。韩国作为三晋之一，在战国七雄中国力较为薄弱，地瘠民贫，又四战之地，处境极为艰难。张仪尝言："韩地险恶山居，五谷所生，非菽而麦，民之食大抵菽〔饭〕藿羹。一岁不收，民不厌糟糠。地不过九百里，无二岁之食。"(《史记·张仪列传》)应该说，这是符合韩国实际情况的描述。然而韩国的兵要地理环境也有其优长之处，其疆域虽然不广，但是"北有巩、成皋之固，西有宜阳、商阪之塞，东有宛、穰、洧水，南有陉山，地方九百余里，带甲数十万"（《史记·苏秦列传》），形势亦堪称险要。尤其是韩国的兵器驰名天下，"天下之强弓劲弩皆从韩出……（其剑戟）皆陆断牛马，水截鹄雁，当敌则斩坚甲铁幕"。其军队的战斗力也随之非常强劲，"以韩卒之勇，被坚甲，跖劲弩，带利剑，一人当百，不足言也"（《史记·苏秦列传》）。加上韩昭侯在位时，曾任用申不害进行改革，"内修政教，外应诸侯，十五年。终申子之身，国治兵强，无侵韩者"（《史记·老子韩非列传》）。地理环境的有利条件，兼之其他因素，使韩国能够在七雄争战中坚持很长一段时间，这也算得上是一个奇迹了。然而，韩国毕竟弱小，暂时的抗争并不能改变日益削弱的趋势。等到秦军一旦"下甲据宜阳，断韩之上土，东取成皋、荥阳"（《史记·张仪列传》），割裂韩国为两部，韩国所剩下的唯有坐以待毙而已。

（七）燕国。燕国都蓟（今北京市西南），其疆域"东有朝鲜、辽东，北有林胡、楼烦，西有云中、九原，南有嘑沱、易水"（《史记·苏秦列传》）。在春秋时期，燕僻处中原北陲，其战略地位并不显得十分重要。进入战国后，燕国真正开始崛起，与秦楚等六国并驱而争先，"地方二千余里，带甲数十万，车六百乘，骑六千匹，粟支数年。南有碣石、雁门之饶，北有枣栗之利，民虽不佃作而足于枣栗矣。此所谓天府者也"（《史记·苏秦列传》）。尤其是燕昭王任用乐毅五路伐齐，大获全胜，更使燕国声威远播，震动诸侯。

但是燕国毕竟是战国七雄中最弱小的一国，其军队的战斗力从总体上说也不算强，"燕性悫，其民慎，好勇义，寡诈谋，故守而不走"（《吴子兵法·料敌》）。它得以后亡，主要原因是僻在边陲，远离强秦的兵锋，兵要地理环境对其生存有利。对秦国来说，其主要的打击目标是三晋和楚国；而对山东诸国来说，其当务之急，也是设法与强秦抗衡，僻处北方的燕国并不是它们的攻击对象，这诚如苏秦所言，"夫燕之所以不犯寇被甲兵者，以赵之为蔽其南也……且夫秦之攻燕也，逾云中、九原，过代、上谷，弥地数千里，虽得燕城，秦计固不能守也。秦之不能害燕亦明矣"（《史记·苏秦列传》）。燕国正是凭借这一有利的兵要地理形势，在强国的争战夹缝中顽强地生存了下来，然而一旦秦国灭亡了三晋，燕国便水到渠成地变为秦国刀俎上的鱼肉。

二、地理环境与战国七雄的军事战略

战国时期，无论是国与国之间的关系，国势的盛衰，还是各国在一定时期里战略方针的制定、战略结盟、列国军队的建设或作战方式的变革，都与特定的兵要地理条件有关。这种错综复杂的关系，大致集中体现在以下几个方面：

（一）兼并统一的大势与攻守方针的异同

"年年岁岁花相似，岁岁年年人不同。"伴随着铁马金戈、鼙鼓旌旗，历史进入了战国时期，同时战争也以不可阻拦的气势迈上了新的台阶。在当时，随着旧的生产关系大厦的倾覆，土地占有权也相对分散。有土地就有人口，有人口就有赋税，就能组建军队，也就意味着拥有了财富和权力。因此，对土地和人口资源的争夺和控制，也就合乎逻辑地成为战国战争活动的根本宗旨。换言之，对土地的争夺如同一条红线，贯穿于战国战争的始终，这一兼并战争的属性，是与以往争夺霸主名分和地位的春秋争霸战争迥异其趣的，所以刘向说："万乘之国七，千乘之国五，敌侔争权，盖为战国。贪饕无耻，竞进无厌；国异政教，各自制断；上无天子，下无方伯；力功争强，胜者为右；兵革不休，诈伪并起。"（《战国策书录》）战争目的决定战争手段，当时兼并战争的激烈和残酷程度也要远远超过以往的争霸战争，孟子所说"争地以战，杀人盈野；争城以战，杀人盈城"（《孟子·离娄上》），正反映了这一特点。

随着封建兼并战争的进展，在政治上，各诸侯国政治上的交流和联系日趋加强，统一的曙光已渐渐从东方地平线上升起。孟子在答梁惠王时指出：天下"定乎一"，十分确切地反映了这一历史发展趋势。从经济上，由于社会生产力的迅速发展，商业的繁荣和交通的发达，各个地区在经济上的依赖与联系已相当密切，这一点杨宽先生在其《战国史》一书中曾有翔实的论说。它表明到了战国晚期，已出现了"四海之内若一家"（《荀子·王制》）的新气象，这种政治上、经济上的大一统发展大势，势必要在军事领域得到深刻的体现，通过战争完成全国的统一，遂成为历史前进的主流。

统一战争的进程，使得地理环境对各国攻守形势的影响日益突出。这种影响集中体现为七雄在战略环境中所处的不同地位。大致而言，秦、楚、燕、齐诸国处于战略外线的有利位置，三晋，尤其是魏、韩，则处于战略内线的不利位置。具体地说，秦、楚、燕、齐诸国拥有战略进攻或对敌包围的态势，其军队通常处于地位主动，力量优势，对战争的中心地区——

中原（黄河中下游流域）保持着相对的距离，时常采取外线作战的行动，不复存在有"诸侯自战其地"的被动状态，而所据的山河之险，又保证了其能够攻守皆宜，进退主动。反之，魏、韩等国则处于战略防御或被敌人战略包围的态势。它们地处中原腹地，被称为"天下之胸腹"，四周大国环列，西有秦，东临齐，北接赵、燕，南邻楚，是十分典型的"四战之地"，很容易陷入多面作战的不利境地，战略地理环境较为恶劣。其军事行动的特点往往是陷于内线作战而不能自拔，被动挨打，成为失败的一方。

当然，光拥有地理形势之胜尚不足以确保自己在统一战争中的最终胜利，楚、齐等国的覆灭即为明证。如果拥有了兵要地理的优势，又能推行彻底改革，做到富国强兵，兼之以实施高明的战略策略方针，那么就可以最终横扫六合，完成统一。在这里，孙子所说的"地形者，兵之助也。料敌制胜，计险厄远近，上将之道也"（《孙子兵法·地形篇》）的价值，也就真正得到了体现。秦国的情况正是如此，"因四塞之固，据崤、函之阻，跨陇、蜀之饶，听众人之策，乘六世之烈，以蚕食六国，兼诸侯，并有天下"（《战国策书录》）。由此可见，在兼并统一的大趋势中，列国攻守方针的异同，在很大程度上渊源于各自兵要地理环境，这是我们在研究战国军事史时所不可忽略的问题。

（二）合纵连横的运用与远交近攻的实施

战国七雄的兵要地理环境，直接制约着当时各国之间战略关系的确定和变化，整个天下战略格局的平衡或动荡。换言之，战国时期列国战略主攻方向的制定和调整，外交结盟关系的建立或破裂，都可以从列国所拥有的兵要地理特定条件中寻找到一定的原因。其中"合纵连横""远交近攻"这两种战略方针的提出和实施，就是这方面比较典型的例子。

合纵连横，是战国时期军事外交斗争的集中体现。所谓"合纵"，即"合众弱以攻一强"，就是众多弱国联合起来，抵抗一个强国，以防止强国的兼并。所谓"连横"，即"事一强以攻众弱"（《韩非子·五蠹》），就是由强国拉拢某些弱国来进攻另外一些弱国，以达到兼并土地的目的。这一策略开始登台时，七雄或合纵，或连横，并无定数，如秦国也搞合纵，派兵参加五国合纵攻齐之役就是典型的例子；楚、齐诸国也搞过连横。但到了战国中后期秦国独强格局形成后，连横便成了秦国的专利，而山东六国则通过合纵来抵御秦国的东进。

战国纵横家对合纵连横的重要性予以了充分的强调，"安民之本，在于择交，择交而得则民安，择交而不得则民终身不安"（《史记·苏秦列传》）。连身为法家的韩非子也对此作出肯定的评价："从（纵）成必霸"，"横成必王"（《韩非子·忠孝》）。而他们在这一问题上的着眼点，很大程度上也落实在列国兵要地理形势以及实力对比方面。如苏秦指出："臣窃以天下之地图案之，诸侯之地五倍于秦，料度诸侯之卒十倍于秦，六国为一，并力西乡（向）而攻秦，秦必破矣。"（《史记·苏秦列传》）苏秦还认为，山东六国如不合纵，那么秦必定乘机东进，占领更多的战略要地，使六国兵要地理环境尤为不利，最终为秦所灭："魏弱则割河外，韩弱则效宜阳，宜阳效则上郡绝，河外割则道不通。"（《史记·苏秦列传》）所以合纵的目的之一，是遏阻秦国于函谷关以西，不让它东进占据更多的战略要地，"六国从（纵）亲以摈秦，秦必不敢出兵于函谷关以害山东矣"（《战国策·赵策二》）。同样的道理，秦国搞连横，其战略目标之一，也是要占领关东的重要战略据点，使自己的兵要地理环境变得更为有利，从而为统一六国创造条件。事实证明，秦国的连横活动取得了很大成果，"拔三川之地，西并巴蜀，北收上郡，南取汉中"，"散六国之从（纵），使之西面事秦"（《史记·李斯列传》）。

制定和推行"远交近攻"政策，从侧后牵制主要敌手，使之陷于多面作战的被动处境，以实现己方的战略意图，这也是战国七雄军事外交斗争的重要内容，而以秦国在这方面做得最为成功。"远交近攻"作为一种多国并峙背景下的战略策略方针，起源很早，在春秋时期，郑、齐、晋、楚、吴、越等国在争霸战争中都曾运用过此策，但是作为一个明确的提法，则始于范雎。他在向秦昭王献策时建议"王不如远交而近攻，得寸则王之寸也，得尺亦王之尺也"，强调"今夫韩、魏，中国之处而天下之枢也，王其欲霸，必亲中国以为天下枢，以威楚、赵。楚强则附赵，赵强则附楚，楚、赵皆附，齐必惧矣。齐惧，必卑辞重币以事秦。齐附而韩、魏因可虏也"（《史记·范雎蔡泽列传》）。秦昭王纳其策，果然在战争中取得重大的胜利，为秦统一六国增加了非常重要的筹码。

从更深的层次考虑，远交近攻方针的制定和实施，在很大程度上也是由当事国当时当地的兵要地理环境所决定的。就秦国而言，与自己利害最相关的是韩、魏两国，它们在晋南、豫西的土地与关中平原相邻，在秦卧榻之侧，是秦东进的第一道障碍，如商鞅和范雎所言："秦之与魏，譬若人之有腹心疾，非魏并秦，秦即并魏"（《史记·商君列传》），"秦韩之地形，相错如绣，秦之有韩，若木之有蠹"（《战国策·秦策三》）。所以秦为了排除这种威胁，打开东进统一天下的道路，自然要把魏、韩列为首要打击对象。反之，对齐、燕这样的地理距离上间隔甚远的诸侯国，在彼此间暂时不会发生直接冲突的情况下，秦自然可以远交，互相借助对方的力量来首先打击主要的敌人，从而由点及面，各个击破。

（三）战略纵深的延伸与战略要地的争夺

所谓战略纵深，即指战略部署的纵向深度，也指战略部署的纵深地区。在战略纵深地区通常部署有大量战争预备力量，设有重要的军事基地，是人力、物力资源的重要基地和前方作战的依托，对支持战争、保障战略全局的稳定具有重要意义。战国诸雄都高度重视战略纵深的拓展和延伸，这种情况的存在说明兵要地理环境对列国军事战略的影响的确不容忽视。

七雄之中，致力于战略纵深的延伸并收到显著效果者，首推秦国和赵国。秦国自春秋以来，始终重视对少数部族的进攻和兼并，对周边的拓展，巩固后方，扩张疆域，延伸战略纵深，积聚力量，为争霸中原创造条件。进入战国后，秦国在拓展战略纵深方面更为积极，它吞并巴蜀、攻灭义渠就是最具典型意义的例子。对于进攻巴蜀的战略意义，司马错曾做过精辟的分析："夫蜀，西僻之国也，而戎翟之长也，有桀纣之乱。以秦攻之，譬如使豺狼逐群羊。得其地足以广国，取其财足以富民缮兵，不伤众而彼已服焉。"据此，司马错建议先攻巴蜀，以扩展秦国的战略纵深。秦惠王采纳了司马错的意见,"起兵伐蜀,十月,取之,遂定蜀"。后来,秦又多次出兵攻打西北的义渠,经过长年的战争,最终彻底消灭义渠,进一步扩大了秦的疆域,延伸了秦的战略纵深。应该说秦致力于扩展战略纵深的做法对于进一步改善其兵要地理环境意义十分重大,对秦的强盛和统一战争的进行具有突出的作用,"蜀既属秦,秦以益强,富厚,轻诸侯"(《史记·张仪列传》)。

赵国在扩展自己的战略纵深方面,也有可圈可点之处。这突出表现为赵武灵王实行胡服骑射改革后,利用增强了的实力,先后五次起兵攻打中山,终于在公元前 296 年灭亡中山,除去了腹心之患,并攘地北至燕、代(在今河北蔚县东北),西至云中(在今内蒙古托克托县东北)、九原(在今内蒙古包头市西),大大延伸了赵国的战略纵深,改善了赵国的兵要地理环境,"北地方从,代道大通"(《史记·赵世家》),为赵国在战国中后期的崛起,成为抗秦的主力奠定了坚实的基础。

兵要地理对战国七雄军事战略的制约,还表现为它们均重视对战略要地的争夺和控制。所谓战略要地,是指对战略全局有重大影响的地区,亦称战略重地,它包括重要的交通枢纽,地理上具有战略地位的要地、要塞等。在战国时期,战略要地的得失对战争的进程乃至结局同样具有重大的影响,所以七雄十分重视控制和夺取战略要地。

这里,我们仍以秦国为例来说明战略要地的得失对兵要地理环境的变化、统一战争的进程所产生的重大影响。从整个攻守形势来说,魏、韩地处中原腹心,相当于现代地缘学说所讲的"心脏地带",谁控制了这一"心脏地带",谁就控制了整个七雄格局。所以秦国对战略要地的争夺，从大的方面讲，就是进攻和控制魏、韩，"以绝从（纵）亲之要（腰）"（《战国策·秦策四》）。而山东六国的合纵抗秦，重要的目的之一，也是为了不让韩、魏这一"心脏地带"落入秦国的手中，"秦攻梁者，是示天下要断山东之脊也，是山东首尾皆救中身之时也"（《战国策·魏策四》）。然而，秦国毕竟棋高一着，通过外交上的纵横捭阖和军事上的凌厉打击，终于控制了韩、魏这一"心脏地带"，迫使韩、魏倒向秦国的阵营："称东藩，筑帝宫，受冠带，祠春秋"（《战国策·魏策一》），"出则为扞蔽，入则为席荐"（《韩非子·存韩》）。

从具体的对战略要地的争夺来看，在很长时间里，秦国用兵的重点是指向河西（今陕西境内黄河西岸一带）、崤函以及河内（今河南北部与河北南部地区）。秦与魏争夺河西这一战略要地历经多年，其间该地曾数易其手。公元前330年，秦终于从魏国手中夺得河西，不久又攻占上郡以及河东的部分土地。从此，黄河天险便为秦国所完全掌握，秦国的声威也就震动一时了，它随即开始了东进扩张，把战火燃向山东六国。由此可见，秦国占领河西之地，为其实施兼并统一战略迈出了第一步。

对崤函的争夺和控制，是秦国改善自身战略地理环境、从事统一战略活动的又一个重要步骤。早在春秋中期，秦晋之间就为争夺对战略要地桃林、崤函的控制而兵戎相见，大打出手。然而由于晋国始终将"崤函之险"牢牢掌握在自己的手中，因此终于使秦国终春秋之世未能得志于中原，即如清代顾栋高所言："二百年来秦人屏息不敢出兵者，以此故也"（《春秋大事表》），"贾生有言：'秦孝公据崤函之固，拥雍州之地，君臣固守以窥周室。'呜呼！此周、秦兴废之一大机也。考春秋之世，秦晋七十年之战役，以争崤函。而秦之所以终不得逞者，以不得崤函"（《春秋大事表》）。正因崤函具有这样重要的战略地位，故秦国从公元前329年起便对那里全力进攻，志在必得。经过激烈的争夺，秦终于全面控制了崤函，在那里设置函谷关，从而确保其退可以守住关中门户，使八百里秦川安全无虞；进可以出兵豫东，争雄天下，完成统一。

晋南豫北通道东端的河内之地属魏，为赵、魏、齐三国交界之处，战略地位十分重要，所以也是秦国争夺的主要对象。秦军经过苦战，于公元前3世纪中叶占领此地，从而在黄河以北建立了一个楔入中原的桥头堡，截断了赵、燕与楚、魏、韩诸国的联系，并东边陈兵迫近齐境，使之不敢加入合纵联盟。秦国对这一战略要地的控制，其意义正如后人所评论的那样，是"夫以常山为天下脊，则此卫及阳晋当天下胸，盖其地是秦、晋、齐、楚之交道也。以言秦兵据阳晋，是大关天下胸，则他国不得动也"（《史记·张仪列传》司马贞"索隐"）。

当秦国占领了河西、崤函以及河内等战略要地后，其兵要地理环境遂得到根本的改善，其统一六国的前景也就变得平坦无阻、水到渠成了。

競『道德』、逐『智謀』与争『気力』
——先秦兵学文化的嬗变轨迹考察*

蹲踞马形青铜竿头饰，战国，鄂尔多斯市准格尔旗
速机沟出土，内蒙古博物馆藏

———————

* 本文与赵立民博士合著。

先秦时期法家学说的集大成者韩非子尝云："上古竞于道德，中世逐于智谋，当今争于气力。"① 他的本意是指，人类社会处于不断发展过程之中，概括而言，可以分为"上古""中世"和"当今"几个阶段。不同社会形态有各自的活动中心命题。而统治者则应根据变化了的情况，采取相应的措施："世异则事异"，"事异则备变"②。由此可见，这段言辞是韩非子乃至整个法家有关历史发展观的洗练而扼要的表述。当然，韩非子将"上古"的时间范围，界定在虚无缥缈的有巢氏、燧人氏阶段是有问题的。且不说有巢氏等在历史上是否为真实的存在，即便有，与"道德"恐怕也扯不上关系，因为在当时，只会有残忍、暴虐的"血亲复仇"式的杀戮与灭绝。就像传说中的圣王尧、舜、禹攻灭三苗之战一样，战争的结果是"黎、苗之王"，"人夷其宗庙，而火焚其彝器，子孙为隶，不夷于民"③。所谓的"道德"，仅仅是后人理想主义化的虚幻想象而已！

但是，如果将韩非子所说的"上古"，在时间的坐标上稍做下移，对应为殷商、西周及春秋前期，将其所称的"中世"，相对应于春秋晚期与战国前期，将所谓的"当今"，理解为韩非子自身所处的战国中后期，那么，我们可以发现，"上古竞于

---

① ［清］王先慎撰，钟哲点校：《韩非子集解》，卷第十九，《五蠹第四十九》，中华书局，1998年，第445页。

② 《韩非子集解》，卷第十九，《五蠹第四十九》，第445页。

③ 徐元诰撰，王树民、沈长云点校：《国语集解·周语下》，中华书局，2002年，第101页。

道德",恰好吻合了商周"礼乐文明"体制下的社会政治基本特征;"中世逐于智谋",正好为"礼崩乐坏"政治局面的形象写照;"当今争于气力",在某种意义上,反映着由"争霸"走向"兼并"与"统一"的历史演变之大趋势。

这种时代趋势,投射到中国先秦时期的兵学文化上,也能够从一个侧面体现其发展上的三个基本阶段:1. 以《军志》《军政》《令典》(均可归属于"古司马兵法"系统)等典籍为主要载体的创始与初步发达阶段,即以"军法"为主体的初始阶段。这一时期的根本特征,就是"竞于道德",所谓的"以礼为固,以仁为胜"[①]。2. 以《孙子兵法》的出现为标志的转折发展时期,《孙膑兵法》《吴子兵法》《尉缭子》以及诸子论兵之作也属于这一阶段的延续。换言之,即以"兵法"形成并占主导地位为标志的高度成熟繁荣阶段。该时期的特色,应该为"逐于智谋",也即《孙子兵法》中强调的,乃"兵者诡道""兵以诈立"。3. 以《六韬》《管子》成书为显著标志的综合融会、全面总结阶段。这一时期的中心主题,就是"争于气力",在"大争之世",在走向天下统一的前夜,要确保国家在战争中取胜,就必须注重加强国家的实力,只有具备强大的实力,才能统一天下,这叫作"多力者王",所谓"力生强,强生威,威生德,德生于力"[②]。

---

① 王震撰:《司马法集释·天子之义》,中华书局,新编诸子集成续编,2018年,第57页。

② 蒋礼鸿撰:《商君书锥指》,卷三,《靳令第十三》,中华书局,新编诸子集成,1986年,第82页。

竞「道德」、逐「智谋」与争「气力」

一、"以仁为胜，以礼为固"视域下的"竞于道德"

汉代班固指出："下及汤武受命，以师克乱而济百姓，动之以仁义，行之以礼让，《司马法》是其遗事也。"(《汉书·艺文志·兵书略序》) 这段话，其实高度概括了所谓三代战争的基本特征，也可视为是对韩非子"上古竞于道德"历史观念在军事领域得以印证的具体表象。

所谓"竞于道德"，反映在战争活动中，就是强调要具有规则意识，底线意识，"争义不争利"。至少在诸夏内部，如果彼此间矛盾到了激化的程度，非得动用战争这个最后手段来解决问题，也必须遵循一定的道德伦理原则，光明正大、公平合理进行交锋。商代的情况，受史料所限，已很难具体追溯和复原，西周以及春秋前期的状况，则可以通过传世的《尚书》《周礼》《司马法》《左传》《国语》《逸周书》等典籍的记载，有限度地加以考察和认识。总体的精神，就是战争中的双方，要贯彻与落实有关"礼乐文明"所规范的基本要求，遵循和执行"军礼"的相应规则，所谓"以礼为固，以仁为胜"就是很形象的概括。

这些"竞于道德"的战争活动，大致体现为以下几个具体方面：第一，战争宗旨的明确性与崇高性，强调"吊民伐罪""师出有名"，这在《周礼·夏官·大司马》中，就表现为明确提出了"九伐之法"："大司马之职，掌建邦国之九法，以佐王平邦国。制畿封国以正邦国，设仪辨位以等邦国，进贤兴功以作邦国，建牧立监以维邦国，制军诘禁以纠邦国，施贡分职以任邦国，简稽乡民以用邦国，均守平则以安邦国，比小事大以和邦国。以九伐之法正邦国，冯弱犯寡则眚之，贼贤害民则伐之，暴内陵外则坛之，野荒民散则削之，负固不服则侵之，贼杀其亲则正之，放弑其君则残之，犯令陵政则杜之，外内乱，鸟兽行，则灭之。""及师，大合军，以行禁令，以救无辜，伐有罪。"①

这"九伐之法"，在"古代王者司马法"中同样得以提倡，并得以在今本《司马法·仁本》篇中保留了下来，其强调战争的宗旨为"讨不义"："贤王制礼乐法度，乃作五刑，兴甲兵以讨不义。巡狩省方，会诸侯，考不同。其有失命、乱常、背德、逆天之时，而危有功之君，遍告于诸侯，彰明有罪。乃告于皇天上帝、日月星辰，祷于后土四海神祇（祇）、山川冢社，乃造于先王。然后冢宰征师于诸侯曰：'某国为不道，征之，以某年月日，师至于某国，会天子正刑。'"并且将这一原则提升到"仁义"的高度来予以最充分的肯定："古者，以仁为本、以义治之谓正，正不获意则权。权出于战，不出于中人。是故杀人安人，杀之可也；攻其国，爱其民，攻之可也；以战止战，虽战可也。"②

"竞于道德"，那么在战争中无异会多出许多道德禁忌，这包括不能够乘人之危，不允许违农时、让民众遭受苦难，不能够在严冬或酷暑这样的季节兴师打仗等等。这在《司马法·仁本》中同样有明确的要求："战道：不违时，不历民病，所以爱吾民也；不加丧，不因凶，所以爱夫其民也；冬夏不兴师，所

---

① 《周礼注疏·大司马》，《十三经注疏》本，北京大学出版社，1999年，第762—763、781页。

② 《司马法集释·仁本》，第26、2页。

竞「道德」、逐「智谋」与争「气力」

以兼爱民也。故国虽大，好战必亡；天下虽安，忘战必危。"①
另外，《太平御览》所载的《司马法》佚文对此道德禁忌亦有述
及，所谓"春不东征，秋不西伐，月食班师，所以省战"。②

"竞于道德"，在具体的战场交锋过程中，就必须尊重对
手，奉行光明磊落、堂堂正正的原则，进退有节制，厮杀讲礼
仪，杜绝诡诈狡谲的行为，摈弃唯利是图的做法。这就是《司
马法·仁本》中所倡导的基本作战准则："古者，逐奔不过百
步，纵绥不过三舍，是以明其礼也；不穷不能而哀怜伤病，是
以明其仁也；成列而鼓，是以明其信也；争义不争利，是以
明其义也；又能舍服，是以明其勇也；知终知始，是以明其
智也。六德以时合教，以为民纪之道也，自古之政也。"③同书
《天子之义》篇，也有相似的主张："古者，逐奔不远，纵绥不
及。不远则难诱，不及则难陷。以礼为固，以仁为胜。"④而《春
秋穀梁传·隐公五年》则简洁概括为："伐不逾时，战不逐奔，
诛不填服。"⑤同时，禁止在战场交锋时实施偷袭一类的阴损毒
招，如《司马法》逸文就强调："无干车"，"无自后射"⑥。即
不准冒犯敌国国君所乘之车，也不允许从背后攻击敌人。《左
传·文公十二年》亦云："死伤未收而弃之，不惠也；不待期而

---

① 《司马法集释·仁本》，第 10 页。
② ［宋］李昉等撰：《太平御览·时序部五·春下》（影印本），中华书局，1960
　年，第 97 页。
③ 《司马法集释·仁本》，第 17 页。
④ 《司马法集释·天子之义》，第 57 页。
⑤ 《春秋穀梁传注疏·隐公五年》，《十三经注疏》本，北京大学出版社，1999 年，
　第 22 页。
⑥ 《周礼注疏·秋官·士师》，郑玄注引，第 920 页。

薄人于险，无勇也。"①

如果说《司马法》《春秋穀梁传》等书的言辞还是属于战场"竞于道德"戒律在理论上的表述，那么，楚宋泓水之战后宋襄公的"高论"，则是从具体史实的角度，说明这种主张还是为当时很多人所信奉的，拥有非常大的受众市场："君子不重伤，不禽二毛。古之为军也，不以阻隘也。寡人虽亡国之余，不鼓不成列。"②

正是因为"竞于道德"，战场纪律的相关规定也不能不体现出一定的人文关怀，如优待俘虏，救死扶伤，禁止残暴的报复行为也就成了执行战场纪律中的必有之义了。《尚书·费誓》即言："无敢伤牿。牿之伤，汝则有常刑。马牛其风，臣妾逋逃，勿敢越逐，只复之，我商赉汝。乃越逐，不复，汝则有常刑。无敢寇攘，逾垣墙，窃马牛，诱臣妾，汝则有常刑。"③《司马法》也一再强调这一点："冢宰与百官布令于军曰：'入罪人之地，无暴神祇（祇），无行田猎，无毁土功，无燔墙屋，无伐林木，无取六畜、禾黍、器械。见其老幼，奉归勿伤，虽遇壮者，不校勿敌；敌若伤之，医药归之。'"④

也是由于讲求"竞于道德"，在战争善后问题上，胜利一方对敌手也不是赶尽杀绝，除恶务尽，而是能够在确保胜利的

---

① 《春秋左传正义·文公十二年》，《十三经注疏》本，北京大学出版社，1999年，第542页。

② 《春秋左传正义·僖公二十二年》，第403—404页。

③ ［清］孙星衍撰，陈抗、盛冬铃点校：《尚书今古文注疏》，卷二十六，《费誓》，中华书局，1986年，第512—514页。

④ 《司马法集释·仁本》，第26—27页。

前提下，保留对手的生存机会，让其维系自己的血胤。这就是所谓的"兴灭国，继绝世"（《论语·尧曰》），"既诛有罪，王及诸侯修正其国，举贤立明，正复厥职"①。武王伐纣成功后，乃册立纣王之子武庚，继续奉殷商之血祀，就是例子。尽管周武王并不信任武庚，派遣管叔、蔡叔、霍叔在旁监视与控御，是为"三监"，但是，在形式上毕竟是做到了"正复厥职"。虽然武王逝世后，"三叔"与武庚勾结，发动叛乱，逼得周公只好率师东征平叛，但等到平息叛乱之后，还是寻找到纣王庶兄微子，封建为诸侯，国号宋，以继续保持殷商的血胤相传。在整个西周与春秋，宋国于周室为宾客，爵为上公，地位有其特殊性，这也是日后诱发宋襄公蠢蠢欲动，萌生充当春秋霸主的原因之一。宋国的情况不是个案，郑庄公复许，楚国恢复陈、蔡两国的独立，皆相类似。参之以《左传》，信而有征。鲁昭公十三年（前529），楚"平王即位，既封陈、蔡，而皆复之，礼也。隐大子之子庐归于蔡，礼也。悼大子吴归于陈，礼也"②。又如，鲁昭公十六年"楚子闻蛮氏之乱也，与蛮子之无质也，使然丹诱戎蛮子嘉杀之，遂取蛮氏。既而复立其子焉，礼也"③。再如，鲁哀公二十四年"邾子又无道，越人执之以归，而立公子何"④。

孟子有言：知人论世。只有从"竞于道德"的立场这一视角考察，我们才能对人们有关宋襄公战争礼仪的评价抱有"同情之理解"，明白为什么宋襄公那种不食人间烟火的迂腐做法

---

① 《司马法集释·仁本》，第 27 页。

② 《春秋左传正义·昭公十三年》，第 1331 页。

③ 《春秋左传正义·昭公十六年》，第 1347 页。

④ 《春秋左传正义·哀公二十四年》，第 1707 页。

会被一些人推崇备至，甚至夸张到"文王之战"的地步。《春秋公羊传》言："君子大其不鼓不成列，临大事而不忘大礼，有君而无臣。以为虽文王之战，亦不过此也。"[1]在《公羊传》看来，宋襄公成了"有王德而无王佐"的明君，甚至周文王所从事的征战也没有超过宋襄公这种举动。司马迁也在《史记·宋微子世家》中同出一辙地赞赏宋襄公："襄公之时，修行仁义，欲为盟主……襄公既败于泓，而君子或以为多，伤中国阙礼义，褒之也，宋襄之有礼让也。"

因为，无论是《公羊传》的作者，还是司马迁，他们都能回归历史的现场，了解和认识"竞于道德"乃是人类历史演进过程中一个不可逾越的阶段，这个时期的战争有它自己的特色，"凡是存在的，就是合理的"，所以，不能以当下的逻辑去简单地否定历史上特定阶段的逻辑。更何况，这种"竞于道德"的历史事实，其内涵还具有抽象的价值意蕴，会有时空上的超越性，套用法国伟大作家雨果《九三年》一书中的格言说，在"绝对的功利标准之上，还有绝对的道德标准"。

二、"兵以诈立"时代主题下的"逐于智谋"

《孙子兵法·谋攻篇》有云："将者，国之辅也，辅周则国必强，辅隙则国必弱。"[2]因此，先秦兵书普遍关注将帅队伍的

---

① 《春秋公羊传注疏·僖公二十二年》，《十三经注疏》本，北京大学出版社，1999年，第246页。
② ［春秋］孙武撰，［三国］曹操等注，杨丙安校理：《十一家注孙子校理》，卷上，谋攻篇，中华书局，1999年，第56页。

建设，其中，尤其重视身为将帅者的个人素质修养与培育。不过，从其所论述的将帅基本素质的内容要求与排列次序来考察，我们可以发现，它其实透露了不同历史时期的文化特征与价值取向。例如，《孙子兵法·计篇》言"将有五德"："将者，智、信、仁、勇、严也。"①梅尧臣注曰："智能发谋，信能赏罚，仁能附众，勇能果断，严能立威。"而《六韬·龙韬·论将》则把将帅应具备的素质归纳为"将有五材"："所谓五材者，勇、智、仁、信、忠也。勇则不可犯，智则不可乱，仁则爱人，信则不欺，忠则无二心。"②

两书所论，貌似大同小异，基本相似，但是细加琢磨，还是能看到其中存在着明显的差异。具体而言，学术界的主流观点认为《六韬》成书于战国末年，当时，中央专制集权的政治大趋势业已不可逆转，君主专制成为各诸侯国政治生活的基调，作为中央集权体制中的组成部分，将帅的政治忠诚与否，是成为将帅政治上是否合格的重要标准，因此，"忠"就新列为将帅必备素质"五材"之一了。又因为从战国中后期起，职官队伍建设逐渐进入"文武分职，将帅殊涂"的专业分工，将帅仅仅是专制集权体制庞大机器中的一颗螺丝钉，只能专注于打仗，而打仗的首要条件是勇气、胆量，视死如归，奋勇杀敌，所谓"夫战，勇气也！"③所以，"勇"就成为"将有五材"的第一项条件。由此可见，这里《六韬》所论的"将有五材"，渗透着战国晚期的时代精神，是战国后期政治生活特色在将帅素

---

① 《十一家注孙子校理》，卷上，计篇，第7页。

② ［周］吕望撰：《六韬》，卷三，《龙韬·论将》，清平津馆丛书本。

③ 《春秋左传正义·庄公十年》，第241页。

质构成上的文化折射。

至于《孙子兵法》，情况则有明显的不同。在孙子看来，一位优秀将帅的最重要素质，乃是"智"。"智能发谋"，身为将帅者，不管如何仁爱，无论怎样厚道，如果没有一个聪慧的脑袋，其他都毫无意义，毫无价值。因为只有睿智，方能高明地搜集与甄别各种信息；只有睿智，方能辩证地分析事情的利弊得失；只有睿智，方能深刻地洞察事物的发展趋势；只有睿智，方能全面地评估敌我实力的优劣短长；只有睿智，方能正确地选择战略进攻的突破方向。所以，在"将有五德"中，"智"毫无疑问处于首要的位置，对其余"四德"起着统率与引领的关键性作用。而这种以"上兵伐谋"为纲领的"五德"观，恰好从一个非常重要的角度体现了孙子所处的春秋战国之际，也就是所谓"中世"的最显著、最突出的历史文化特征，正如韩非子所概括的那样"中世逐于智谋"。

众所周知，春秋后期，随着社会变革的日趋剧烈，战争也进入了崭新的阶段。当时的战争指导者，已比较彻底地抛弃了旧"军礼"的束缚，不再汲汲地竞于"道德"，从而使战争艺术呈现出夺目的光彩。这集中表现为战争指导观念的根本性进步。

新型战争指导观念的形成，当然主要取决于战争方式的演变。在春秋中叶以前，军事行动中投入的兵力一般不多[①]，范围尚较为狭小，战争的胜利主要通过战车兵团的会战来取得，在

---

① 著名的城濮之战，晋国方面所动用的兵车仅七百乘而已，楚国方面稍多一些，但亦不超过千辆，于此可见春秋前期战争规模之一斑。

很短的时间之内即可决定战争的胜负。而进入春秋晚期之后，随着"作丘甲""作丘赋"等一系列改革措施的推出，"国人当兵，野人不当兵"的旧制逐渐被打破，军队人员成分发生巨大变化，实际上已开始推行普遍兵役制。与此同时，战争地域也明显扩大，战场中心渐渐由黄河流域南移至江淮汉水流域。加上弓弩的改进，武器杀伤力的迅速提高，使得作战方式也发生重大的演进，具体表现为：步战的地位日渐突出，车步协同作战增多，激烈的野战盛行，战争带有较为持久的性质，进攻方式上也比较带有运动性了。以晋国大破齐军的平阴之战与吴军破楚入郢之战为例，其纵深突袭、迂回包抄等特点，体现了运动歼敌、连续作战的新战法，这是以往战争的规模和方式所无法比拟的。而与上述变化相适应，春秋晚期起战争的残酷性也达到了新的程度。《墨子·非攻下》云"入其国家边境，芟刈其禾稼，斩其树木，堕其城郭以湮其沟池，攘杀其牲牷，燔溃其祖庙，劲杀其万民，覆其老弱，迁其重器"①，即是形象的描述。

但春秋后期战争上最大的新特色，还在于当时战争指导观念的重大变化。这就是在"尚智重谋"历史大趋势引领之下，"道德至上""宗仁本义"的君子之战渐渐淡出历史舞台，代之而起的，是"诡诈"战法原则在战争领域内的普遍运用，过去那种"鸣鼓而战"，堂堂之阵的战法遭到全面的否定。用班固的话说，便是"自春秋至于战国，出奇设伏，变诈之兵

---

① 吴毓江撰，孙启治点校：《墨子校注》，卷之五，非攻下第十九，中华书局，1993年，第218页。

并作"①。

声东击西，示形动敌，兵贵神速，出奇制胜，后发先至，兵不厌诈，设伏诱敌，突然袭击，避实击虚，奇正相生，攻其不备的诡诈奇谲的战争指导，风靡一时，独领风骚。在这里，我们已经很难看到过去中原争战中所经常遵循的"成列而鼓"的做法，也不曾见到像鄢陵之战中郤至遇到敌方君主必下战车，向其致敬，"免胄而趋风"②这类现象，更不曾听到类似于宋襄公那样的"宏论"。而所谓"出奇设伏，变诈之兵并作"亦由此而得到历史的验证。

这种战争指导观念的变革，其最深厚的文化土壤，就是时代的主题，业已由"竞于道德"而转变为"逐于智谋"了。所谓的"兵者诡道""兵不厌诈""兵以诈立"等等，本质上都是"崇智尚谋"在战争这一特殊领域的集中体现而已！这不仅仅反映在当时的战争实践上，而且也体现在这一时期的军事理念建树方面。

既然不再是"竞于道德"，而已经是"逐于智谋"，那么，这就意味着进入了新的时代，而新的时代，则势必会有新的战法，在这个过程中，武器装备的进步，其意义也许特别值得引起注意。换言之，武器装备的发展和作战方式的改变，这应该是"逐于智谋"时代特征得以形成的重要推手。以前打仗的方式是车战，车战必须先摆阵势，不摆好阵就不能打，这是

---

① 《汉书·艺文志·兵书略序》。又，刘向《战国策书录》亦云："湣然道德绝矣……贪饕无耻，竞进无厌，国异政教，各自制断；上无天子，下无方伯；力功争强，胜者为右；兵革不休，诈伪并起。"

② 《春秋左传正义·成公十六年》，第781页。

密集大方阵传统战法，机动性很差，适合于大家客客气气交手过招。现在步兵重新崛起，又成为军队的主力兵种，它比较灵活，机动性要强得多，可以不必像车兵那样先排阵后开打。后来出现的骑兵更是雷厉风行，更讲究出其不意，攻其无备。兵种变了，作战方式也要随之变化，作战方式变了，则作战观念也得跟着变，这是多米诺骨牌效应。另外，地形也发生了很大的变化，以前主要是在黄河中下游平原打，大平原地势平坦，打堂堂之阵、正正之旗的车战最合适不过，可现在到了丘陵地带、江河湖泽地带，就根本不能再用以前那种排兵布阵的方式了，《司马法》所说的"徒不趋，车不驰"[1]全成了过气的招法，"竞于道德"的历史主题既然改变了，那么，伴随它而生的"军礼"自然也会随之退出历史舞台。最要命的是，车战在这时遇到了一个最大的克星，这就是强弩的出现，"积弩齐发"，成为当时一种威力最为巨大的战法，驾车的马匹、车上的甲士全成了飞蝗般的箭镞的活靶子，贵族再有涵养，也经不得这么大的杀伤，只好不情愿地与"道德"说"拜拜"了。[2]

另外，战争地域的扩大，对于"逐于智谋"风尚的形成，也有显著的影响。在春秋前期，打来打去，总是这么有限的一块战场，就是齐国、晋国、秦国、楚国，还有郑国、宋国、鲁国等等。可是到了后来，吴国、越国、中山国都先后冒出来了，战场开始由黄河流域向长江、淮河流域伸展。这些战场上的新角色没有背上"道德"那么沉重的包袱。这样一来，战争

---

① 《司马法集释·天子之义》，第74页。

② 参见黄朴民《早期兵学的发展脉络与文化特征》，载《大学演讲录》第2辑，新世界出版社，2003年。

中就不再有那么多的君子之风，诡诈之道越来越风行，而主张保持贵族的尊严，提倡打堂堂正正之仗的宋襄公成了不合时宜的丑角，只配给自诩高明的人嘲笑、讥讽了。

这方面，孙子、伍子胥、范蠡等人有关战争指导的论述，可以说是主要的代表。孙子战争观的诡道原则，应该说是对战争本质属性的深刻反映。战争的艺术魅力在于，战争双方斗智斗勇，隐形藏真，欺敌误敌，变化莫测，先立于不败之地，而不放过任何可以击败对手的机会。所有这些，都表明了战争是一种多变、灵活，无固定模式，不讲究繁文缛节的特殊社会活动，诡诈奇谲是战争的本质特征。而孙子"兵以诈立"的思想，其核心乃是强调以灵活的战术，快速的机动，巧妙的伪装来造就优势主动的地位，在复杂、激烈的军事斗争中成为胜利的主宰，"故其疾如风，其徐如林，侵掠如火，不动如山，难知如阴，动如雷震"[1]。显而易见，《孙子兵法》注重探讨作战指导，并指出，"兵者，诡道也"[2]，这是对以往战争注重讲求"道德"、申明"军礼"做法的革命性变革。它无疑是对业已过时的"军礼"传统的彻底否定，是战争观念上的一个重大突破，本身就是一次创新，一次革命。换句话说，孙子的诡道论，深刻揭示了战争活动的本质属性，是中国古典兵学思想发展上的一次质的飞跃，也是《孙子兵法》区别于"宗仁本礼"古司马兵法，而成为划时代兵学经典的重要标志。

具体地说，在战争目的方面，《孙子兵法》明确提出"伐

---

① 《十一家注孙子校理》，卷中，军争篇，第143—144页。

② 《十一家注孙子校理》，卷上，计篇，第12页。

竞「道德」、逐「智谋」与争「气力」

119

大国",战胜强敌,这是对以往"诛讨不义""会天子正刑"的否定。在战争善后上,《孙子兵法》主张拔"其城",隳"其国",这是与以往"又能舍服""正复厥职"的对立。在作战方式上,与以往"军旅以舒为主","虽交兵致刃,徒不趋,车不驰"情况所截然不同的是,《孙子兵法》一再强调"兵之情主速,乘人之不及,由不虞之道,攻其所不戒也"。在后勤保障及执行战场纪律方面,《周礼》《司马法》等主张"入罪人之国","无取六畜禾黍器械",而到了《孙子兵法》那里,则是宣扬"因粮于敌",主张"掠于饶野""掠乡分众"。[①]凡此种种,不胜枚举,均反映了春秋后期的战争指导思想,较之于"竞于道德"的西周与春秋前期,已经有了许多显著的变革、发展和差异。南宋兵学理论家郑友贤曾强调指出:"《司马法》以仁为本,孙武以诈立;《司马法》以义治之,孙武以利动;《司马法》以正不获意权则,孙武以分合为变。"[②]这显然就是对"竞于道德"与"逐于智谋"所导致的时代差异性的高度概括。

其他像伍子胥、范蠡等人的战争指导观念也和孙子基本相一致,也不再是囿于"竞于道德",而完全立足于"逐于智谋"了。例如,伍子胥提出高明卓越的"疲楚误楚"策略方针,主张"亟肆以罢之,多方以误之"[③],这显然就是"变诈之兵"勃兴条件下的必然产物,是"逐于智谋"的一个形象诠释。又如,范蠡的兵学思想同样充满了"逐于智谋"的时代精神,他一再主张"随时而以,是谓守时",强调要通过各种

---

① 《十一家注孙子校理》,第245、33、247、144页。

② 《十一家注孙子校理》,附录五,十家注孙子遗说并序,第322页。

③ 《春秋左传正义·昭公三十年》,第4617页。

积极的手段，转化双方的优劣态势，剥夺敌人有利的条件，暗中增强己方的实力，从而摆脱被动，立于主动的地位，即所谓"尽其阳节，盈吾阴节而夺之"，提倡"时不至，不可强生；事不究，不可强成"，"得时无怠，时不再来"①。其后发制人，把握战机，及时出击的思想，同样属于符合历史潮流的进步战争指导观念，是"逐于智谋"的生动写照。它们来源于春秋战国之际变化了的战争实践活动，进而更好地指导着新形势条件下的战争，从而使春秋战国之际的军事活动呈现出充满生机的新面貌。

三、"争于气力"与战国中后期的兵学观念变革

刘向称战国时期的形势特点是："上无天子，下无方伯；力功争强，胜者为右。"②从吴越战争到晋阳之战，这种局面，到战国中后期尤其明朗化。其最大特色，就是春秋时期以争霸为主流的战争的终结，战国时代以兼并为本质的战争的到来。

进入战国之后，随着旧的生产关系大厦的倾覆，土地占有权也相对分散。有土地就有人口，有人口就有赋税，就能组建军队，也就意味着拥有了财富和权力。因此，对土地和人口资源的争夺和控制，也就合乎逻辑地成为当时战争活动的根本宗旨。换言之，对土地的争夺如同一条红线，贯穿于战国战争的始终。这一兼并战争的属性，是与以往争夺霸主名分和地位的

---

① 《国语集解·越语下》，第 575、585、578、584 页。

② ［西汉］刘向集录，范祥雍笺证，范邦瑾协校：《战国策笺证》，刘向书录，上海古籍出版社，2006 年，第 2 页。

春秋争霸战争迥异其趣的。战争的手段是由战争的目的所决定的。兼并战争的激烈和残酷程度要远远超过以往的争霸战争，这一点早在晋阳之战中就表现得十分明显：智伯决晋水灌淹城池，长围晋阳两年，必欲置赵氏势力于死地而后快；同样，赵、韩、魏击败智伯以后，也是擒杀智伯，尽诛其族，瓜分其地。这里已丝毫见不到邲之战、鄢陵之战中那种彬彬有礼的旧"军礼"遗风，而只有无所不用其极的酷烈，这正是兼并战争条件下的必然结果。对此，《孟子·离娄篇》有非常准确而扼要的概括："争地以战，杀人盈野；争城以战，杀人盈城。"[1]这种局面，到战国中后期尤其明朗化。当时的战争，已从兼并的角逐进一步发展为统一的追求了。"天下恶乎定？""定于一。"[2]而"定于一"，其根本的途径唯有一个选择，那就是通过残酷的杀戮与殊死的较量。

在这样的历史大背景下，兵学文化的主题，不仅仅是"竞于道德"早已成为明日黄花，连"逐于智谋"也是时过境迁了。因为，"上兵伐谋"固然美妙，但现实的状况是，实力才是确保在战争中夺取胜利的根本条件，没有强大的实力，那谋略就无所施展其能，所谓"巧妇难为无米之炊"。孙子所说"先为不可胜，以待敌之可胜。不可胜在己，可胜在敌"[3]，说到底，就是实力优先原则。这一点，在兼并与统一战争中表现得尤为明显。于是乎，战国中后期各诸侯国尽管还注重于"伐谋""伐交"，但其战略运用的重心，已毫无疑义，转移到"伐兵"与"攻城"

---

① 《孟子注疏》，卷七下，《离娄章句上》，《十三经注疏》本，第202页。

② 《孟子注疏》，卷一下，《梁惠王章句上》，第17页。

③ 《十一家注孙子校理》，卷上，形篇，第69页。

上来了，"争于气力"遂成为当时兵学文化的最大主题，先秦兵学的发展，合乎逻辑地进入了第三个阶段。

在"争于气力"的特殊时代，当时兵学家的主流观点就是，要顺应这个历史潮流，充分肯定从事战争的合理性与必要性。所谓"大明发而万物皆照，大义发而万物皆利，大兵发而万物皆服"①。

"争于气力"，要求人们对兵学的功能与作用，有清醒的认识与准确的定位。这方面，当时的兵家曾做过深刻的阐述，如《商君书》认为，当时的社会正处于武力征伐的时代，天下大乱，群雄兼并，一日无已，"今世强国事兼并，弱国务力守。……万乘莫不战，千乘莫不守"②。在这样的特殊历史条件下，战争乃是社会生活中最重要的事务，直接关系到一个国家的安危存亡："名尊地广，以至王者，何故？〔战胜者也。〕名卑地削，以至于亡者，何故？战罢者也。"③要立足天下，称王称霸，就必须从事战争，"国之所以兴者，农战也"④，认为这才是"适于时"的做法。为此，其积极主张战争，反对所谓"非兵""羞战"之类的论调，强调"以战去战，虽战可也；以杀去杀，虽杀可也"⑤。

又如，韩非子也认为，在当时的形势下，决不能指望别国不来侵犯，而要加强自己的实力，使自己强大得足以令敌国不

① 《六韬》，卷二，《武韬·发启》，清平津馆丛书本。
② 《商君书锥指》，卷二，开塞第七，第54页。
③ 《商君书锥指》，卷四，画策第十八，第108页。
④ 《商君书锥指》，卷一，农战第三，第20页。
⑤ 《商君书锥指》，卷四，画策第十八，第107页。

敢轻启战端："不恃外之不乱也，恃其不可乱也。"① 指出这乃是"王术"，即"争于气力"、统一天下的策略和战略。

再如，《管子》同样强调战争的重要作用，肯定战争在社会生活中的意义，认为战争直接决定着君主地位的尊卑，国家处境的安危，是实现君主尊贵、国家安定的重要途径："君之所以卑尊，国之所以安危者，莫要于兵。故诛暴国必以兵，禁辟民必以刑。然则兵者，外以诛暴，内以禁邪。故兵者，尊主安国之经也。"②《管子》指出，战争虽然谈不上高尚和道德，但在当时天下由分裂走向统一的重要关头，它却是"辅王成霸"的基本手段，不可或缺："夫兵虽非备道至德也，然而所以辅王成霸。"③ 所以，《管子》要求明智的君主务必"积务于兵"，即注重和开展军事活动，指出假如"主不积务于兵"，等于将自己的国家拱手交给敌人，危险之至。基于这一认识，《管子》反对无条件地偃兵息武，指出兵不可废置。它说，即便是在黄帝、尧、舜那样的盛世，都不曾废弃兵事，那么"今德不及三帝，天下不顺，而求废兵，不亦难乎"④。所以宋钘、尹文提倡的"寝兵之说"和墨家鼓吹的"兼爱之说"，在《管子》作者的眼中，纯属亡国覆军之道，必须痛加驳斥："寝兵之说胜，则险阻不守。兼爱之说胜，则士卒不战。"⑤

---

① 《韩非子集解》，卷第二十，心度第五十四，第 475 页。

② 黎翔凤撰，梁运华整理：《管子校注》，卷十，《参患第二十八》，中华书局，2004 年，第 534—535 页。

③ 《管子校注》，卷六，兵法第十七，第 317 页。

④ 《管子校注》，卷六，法法第十六，第 314 页。

⑤ 《管子校注》，卷一，立政第四，第 79 页。

不仅三晋法家与齐地法家清醒认识到所处的"争于气力"环境，因而高度"主战"与"重战"，其他学派在这方面也不乏类似的识见，像黄老学派也主张"争于气力"，"以战止战"，《经法》就明确肯定战争的意义与价值："所谓为义者，伐乱禁暴，起贤废不肖，所谓义也。〔义〕者，众之所死也。"[①] 其必定得到民众的拥护和支持，造就"地广而民众兵强，天下无敌"[②] 的局面。

当然，"争于气力"并不是一句空泛的口号，而必须有切实可行的措施与手段，通过相应的途径，达到自己预定的战略目标。在当时的兵家看来，只有进行农战，致力于富国强兵，才能够真正拥有从事战争的物质基础与制胜条件。《商君书》《韩非子》《管子》对此均有充分的阐述，明确表示："凡战法必本于政。"[③] "内政不修，外举事不济。"[④] 认为，要确保国家在战争中取胜，就必须注重加强国家的实力，只有具备强大的实力，方能统一天下，这叫作"多力者王"。它们明确指出，国家的强盛与否由国家的实力所决定，并认为恩德也产生于实力："力生强，强生威，威生德，德生于力。"[⑤] 这就是"政胜"。"〔政久〕持胜术者，必强至王。"[⑥]

而所谓的"政胜"的具体表现，乃是实行"农战"，为此，

① 马王堆汉墓帛书《经法》，《十大经·本伐》，文物出版社，1976年，第78页。
② 《经法》，《经法·六分》，第18页。
③ 《商君书锥指》，卷三，战法第十，第68页。
④ 《管子校注》，卷七，大匡第十八，第351页。
⑤ 《商君书锥指》，卷三，靳令第十三，第82页。
⑥ 《商君书锥指》，卷三，战法第十，第70页。

当时的兵家一再强调从事农战的重要性："土广而任则国富，民众而制则国治"，从而造成"不暴甲而胜"①的优势地位。"圣人之为国也，入令民以属农，出令民以计战。……富强之功可坐而致也"②，"国之所以兴者，农战也"，"国待农战而安，主待农战而尊"③，甚至认为，农战是富国强兵，实现霸、王之业的关键："能行二者于境内，则霸王之道毕矣。"相反，如不进行农战，则必危及国家，丧失兼并事业的主动权："彼民不归其力于耕，即食屈于内；不归其节于战，则兵弱于外。入而食屈于内，出而兵弱于外，虽有地万里，带甲百万，与独立平原一贯也。"④ 在他们看来，农耕为攻战之本，两者互为关系不可分割，重战和重农必须结合。因为农业生产不仅为战争提供雄厚的物质基础，而且人民致力于农耕，才会安土重迁，既有利于社会秩序的稳定，也可以驱使民众为保卫国土殊力死战。"圣人知治国之要，故令民归心于农。归心于农，则民朴而可正也，纷纷则易使也，信可以守战也。"⑤

　　因为在他们看来，"争于气力"，即实行"农战"的直接效果，就是富国强兵，"能越力于地者富，能起力于敌者强，强不塞者王"⑥。"国富"是"强兵"的基础，而"强兵"则是保证国家安全的根本条件。一旦做到了富国强兵，那么克敌制胜便就

① 《尉缭子》，卷一，兵谈第二，续古逸丛书景宋刻武经七书本。

② 《商君书锥指》，卷二，算地第六，第46页。

③ 《商君书锥指》，卷一，农战第三，第20、22页。

④ 《商君书锥指》，卷五，慎法第二十五，第139、138页。

⑤ 《商君书锥指》，卷一，农战第三，第25页。

⑥ 《韩非子集解》，卷第二十，心度第五十四，第475页。

有了基本保障：“国富者兵强，兵强者战胜，战胜者地广。”^①反之，如果经济落后、军力不强，那就会直接导致国家危亡，不可不加以警惕：“战士怠于行阵者，则兵弱也；农夫惰于田者，则国贫也。兵弱于敌，国贫于内，而不亡者，未之有也。”^②

要“争于气力”，那么思想的统一、政令的贯彻，就至为关键了，所谓“兵战其心者胜”，即必须让民众树立起战争的观念，“服战于民心”^③，重视和积极参与战争活动。《韩非子·心度》篇中所说的“先战者胜”指的就是这个含义。这里的“先战”，就是“战其心”，使民众的思想专一于战争。所以必须“壹赏”“壹刑”和“壹教”。所谓“壹赏”，就是“利禄官爵抟出于兵，无有异施也”；所谓“壹刑”，即统一刑罚，“刑无等级”；所谓“壹教”，就是“当壮者务于战，老弱者务于守，死者不悔，生者务劝”，即把教育统一到“乐战”上来。使得“民闻战而相贺也，起居饮食所歌谣者战也”，^④造成“怯于邑斗而勇于寇战”^⑤的社会风气。他们指出，一旦做到这三点，便可令行禁止，上下一致，无敌于天下了：“壹赏则兵无敌，壹刑则令行，壹教则下听上。”^⑥是谓“兵战其心者，胜”。换言之，这在物质上则是要奖励耕战，“富国以农，距敌恃卒”，明确主张“功大者有尊爵，受重赏”，“显耕战之士”，以此调动民众的积极性。同

---

① 《管子校注》，卷十五，治国第四十八，第 924 页。
② 《韩非子集解》，卷第十一，外储说左上第三十二，第 281 页。
③ 《韩非子集解》，卷第二十，心度第五十四，第 474 页。
④ 《商君书锥指》，卷四，赏刑第十七，第 96、100、105 页。
⑤ 《商君书锥指》，卷三，战法第十，第 68 页。
⑥ 《商君书锥指》，卷四，赏刑第十七，第 96 页。

竞「道德」、逐「智谋」与争「气力」

时修明政治，信其赏罚，发展经济，鼓舞士气，"严其境内之治，明其法禁，必其赏罚，尽其地力，以多其积，致其民死以坚其城守"。一旦真正做到这一点，那就能够"无事则国富，有事则兵强"，[①]拥有统一天下的"王资"。

总之，到了战国后期，随着兼并战争的日益激化，先秦兵学的主题又悄然有了新的转移，"竞于道德"基本失语，"逐于智谋"也逐渐弱化，代之而起的，是"争于气力"占据主导地位，传统型的正宗兵家实际影响力有所削弱，而法家人物的兵学观点则把持了话语权。这是历史的必然，但同时也是历史的无奈！

---

① 《韩非子集解》，卷第十九，五蠹第四十九，第 450、454、452 页。

秦骑兵俑

　　战略指挥，按现代军事学术的概念来解释，是指统帅部及其派出机构对战略行动的组织领导活动。它是军队指挥的组成部分，也是指挥活动的最高层次。其主要任务，除了分析判断战略形势和特点，确定战略方针，以及军事行动的具体方针、原则之外，重点是制定战略及战略性战役计划，确定各军兵种部队的作战编成、任务和部署，组织战役之间、战区之间的协同和保障，掌握和运用战略预备队，指挥重要战役等。更加概括地说，战略指挥活动的核心是定下决心和实现决心。这包括：进行战略判断；定下战略决心；拟制战略计划；下达战略任务；组织战略协同；实施监督检查。目的是正确运用国家和军队力量，战胜敌人或使敌人屈服，实现战争的政治、军事目的。战略指挥正确与否，直接影响战争的进程与结局。

　　作为军事指挥上的最高层次，战略指挥的基本要求，除了遵循军队指挥的一般规则外，尤为强调：一是从实际情况出发，使战略决策、措施符合变化着的客观情况；二是照顾好战争的方方面面，抓住对战争全局有决定意义的关键，推动战争全局的发展；三是做到坚定性与灵活性的统一，既有实现战略目的的坚强意志，又有高度的创造精神，善于审时度势，灵活使用兵力，恰当地运用和变换作战形式与作战方法；四是坚持高度的集中统一指挥，既能使各种力量、各种斗争、各种作战形式协调一致地行动，又善于群策群力，集思广益，集中各方面的智慧，鼓励各级指挥员积极机断行事，正确解决战略上的集权和战役战斗的分权问题；五是"致人而不致于人"，力争主动，力避被动；六是尊重一般作战规律，但不把具体军事原则教条化，所谓"不以法为守，而以法为用"[①]。

统一战争是具有全局意义的重大战略行动，战略指挥的正确与否直接关系着统一战争的进程与命运。尽管秦汉历史上的统一战争的战略指挥表现形态与现代意义上的战略指挥有着很大的不同，但是其基本性质与一般规律则是相一致的，至于战略指挥在战争中所发挥的作用，所具有的地位，更是没有区别。秦汉历史上任何一次统一大业的顺利实现，都建立在其战略指挥高明正确的基础之上。换言之，实施积极有效的战略指挥，是统一大业指导者实现其战略意图，乘时而起，造就天下一统的主要手段。从这个意义上说，我们在今天要全面总结秦汉历史上统一战略的基本经验和现实启迪，就不能不深入考察统一战争战略指挥的主要表现及其重要特点。

一、战略的明确性与战术的突然性

秦汉历史上统一战争战略指挥上的成功经验之一，是统一大略指导者善于正确处理树立战略目标明确性与实施战役战术指挥突然性的辩证关系，在明确自己战略上的根本意图的同时，力求在实施具体的作战行动过程中做到突然、猛烈，出敌不意，聚歼敌军。[②]

---

① 参见《中国军事百科全书》"战争、战略分册"，军事科学出版社，1993年，第341—343页。

② 参见黄朴民《刀剑书写的永恒——中国传统军事文化散论》，国防大学出版社，2002年，第21页。

（一）战略目标的明确性、公开性

《周易·革·彖传》有云："汤武革命，顺乎天而应乎人。"统一战争是正义而高尚的事业，它合乎历史的潮流，顺应民众的意愿，反映了中华民族的根本利益。因此，作为这一正义伟大事业的承荷者，他们完全有理由、有信心把自己致力实现国家统一、天下太平的战略意图、战略目标，理直气壮、光明磊落地宣示于天下，牢牢树立起自己"吊民伐罪"的正面形象，表达自己"混一天下"的坚定决心，从而先声夺人，震撼威慑那些分裂割据势力，赢得普天下民众的衷心拥护，争取社会舆论的广泛支持。从这个意义上说，秦汉历史上任何一次统一战争就战略目标而言，均是清晰公开的、明确无误的。尤其是统一大势业已形成、统一战争的发动势在必行的情况下，公开打出平定群雄、再造一统的旗帜，对于澄清人们的模糊认识，争取观望摇摆者，凝聚和振奋军心士气，鼓舞斗志，就显得十分必要。而一旦这么做了，则往往可以收到单纯军事打击所不能达到的目的，因此，这一做法为秦汉时期统一大业指导者所普遍运用，成为统一战争战略指挥上一种带有共性的基本现象。

如楚汉战争中，刘邦采纳董公及张良、韩信之策，明确向天下昭告，将为义帝复仇，东向与项羽角逐天下。

汉高祖二年（前205）三月，刘邦在还定三秦、占有关中后统率大军越渡平阴津（今河南孟津东北）到达洛阳，准备对项羽发动进攻。这时洛阳新城的三老董公向刘邦建议说："臣闻'顺德者昌，逆德者亡'，'兵出无名，事故不成'。故曰：'明其为贼，敌乃可服。'项羽为无道，放杀其主，天下之贼也。夫仁不以勇，义不以力，三军之众为之素服，以告之诸侯，为此东伐，四海之内莫不仰德。此三王之举也。"（《汉书·高帝纪上》）刘邦采纳了这一建议，立即对项羽发动一次大规模的政治和外交攻势，向天下各路诸侯与广大民众展示了其统一国家的战略目标。他亲自为义帝发丧，"袒而大哭，哀临三日"。同时派遣使者遍告各地诸侯："天下共立义帝，北面事之。今项羽放杀义帝江南，大逆无道。寡人亲为发丧，兵皆缟素。悉发关中兵，收三河（指河南、河东、河内）士，南浮江汉以下，愿从诸侯王击楚之杀义帝者。"（《汉书·高帝纪上》）这一做法收到了明显的效果，诸侯王虽大多没有直接发兵助汉，但普遍对项羽进一步离心离德，采取了中立和袖手旁观的态度。特别是项羽最亲近的得力助手九江王英布，从此之后竟没有给项羽以实在的帮助。至于陈余更是积极响应，派出一部分兵力直接参与了刘邦主持的联合攻楚的行动。这样，刘邦既完全达到了从政治上和外交上孤立项羽的目的，也充分展示了自己欲与项羽一决雌雄，追求国家统一的战略决心。①

西晋建立之后，其统治者对统一南北的战略目标也是有明确的定位的，这一点，在其统一战略的主要制定者羊祜的《平吴疏》中有着鲜明的反映。在《平吴疏》中，羊祜将起兵灭吴，结束南北分裂，达于天下一统，认定为是合于天意人心的正义之举，一再强调"夫期运虽天所授，而功业必由人而成"，天下一统，四海靖宁，"成无为之化"，使"海内得以休息，兆

---

① 参见陈梧桐等《中国军事通史》，第五卷《西汉军事史》，军事科学出版社，1998年，第35页。

庶有乐安之心"，乃是理有固宜，势所必然。为此，他强调指出，用兵打仗的根本宗旨在于"宁静宇宙，戢兵和众"。(《晋书·羊祜传》）这样，就从"大一统"理念的高度，为灭吴统一南北的战争之性质作了正确恰当的定位，阐发了"以战止战，虽战可也"(《司马法·仁本》），也就是消灭封建割据、混一天下的合理性与必然性。所以他请求晋武帝司马炎圣心独断，排除一切干扰，毫不犹豫地将国家统一大业推向前进。晋武帝最终采纳了羊祜的意见，将统一天下的战略目标明确化、公开化，为灭吴战争的顺利展开并迅速取得胜利，奠定了重要的基础。对西晋统治者统一战争战略指挥上的这一成功做法，后人倍加称誉。如唐太宗李世民就认为："聿修武用，思启封疆。决神算于深衷，断雄图于议表。马隆西伐，王濬南征，师不延时，獯虏削迹，兵无血刃，扬越为墟。通上代之不通，服前王之未服。祯祥显应，风教肃清，天人之功成矣，霸王之业大矣。"(《晋书·武帝纪》，唐太宗"制曰"）

（二）战役行动的突然性、灵活性

在明确宣示自己战略根本意图的同时，在具体的战役指挥与战术运用上，统一战争与一般战争相同，也强调"兵不厌诈"，主张遵循"兵之情主速，乘人之不及，由不虞之道，攻其所不戒也"，"攻其无备，出其不意"(《孙子兵法》九地篇、计篇）的作战原则，致力于示形动敌，声东击西，奇正相生，避实击虚，欺敌误敌，以出其不意的方式发动突击猛攻，"夫霸王之兵。伐大国，则其众不得聚；威加于敌，则其交不得合"，"后如脱兔，敌不及拒"(《孙子兵法·九地篇》），打得敌人惊恐失措，措手不及，形成迅雷不及掩耳之势，"故其疾如风，其徐如林，侵掠如火，不动如山，难知如阴，动如雷震"（《孙子兵法·军争篇》）。

"先其所爱"，"兵贵胜，不贵久"，强调先发制人，推崇作战行动的突然性、主动性、进攻性、运动性，这可谓对中国古代兵家关于制胜之道基本规律的深刻揭示。

在日常生活中，常可以听到这样的口头禅："先下手为强，后动手遭殃"，"一步晚，步步晚"。在军事上，"先发制人"也是一个非常重要的命题。早在"古司马兵法"系统的兵书《军志》中便有"先人有夺人之心"的提法，《左传》里也有"宁我薄人，无人薄我"的见解。其实质含义即主动进攻，实施突然袭击，以争取作战上的先机之利。

"先发制人"的重要性自然不言而喻，那么剩下的问题，便是如何实施高明的作战指导，来贯彻"先发制人"的目的了。古代兵家认为，要"先发制人"，必须做到两点。一是应该创造和把握正确的时机。具体地说，就是要通过"示形"惑敌等方法，诱使敌人放松戒备，暴露破绽，然后以迅雷不及掩耳之势，主动进攻，乘虚而入，一举克敌，高奏凯歌："敌人开阖，必亟入之……践墨随敌，以决战事"（《孙子兵法·九地篇》）；"故智者从之而不释，巧者一决而不犹豫。是以迅雷不及掩耳，迅电不及瞑目。赴之若惊，用之若狂，当之者破，近之者亡，孰能御之"（《六韬·龙韬·军势》）。二是应该在己方处于完全主动地位的情况下运用，其进攻的方向应当选择在敌人最薄弱且又是最要害的环节，从而触一发而牵动全身，以收事半功倍之效，确保"先发制人"的战略意图能够得以顺利实现。具体地说，就是要做到"先夺其所爱，则听矣"，"先其所爱，微与之期"（《孙子兵法·九地篇》）。

为了圆满实现"先发制人"这一战略意图，古代兵家主张在采取军事行动之时，一是要做到具有突然性，使敌人处于猝不及防的被动状态："兵之情主速，乘人之不及，由不虞之道，攻其所不戒也"（《孙子兵法·九地篇》）；"进而不可御者，冲其虚也；退而不可追者，速而不可及也"（《孙子兵法·虚实篇》）。二是要做到具有运动性，即提倡野外机动作战，调动敌人，以期在野战中予以歼灭性的打击："顺详敌之意，并敌一向，千里杀将"（《孙子兵法·九地篇》），要"悬权而动"，使自己始终保持主动的地位。三是要做到具有隐蔽性，使敌人无从窥知我方的真实作战意图，如同聋子和瞎子一样，从而确保我方军事行动的突然性能够达到，运动性可以实现："易其事，革其谋，使人无识；易其居，迂其途，使人不得虑"（《孙子兵法·九地篇》）；"因形而错胜于众，众不能知；人皆知我所以胜之形，而莫知吾所以制胜之形"（《孙子兵法·虚实篇》）。用《管子·兵法》的话说，便是："善者之为兵也，使敌若据虚，若搏景（影）。无设无形焉，无不可以成也。无形无为焉，无不可以化也。"使得敌人在与我作战时，如蹈虚空之地，同变化不定的影子搏斗一样，有劲使不上，处处被动，而我却能够随机制宜，置敌于死地。古代兵家认为，只要在军事行动中真正做到隐蔽、突然、机动，那么就能够先发制人，稳操胜券。

在隐蔽、突然、机动这三者之中，隐蔽又是基础，是达成突然性、实施机动性的前提条件。而是否能做到这一点，取决于是否能"示形动敌",创造主动条件。因为战场上两军对阵，敌我双方在主观上都毫无例外要致力于造势任势，以争取主动的地位。而能否成功，关键之一，就在于能否广施权变，示形动敌，出奇制胜。

所谓"示形"，就是隐真示假，诱使敌人中计上当，被自己牵着鼻子走，最后陷入失败的境地。用古代兵家的话说，就是"善动敌者，形之，敌必从之；予之，敌必取之。以利动之，以卒待之"（《孙子兵法·势篇》）。他们指出，战场上示形动敌、克敌制胜的最上乘境界，乃是"形人而我无形"，"形兵之极，至于无形。无形，则深间不能窥，智者不能谋"（《孙子兵法·虚实篇》）。一旦达到这种境界，那么进行防御，即可"藏于九地之下"，坚如磐石，牢不可摧；实施进攻，即可"动于九天之上"，主动灵活，制敌于死地。一句话，我军处处主动，而敌军则处处被动。

统一战争是关系着敌对双方的生死命运的军事行动，一着不慎，则全盘皆输，所以，作为统一大业的指导者在从事战略进攻的时候，特别重视作战指挥的稳妥得体，不战则已，战则必胜。为了尽可能减轻来自敌方的顽抗，尽可能增加取胜的成算，他们总是在战役指挥和战术运用上做到具有隐蔽性，达成突然性，先发制人，把握主动，从而尽快地破解敌人防御方式，摧毁敌人的抵抗意志，消灭敌人的战争力量，实现自己的战略目的。

这种战役指挥隐蔽性、突然性的特征，在秦统一六国战争过程中王翦、王贲的战略指挥与作战部署中有着鲜明的体现。

（三）知迂直之计，杂利害之虑

任何事物都具有两重性，都是矛盾的统一体，矛盾双方既相互对立，又相互转化，中国古代哲人早已认识到了这一点，老子曾说"祸兮福之所倚，福兮祸之所伏"（《老子》第五十八章），就清晰地揭示了事物包含双重性的特质。作为高明的统一大业指导者，在从事统一战争的战略指挥时，自然应该明白这一层道理，从而趋利避害，掌握主动。

中国古代兵家强调要以辩证的观点对待争夺先机之利的问题，"军争为利，军争为危"（《孙子兵法·军争篇》），既看到其有利的一面，又充分估计到其困难甚至不利的一面，见利思害，见害思利，从而防患于未然，制敌于先机，"是故智者之虑，必杂于利害，杂于利而务可信也，杂于害而患可解也"（《孙子兵法·九变篇》）。这对于统一大业指导者来说，无疑是一种哲学智慧与思维方式，即当其实施统一战争的战略指挥时，一定要克服认识上的片面性，因为见利而忘害，不利的因素就可能恶性发展，最终影响整个战争的结局；见害而忘利，则有可能使自己丧失必胜的信心与斗志，不再去通过自己不懈的努力而达到统一天下的目标。

由于受统一战争的全局性、长期性、复杂性、艰巨性等各种属性的制约，其实施者在从事战略指挥时经常面临着巨大的困难，对其战略指挥能力也总是提出更高的要求。在这种背景下，统一大业指导者的成功，往往表现为他善于审时度势，透过纷纭复杂的表象，把握住事物的核心，从而做出正确的抉择。这时除了运用"先发制人"速战速决的常见方法与手段外，也免不了走迂回的道路，即所谓"以迂为直，以患为利"（《孙子兵法·军争篇》）。表面上是多付出，多耗费，实际上是"后人发，先人至"，始终处于主动有利的地位。[①]像楚汉战争中韩信率汉军开辟北方战场，从项羽的侧后实施战略迂回和包围；东汉开国战争中刘秀率先经营河北，待时机成熟后再下洛阳，取长安，据有中原核心地带，均是秦汉统一战争战略指挥中有关"以迂为直"原则的具体体现。

二、历代统一战争战略指挥的相关原则

关于战法（亦称作战指导）的论述，可以说是中国古典兵法中内容最丰富、价值最重大、特色最显著的部分，它所揭示的许多带有规律性的原则，至今依然是战争、战役、战斗指挥上所必须遵守的。流传至今的许多兵学范畴，业已成为脍炙人口的军事格言。[②]

有关中国古代的一般战法原则，其荦荦大端，概括起来大致有以下诸条：奇正相生，避实击虚，尽敌为上，兵不厌

---

① 应该指出，"以迂为直，以患为利"的"军争"之法，包含着极其深刻的哲理，人们从中可以体悟出间接手段与直接手段内在统一的辩证关系。英国战略学家利德尔·哈特在其名著《战略论》中就申明自己因受这一原则的启示，提出了间接路线的战略。他强调指出，在战略上，表面上最漫长的迂回道路常常是达到战略目的的最短途径，间接路线往往比直接路线更为近捷，更为有效。他的看法正好从一个侧面印证了"以迂为直"理论的强大生命力，而他本人也不愧为古代东方兵学思想的千古知音。

② 参见吴如嵩主编《中国古代兵法精粹类编》高锐"序言"，军事科学出版社，1988年。

诈，众寡分合，造势任势，因敌制胜，进攻速胜，致人而不致于人，攻守平衡，兵机贵密，积极防御，将权贵一，等等。这些内容与现代战略、战役法、战术所运用的一些基本原则，如"知彼知己，因势制敌"，"集中兵力，各个歼敌"，主动灵活，突然迅速，协同策应，等等，不仅基本精神是一致的，而且在语言上也有着明显的渊源关系。这说明中国古典兵法中反映一般军事规律的论述，是指导任何战争时都应当遵守的基本原则，作为中国古代战争典型形态之一的统一战争，自然也不例外。换言之，历史上的统一战争战略指挥体现着古典兵法的一般作战指导规律，它运用兵法基本原则越是娴熟，战略指挥上的成功就越是显著，统一大业的实现也就越是顺利。

毫无疑问，统一战争战略指挥上运用兵法基本原则以争取胜利的做法是全方位的，但是若细加考察，我们也能发现，它的重点似乎落实在以下几个方面上：注意妥善解决集中兵力与分兵钳制的辩证关系，贯彻落实速战速决与持久作战的相关原则，正确处理政治招抚与军事打击的相辅相成，把歼灭敌人有生力量作为作战行动的中心环节。

（一）众寡分合，协同策应

"众寡分合"，是战术运用上的一条基本原则，即众寡之用与分合为变。这里，众寡之用是兵力的使用问题，分合为变是作战的部署问题。这两方面的问题，核心是集中兵力与协同配合的有机统一，分一为二，在全局或局部造成优势，各个击破敌人，而统一这两者的基础，又在于真正理解与把握"奇正"的蕴义，做到"奇正之变"，"奇正相生"。

"奇正"是古典兵学的一个重要范畴，古人认为它是"用兵之钤键，制胜之枢机"①。一般地说，常法为正，变法为奇。在兵力使用上，守备、钳制的为正兵，机动、突击的为奇兵；在作战方式上，正面攻、明攻为正兵，迂回、侧击、暗袭为奇兵；在作战方法上，按一般原则作战为正兵，采取特殊战法为奇兵；在战略上，堂堂正正进兵为正，突然袭击为奇。可见，所谓"奇正"，首先是兵力的配置与使用，"以正合，以奇胜"（《孙子兵法·势篇》）；其次，也是更重要的，是战术的选择和运用，"奇正相生"，"奇正之变"。②

　　"众寡之用"与"分合为变"，实际上就是对"奇正"基本原理的运用与发挥。就众寡之用而言，是指在主攻方向上必须集中兵力，而在助攻方向上则只能配备必要的兵力，起策应协同的作用，所谓"若五倍于敌，则三术为正，二术为奇"③。就分合为变而言，就要注意重点设防，重点守备，重点投入，所谓"用兵之道，无所不备则有所必分，知所必守则不必皆守"④。

　　关于众寡分合的一般原则，古代兵家多有论述，如《司马法·用众》指出："凡战之道，用寡固，用众治；寡利烦，众利正；用众进止，用寡进退。"《兵录》作者认为："兵之胜负，不在众寡，而在分合。夫有分则有条理，有合则有联络，然分常患其疏，而合常防其混。故合而不分，分而不合，非善也；合而有分，分而有合，非善之善也；即分为合，即合为分，乃善

────────────────

① 《十一家注孙子·势篇》王晳注。

② 参见黄朴民《孙子评传》，广西教育出版社，1994年，第139页。

③ 《百战奇法·分战》。

④ 《稼轩诗文钞存·美芹十论·守淮第五》。

之善也。"①可见，在"众寡之用"问题上，他们既肯定集中兵力的意义，提倡"我专敌分"，"以十击一"，又强调"分合为变"，灵活指挥，协同策应，做到"能分人之兵，疑人之心，则锱铢有余"（《淮南子·兵略训》）。掌握"众寡分合"的不同规律，以求在各种复杂情况下能够做到当合则合，当分则分，"合兵以壮威，分兵以制胜"②，克敌制胜，达成既定的战略目标。

统一战争是事关全局的决定性战争，因此，在战略指挥上全面贯彻"众寡之用"与"分合为变"的基本原则乃是其必有之义。在秦汉历史上，绝大多数的统一战略实施者，都高度重视用兵指挥上的"众寡分合"问题，既积极主张"众寡之用"，又充分强调"分合为变"，以求在指导统一战争时做到集中兵力与分兵钳制的辩证统一。一方面"我专敌分"，集中优势兵力击敌之要害；另一方面灵活指挥，分兵策应主力的行动，使得敌人首尾不得相顾。基于这样的认识，刘邦破项羽、西晋灭吴，在兵力使用和战役指挥上都采取了多路出击、水陆齐发、主力挺进、重点突破的方法，从各个战场同时发起进攻。以主力歼敌主力，直捣腹心，以偏师策应主力，钳制分割敌军，主次配合，奇正协同，东西呼应，彻底打乱敌人的战略部署，使其完全陷入首尾脱节、顾此失彼的被动挨打处境，最终走向失败的深渊。

楚汉战争全面爆发后，刘邦集团根据当时双方的军事实力与战略态势，制定了持久防御的基本战略，企冀通过战略相

---

① 《兵录》卷九，《攻战·战略》。
② 《兵法百言·法篇·分》。

持，逐渐转变楚汉双方的战略优劣态势，在拥有战略主动的基础上，再进行反击，消灭项羽势力，完成国家的统一。基于这样的战略指导，汉军方面重新调整了战略部署，改善了战略指挥，按照"众寡之用"与"分合为变"的基本原则，正兵与奇兵交替使用，互为协同，巧妙策应，形成了集中兵力与分兵钳制的有机统一。其具体措施是：刘邦亲率汉军主力坚守成皋、荥阳一线，阻遏项羽主力的攻势，在正面战场转攻为守，消耗敌军，挫败项羽速战速决的战略企图。同时分别开辟北方战场与南方战场，在翼侧牵制敌军，逐渐完成对项羽的战略包围。在北方战场，命大将韩信率领一部兵力，先后灭魏、平代、破赵、下燕、定齐，逐次歼灭黄河以北的割据势力，向楚军侧背发展，策应成皋、荥阳汉军主力的行动。在南方，策反九江王英布，新辟南方战场，由英布攻击楚军翼侧，给项羽造成牵制。同时，发动敌后袭扰战，由彭越在梁地开辟敌后战场，配合正面，调动和疲困楚军，保障两翼的军事出击顺利发展。

刘邦集团在战略指挥上坚定贯彻上述正面坚持、南北两翼牵制、敌后袭扰的作战部署的结果，使得楚军顾此失彼、陷于多面作战的困境，从而导致楚汉双方战略优劣态势的逐渐转换，其实力对比发生了根本的改变，项羽的失败遂成为不可逆转的趋势。于是刘邦把握时机，于汉五年（前202）十月，乘项羽引兵东撤之际，实施战略追击。十二月，在垓下（今安徽灵璧南）合围并聚歼楚军，项羽突围后自刭于乌江（今安徽和县北）。同年二月，刘邦登基称帝，建立汉朝，中国再次实现统一，历史揭开了新的一幕。而刘邦之所以能转弱为强，战胜项羽，再造一统，就战略指挥得失而言，在于善于做到"众寡之用"，"分合为变"，以主力抗衡敌之主力，以偏师打开战场局面，主次策应配合无懈可击。

西晋灭吴统一南北之战，采用了"水陆并进，多路齐出，分兵合击"的作战方针，这是"识众寡之用"而致战略指挥大获成功的又一个范例。

西晋咸宁五年（279）十一月，晋武帝分派六路大军，水陆齐发，在长达数千里的战场上，大举伐吴。其六路大军的具体部署是：镇东大将军、琅邪王司马伷率军自下邳（今江苏睢宁西北）直趋涂中（今安徽滁河流域）；安东将军、都督扬州诸军事王浑自寿春（今安徽寿县）向江西（长江下游北岸）方向进军；建威将军、豫州刺史王戎自安城（今河南汝南东方）向武昌（今湖北鄂州）方向进军；平南将军胡奋自新野（今属河南）向夏口（今湖北武汉）进军；镇南大将军杜预自驻地襄阳直趋江陵（今属湖北荆沙）；龙骧将军、益州刺史王濬与巴东监军唐彬率水师自巴蜀浮江东下，直趋建业（今江苏南京）。六路大军，水陆共二十余万之众。

综观晋廷进军部署，实即羊祜咸宁二年提出的战略设想的具体实施。其中王濬之水师，便是羊祜所提出的梁、益之兵水陆俱下；杜预之众，便是"荆、楚之众进临江陵"；胡奋、王戎二军，便是"平南、豫州直指夏口"；司马伷、王浑二军，便是"徐、扬、青、兖并向秣陵"。从整个战略部署说，是多路出击、水陆齐发，分别以六路大军从长江上、中、下游同时进攻，在指挥上充分利用王濬强大水军克敌，配合以陆军助攻，使吴军首尾不能相顾，所谓"以一隅之吴，当天下之众，势分形散，所备皆急"。而战事的进展，也正如羊祜所预料的那样，是"巴、汉奇兵出其空虚，一处倾坏，则上下震荡"

（《晋书·羊祜传》），在西晋大军既是全线、又有重点的猛烈进攻之下，东吴政权的防御体系迅速趋于崩溃，吴军一败涂地，土崩瓦解。及至西晋太康元年（280）三月十五日，王濬统率"戎卒八万，方舟百里"[①]，一举攻入建业。孙皓面缚舆榇，亲至王濬军门投降，吴国灭亡，一场空前的水陆联合、多路夹击一举灭吴的统一战争终于画上一个圆满的句号。

（二）速战速决与持久作战的统一

从战争效益比来说，速战速决是最为理想的选择。道理很简单，从战争与经济关系这一角度观察问题，进攻速胜是至关重要的，因为从事战争所损耗的人力、财力、物力，数量大得惊人，对国计民生来说，不啻是极其沉重的负担，战争时间一久，各种严重的困难便会纷至沓来，使国家和民众陷于不可自拔的境地，所谓"久则钝兵挫锐，攻城则力屈，久暴师则国用不足"（《孙子兵法·作战篇》）。此外，从复杂战略格局考察，速战速决也应该是战争指导者所要追求的目标。因为，如果某一国长期从事征战，就会给第三方带来可乘之机，最终使自己陷于两线作战的被动局面，出现所谓"螳螂捕蝉，黄雀在后"，"鹬蚌相争，渔翁得利"的情况，用兵圣孙武的话说，就是"夫钝兵挫锐，屈力殚货，则诸侯乘其弊而起，虽有智者，不能善其后矣"（《孙子兵法·作战篇》）。为了避免上述不利情况，战争指导者在开展军事行动时，也自然要坚决贯彻进攻速胜的原则了。

基于这样的认识，中国古代兵家都普遍主张进攻作战要做

---

① 《资治通鉴》卷八十一，晋纪三，武帝太康元年。

到速战速决，迅速地夺取胜利，反对使战争旷日持久，疲师耗财，"兵闻拙速，未睹巧之久也。夫兵久而国利者，未之有也"（《孙子兵法·作战篇》），强调"用兵上神，战贵其速"[1]，"速则乘机，迟则生变"[2]，把"兵贵神速"的基本原则贯彻落实到整个作战行动的全过程之中，"足我粮饷，张我声势。巧于误敌，俾敌不知所备；速于攻取，俾我锋不留行。电扫星飞，深戒淹缓"[3]。

统一战争是具有战略全局意义的进攻作战行动，统一战争的实施者在军事力量上占有相当大的优势，作为战略进攻的一方，在一般条件下要求做到行动迅捷，速战速决，"凡兵者，欲急捷，所以一决取胜，不可久而用之矣"[4]，强调"疾雷暇掩耳乎？掣电暇瞬目乎？时不再来，机不可失"[5]，"知彼有可破之理，则出兵以攻之，无有不胜"[6]，因此主张对敌人"速攻之，速围之，速逐之，速捣之"[7]。

这一基本原则从秦汉历史上诸多统一战争的进程考察，可以看得非常清楚。统一大业的指导者，在实施统一战争的战略指挥之时，总是把迅猛神速、速战速决看成是克敌制胜、实现统一的一大关键，努力避免出现进攻行动上的旷日持久，顿兵挫锐，所谓"急疾捷先，此所以决义兵之胜也，而不可久处"

---

[1] 《卫公兵法》卷上,《将务兵谋》。

[2] 《陆宣公奏议》卷一,《奏草一·论两河及淮西利害状》。

[3] 《草庐经略》卷六,《客兵》。

[4] 《卫公兵法》卷上,《将务兵谋》。

[5] 《白豪子兵礵》卷一,《迅》。

[6] 《百战奇法·攻战》。

[7] 《白豪子兵礵》卷一,《迅》。

146

（《吕氏春秋·论威》）。因此，一旦"势已成，机已至，人已集"①，就毫不犹豫地展开行动，以强大的优势兵力为依托，运用高明的作战指导，对敌人发起摧毁性的打击，力求在最短的时间里，摧毁敌人的抵抗意志，粉碎敌人的防御体系，攻占敌人的核心中枢，赢得统一战争的迅速胜利。

历史上成功的统一战争，大多都是速战速决战略指导运用得当的典范，如秦国扫荡关东六国之战，前后不过十余年；西晋六路灭吴，前后费时不满三个月时间。

这里，我们就以秦统一六国之战为例，说明统一大业指导者在从事统一战争过程中是如何贯彻速战速决原则，并最终取得胜利的。秦统一六国的战争，既是战国末期最后一场诸侯兼并战争，又是中国历史上最早的一场封建统一战争。从公元前236年至公元前221年，秦国按照速战速决的战略方针，仅用十余年的时间，相继灭掉了北方的燕、赵，中原的韩、魏，东方的齐和南方的楚六个诸侯国，结束了春秋以来长达五百余年的诸侯割据纷争的战乱局面，至此，我国历史上第一次实现了空前的大统一，"秦以区区之地致万乘之势，序八州而朝同列"，"吞二周而亡诸侯，履至尊而制六合，执敲扑而鞭笞天下，威振四海"②。而这个局面的造成，在战略指挥上，不能不归功于其统一战略决策者，始终坚持和贯彻"速战速决，大创聚歼"的方针，马不停蹄，不间断地对山东六国进行打击和征服，不给对手以任何喘息的机会，摧枯拉朽，势不可挡，终于在短短

---

① 《兵法百言·法篇·速》。

② 《贾谊集·过秦论上》，上海人民出版社，1976年。

的十余年时间里一统六合，开创中国历史的新局面，"六王毕，四海一"（杜牧《阿房宫赋》）。

当然，在充分肯定速战速决的基本前提下，统一战争的实施者也不排斥在一定条件下的持久作战。这一般有两种情况。一是当其实力尚不够强大，甚至是处于劣势的时候，面对强大的对手，致力于用空间换取时间，达到强弱易势，夺取最后胜利的目的。为此，有些统一战争实施者通过持久防御来迟滞、消耗、疲惫、削弱敌人，随着战争时间的持久和空间的扩大，使敌人战线日长、兵力日分、锐气日挫、困难日多，逐渐地由强变弱。同时，"盈吾阴节"，发展壮大自己的力量。在打破敌人速胜的企图的基础上，使自己的战略后方得到掩护，兵力得以集结，民众得到动员，战争潜力得以发挥，外交斗争得以展开，奇谋妙策得以施展，从而越战越强。此外还要做到守中有攻，久中有速，把战略上的防御持久同战役战斗上的进攻速决有机结合起来，灵活机动地打击敌人。如"塞其险阻以遏之，清其原野以待之，绝其粮道以饥之，劫其营垒以挠之，捣其巢穴以牵之。伺其既归，然后出以袭之"[1] 等等，做到"既以守而待攻，复以战而乘敝"[2]。可见，统一战争指导者在一定条件下实施防御持久战略方针，最终目的是要由守转攻，由久转速，达成战略反攻的胜利。持久作战本身并不是目的，而是转化敌我双方强弱态势的战略步骤。古人说："知己有未可胜之理，则我且固守；待敌有可胜之理，则出兵以攻之。"[3] 这就是说，一

---

① 《投笔肤谈》上卷，《持衡第四》。

② 《草庐经略》卷九，《击强》。

③ 《百战奇法·守战》。

旦强弱易势，就要果断实施战略反击，彻底消灭敌人，实现国家统一的根本目的。

楚汉战争中刘邦战胜项羽，就是通过防御持久、后发制人的手段实现敌我双方强弱态势转换，最后达成统一大业胜利的典型事例。在楚强汉弱的形势下，刘邦采取持久防御的战略，利用成皋（今河南荥阳汜水镇）一带的有利地形，实施顽强的正面防御，前后达两年又四个月之久。通过这一途径，刘邦获得了巨大的战略利益，包括战争潜力得到充分发挥，机动作战得以全面展开，外交策略和间谍攻心得以广泛实施，终于取得对项羽的全面优势，并适时转入战略反攻，一举全歼楚军，完成了西汉的统一大业。

统一战争实施者选择持久作战的另一种情况，是占有战略优势地位条件下的权宜机变，这就是当胜券在握、大势已定的情况下，为减少双方军民的无谓伤亡而适当地延缓军事攻击的进度或力度，为迫降敌人创造必要的条件。这种战略选择与速战速决的做法，在统一战争中所起的作用是相辅相成、异曲同工的。

（三）"尽敌为上"与统一战争的胜利

所谓"尽敌为上"，其实质就是打歼灭战的战略指挥原则。歼灭战是战争活动中的主要手段，因为战争的进程和结局，归根结底要取决于敌对双方有生力量的消长。所以，不论战略、战役或战斗，歼灭战都是从根本上解决问题的有效途径。近代普鲁士著名军事理论家克劳塞维茨曾在其名著《战争论》中对这一问题做过精辟的阐述，他指出：战斗是战争中唯一有效的活动。在战斗中，消灭同我们对峙的敌人是达到目的的手段，即使战斗实际上没有进行也是这样，因为在任何情况下，结局毫无疑问都是以消灭敌人军队为前提的。因此消灭敌人军队是一切军事行动的基础，是一切行动最基本的支柱，一切行动建立在消灭敌人军队这个基础上，就好像拱门建立在石柱上一样。……在战争所能追求的目的中，消灭敌人军队永远是最高的目的。在这里我们不能不指出，用流血方式解决危机，即消灭敌人军队，这一企图是战争的长子。[1]所以，无论战争在具体情况下是多么多种多样，我们只要从战争这一概念出发，仍可以肯定以下几点：（1）消灭敌人军队是战争的主要原则，对采取积极行动的一方来说，这是达到目标的主要途径；（2）消灭敌人的军队主要是在战斗中实现的；（3）具有一般目的的大的战斗才能产生大的结果。……根据上述几点可以得出一个双重法则，它包含相辅相成的两个方面：消灭敌人军队主要是通过大会战及其结果来实现的，大会战又必须以消灭敌人军队为主要目的。因此，应该把主力会战看作是战争的集中表现，是整个战争或战局的重心。如同太阳光在凹镜的焦点上聚成太阳的完整的像并发生极高的热度一样，战争的各种力量和条件也都集中在主力会战中，产生高度集中的效果。[2]

中国古代兵家对主力会战、打歼灭战问题同样予以高度的重视。早在先秦时期，就有人提出了打歼灭战、不打击溃战的基本认识，认为这是克敌制胜的最好战果："夫战，尽敌为上"（《国语·周语中》）；"若车不得车，骑不得骑，徒不得徒，虽破军皆无

---

① 克劳塞维茨：《战争论》第一篇"论战争的性质"第二章"战争中的目的和手段"，商务印书馆，1978年。

② 参见克劳塞维茨《战争论》第四篇"战斗"之"主力会战"章。

功"①。《孙膑兵法》更是毫不含糊地将作战目标定在消灭敌人的军队上，明确地树立了歼灭战的战略指挥原则，认为只有"覆军杀将"，使敌人"虽欲生不可得也"，才算是真正掌握了"战之道"，即作战的基本规律（《孙膑兵法·月战》）。自秦汉以降，历代兵家对打歼灭战的指导原则也有充分的阐述，如明代兵书《登坛必究》就强调指出："击虏以殄灭为期，小利不足贪。"②

"尽敌为上"的主力会战、全线歼敌作战指导思想，同样适用于秦汉历史上的统一战争的战略指挥。因为在统一大业实施者看来，无论是速战速决还是相对持久，夺取统一战争胜利的关键，都在于积极创造有利的战机，歼灭敌人的主力，只要摧毁了敌方的有生力量，那么，敌人再企图负隅顽抗便丧失了所有资本，在这种情况之下，速战速决也好，相对持久亦罢，其间的区别便仅仅是时间问题了，而决不会对胜利的最后归属产生任何实质性的影响。所以，秦汉时期统一战争的实施者都高度重视"尽敌为上"的意义，将它尊奉为实施战略指挥的一个重要原则，总是把寻机进行主力会战、歼敌主力作为作战的关键环节来慎重处理。

历史事实也正是如此。伊阙之战中，白起所率秦军大破韩、魏联军，斩首二十四万余级，韩、魏两国实际上就失去了抵抗秦国战略进攻的能力，其亡国也只是时间上的问题了。公元前260年，秦赵双方在长平（今山西高平西北）地区进行战略决战，秦将白起"正合奇胜"，善察战机，诱敌出击，然后

① 《吴子兵法·励士》。
② 《登坛必究》卷十六，《经武》。

分割包围，聚歼赵括所率赵军主力四十五万人，从根本上削弱了秦当时关东六国中最为强劲的对手，实际上使得秦统一六国、混同天下的道路变得畅通无阻。项燕所率的楚军主力数十万人，在秦国大将王翦指挥下的六十万雄师劲旅的凌厉打击之下，一败涂地，悉数就歼后，楚国便再也无法实施有效的抵抗，秦国平定楚地便瓜熟蒂落，水到渠成。在西晋灭吴统一南北的战争中，吴国丞相张悌所率吴军主力三万人在版桥（今安徽和县境内）为晋军一举消灭后，吴国全国上下惊恐震动，顿呈瓦解之势，西晋灭吴也就一帆风顺，指日可待了。[①]

应该说，秦灭六国，统一天下战略目标的最终实现，是来之不易的，归根结底，乃是通过歼灭关东六国主力与精锐的途径，"尽敌为上"，剥夺了对手的抵抗能力之后，才如愿以偿的。由此可见，消灭敌人的军队，贯彻"消灭敌人，保全自己"的战争原则，始终是一种比其他一切手段更为优越，更为有效的手段。[②]这一点，在从事统一战争并取得最后胜利问题上，亦无任何例外。

---

① 《资治通鉴》卷八十一"晋纪三武帝太康元年"记载："吴主闻王浑南下，使丞相张悌督丹阳太守沈莹、护军孙震、副军师诸葛靓帅众三万渡江逆战。至牛渚，沈莹曰：'晋治水军于蜀久矣，上流诸军，素无戒备，名将皆死，幼少当任，恐不能御也。晋之水军必至于此，宜畜众力以待其来，与之一战，若幸而胜之，江西自清。今渡江与晋大军战，不幸而败，则大事去矣！'悌曰：'吴之将亡，贤愚所知，非今日也。吾恐蜀兵至此，众心骇惧，不可复整。及今渡江，犹可决战。若其败丧，同死社稷，无所复恨。若其克捷，北敌奔走，兵势万倍，便当乘胜南上，逆之中道，不忧不破也。若如子计，恐士众散尽，坐待敌到，君臣俱降，无复一人死难者，不亦辱乎！'悌等济江……为晋兵所杀……吴人大震。"

② 参见克劳塞维茨《战争论》第一篇"论战争的性质"第二章"战争中的目的与手段"。

左图：石制甲，秦始皇陵9801号陪葬坑出土。虽是陪葬石甲，但其形制与石甲相同。右图：石制胄，秦始皇陵9801号陪葬坑出土。石甲胄坑的发现推翻了多年以来"秦人无胄"的推论

　　"先计后战"是中国军事文化的重要传统。古代兵家都普遍强调"先计"的重要性，孙子把《计篇》放在其兵法十三篇之首。《管子》强调"凡攻伐之为道也，计必先定于内，然后兵出乎境"（《管子·七法》）。《尉缭子》同样主张计要"先定"，虑要"蚤（早）决"（《尉缭子·勒卒令》）。秦汉以降，兵家对"先计后战"的论述更是不绝于书，如《陆宣公奏议》"卷九"中指出："两强相接，两军相持，事机之来，间不容息。蓄谋而俟，犹恐失之。临时始谋，固已疏矣。"宋代何去非认为"计必胜而后战，是胜不可以幸得也"[①]。明代著名军事家戚继光主张要打"算定战"，坚决反对打"舍命战"和"糊涂战"[②]。在他们看来，战前没有充分的筹划，势必会导致"战之自胜，攻之自毁"（《管子·七法》）。

　　李际均将军认为："战争双方的对抗不仅渗透于战争行动过程中，即渗透于围绕着双方军队攻防作战的一切活动中，而且渗透于双方的战争计划中。战争计划（黄朴民按，也可以理解为战略预案）固然是自己一方意志的表现，但在这个意志中包含着对敌人的估量。一切战略的方针与措施都是针对敌人的对抗而制定和部署的，自己采取的一切措施都会引起敌人的反措施，战争计划不单纯是考虑自己怎样做，而且要同时考虑敌人会怎样做。"[③] 战争活动这一特点，决定了"先计"除了要做

---

① 《何博士备论·李陵论》。

② 参见《练兵实纪·杂集》卷四，《登坛口授》。

③ 李际均:《论战略》，解放军出版社，2002 年，第 170 页。

到尽可能万全与周密之外①，更要考虑到深计远虑的问题。即战略预案要符合战争运动的可能发展，要关照到整个战争的全过程。因此，"先计"的要义之一是"谋所以始吾战也，战所以终吾谋也"②，并把这一思想坚定地贯彻于战争实践之中，真正做到不战则已，战则必胜。

统一战争是情况殊为复杂、样式颇为多样、意义最为突出的军事斗争，其指导者为了确保战争的顺利进行，圆满实现统一天下的战略目标，尤其重视根据主客观形势和条件，制定切实可行的战争战略预案，使之作为自己整个行动的基本纲领，并且依据统一战争进程的实际及时进行必要的充实或调整。

一、统一战略作战主轴线的转变

在中国历史上，统一战争的作战主轴线曾有过一个重大的变化，即由东汉之前的东西轴线转变为三国以降的南北轴线。这一转变表面上似乎与古代统一战略预案的制定无直接的联系，但是，实质上这两者之间的关系是相当密切的。所以，我们在具体讨论统一战略预案制定问题之前，有必要先介绍这个战略轴线转变的一般情况以及在战略预案设计方面所产生的种种影响。

---

① 宋人许洞对"先计"之周全问题有系统的论述，要云："欲谋行师，先谋安民；欲谋攻敌，先谋通粮；欲谋疏阵，先谋地利；欲谋胜敌，先谋人和；欲谋守据，先谋储蓄；欲谋强兵，先谋正其赏罚；欲谋取远，先谋不失其迩。"（《虎钤经·先谋》）。总之，要把与战争胜负有关的方方面面都先行考虑到，做到算无遗策。

② 《兵镜或问·谋战》。

　　魏晋南北朝以前的中国统一战争，其战略作战的轴线一般均为东西方向，其具体战役行动均环绕这一主轴线而展开。比如公元前230年开始的秦统一六国的战争，就是从西部发动，首先灭韩、灭魏，完成了东渡黄河的战略展开；然后左翼朝东北方向灭赵、灭燕，右翼则指向东南方的楚国，用六十万大军经血腥战斗后平定了楚地；而最后的进攻方向则是一直向东，指向位于山东半岛的齐国，从而达到了统一全国的目标。公元前206年开始的楚汉战争，刘邦首先从巴蜀、汉中进入关中地区，得形胜之外，然后出函谷关，兵锋东指，直逼江淮地区的彭城，沿荥阳一线与楚军进行东西方向的对峙；同时左翼东渡黄河，攻魏、破赵、下燕、灭齐，沿东北方向实行战略出击；右翼则以秦岭山脉为依托，沿东南方向出武关，直拊楚军的左侧背；而最后与楚军的决战仍然是在河南、山东之间的东西轴线上发生的。

　　进入魏晋时期之后，这种情况发生了重大的变化。战略作战的轴线不再是东西方向，而是转变成为南北方向，并且大多为自北向南进攻；作战地区也不再集中于黄河流域，而是集中于淮河和长江中、下游地带了。这一变化最初开始于三国时期，当曹操完成了北方地区的统一以后，便开始横渡长江对南方进行征服，于是孙权与刘备联合，在长江中、下游地区和来自北方的攻击进行了对峙，著名的赤壁之战就是这样发生的。西晋灭吴、隋朝灭陈以及北宋平定南方的统一战争，其战略作战方向，也都是横渡长江、自北向南的攻击。[①] 当然也有其他

---

① 　参见蓝永蔚、黄朴民等《五千年的征战：中国军事史》，华东师范大学出版社，2001年，第90页。

的现象存在，如朱元璋伐元统一全国，便是中国历史上南方势力第一次成功北伐并统一天下的史例，但是究其战略作战形式，依旧是南北轴线上的行动。

这种统一战争作战轴线的变化，对于统一战略预案的制定，无疑是会有所影响的。这首先是兵种发展与战法运用上考虑侧重点的转移。在东西轴线占主导的时期，西部从战略地理上讲，处于居高临下的有利态势，可以攻则取之，退则守之。同时由于战事主要集中于黄河中下游平原地带，所以，有利于发挥骑兵及车、步混合兵团展开迅猛攻击的优势。所有这些都是战争指导者在制定统一方案时所必须考虑和关照到的基本因素。

而到了南北对峙时代，由于作战轴线的转移，主战场大多是在江淮江汉之间的广大地域实施纵向作战。这一带多江河湖泊、丘陵盆地的地形条件不适于擅长野外驰骋的骑兵作战，而必须依靠水军突破江河天险来实施战略进攻。因此，统一战争的发动者在进行战略决策时，毫无例外要把水军力量的强弱视作战略预案是否可行的基本前提，普遍把建造战船、建设水军、提高江河作战能力作为战略准备的首要任务。如曹操的北方军队就是因为不习水战才大败于赤壁，使得统一战争半途而废；西晋王朝为了进行渡江作战，组建了强大的水师；而隋文帝为了实施向南方的战略攻击，更是不遗余力地建造"五牙""黄龙""平乘"等各类战船，沿长江北岸全线展开，形成了浩大的声势。这一作战样式的变化，使得统一战略预案的制定更为注重兵种的合理配置与战法的灵活运用。

战略作战轴线由东西向南北的转移，其次也从气候条件方面对统一战略预案的制定施加了一定的影响，使统一战争指导者在制定与实施战争计划时更多地考虑到时令的因素。

由于南北地形各异，军队便习不同，加之北方少数民族耐寒恶热，南方汉人耐暑恶寒，所以，在一般情况下，由南方地区所发起的北伐，大多是利用夏季河渠水盛之机，因为这样既可以利用水师开道，由江、淮而挺进颍、泗、汴、济诸水系而入黄河；又可以充分利用水道畅通而运输军粮物资，并尽可能发挥步、水、骑联合作战的优势。至于建立于北方的政权，其对南方实施反攻或征伐，却大多是在秋冬之际，因为秋高马肥便于骑兵展开进攻，而且入冬之后河水开始结冰，不利于南方舟师的行动，而恰恰利于北方的骑兵主力部队过河冲击。^①这种因战略作战轴线转移而出现的战场行动时令季节制约性质，自然会使统一大业的决策者在筹划具体的战争预案时，注意设法去避免或克服不利于己方的因素，努力去争取或利用最适合于己方的客观自然条件，为确保达成战略目标创造机会，铺平道路。

二、战略预案制定上的几个环节

战略预案制定得是否合理，战略预案的实施是否具有把握，除了正确判断战略形势、高明把握战略时机等一般性要求外，还取决于一些具有关键性意义的环节处理或解决得好坏，它们在相当程度上决定着统一大业的前途与命运，这是不容置

---

① 参见朱大渭、张文强《两晋南北朝军事史》，《中国军事通史》第八卷，军事科学出版社，1998年，第15页。

疑的事实。

这些环节概括起来说，就是制定战略预案必须立足于长远，放眼于全局，具有前瞻性；制定战略预案必须建立在最复杂的战略背景之上，致力于完成战略上的根本转折，能起到"山重水复疑无路，柳暗花明又一村"的绝佳效果；制定战略预案必须充分考虑到军事行动的各种变数，立足于以战争手段扫除统一道路上的任何障碍，因此应该有很强的实用价值和可操作性。

首先，就前瞻性而言，是指制定战略预案时必须优先考虑到统一战争的基本前景，在此基础上预测形势，定下合理的决心，这是战略预案是否成功的先决条件。而在贯彻前瞻意识的时候，还必须具备全局观念，能够做到以简驭繁，高屋建瓴。因为"制定战争计划是一个复杂的整体性和系统化过程，围绕着武装斗争这个中心任务，要把政治、经济、军事、文化、自然等各种因素考虑周到，并组织和利用起来，构成一个紧密联系的、强有力的战争系统。因此，战争计划所要解决的首要问题是形成全局的战略构想，尔后按照这个构想筹划各个局部"。[1] 这表明战略预案制定的思维程序是自上而下的，即是从大战略到军事战略，再到具体战术，它包括作出战略判断，明确战争意图，提出战略方针，拟制作战方案，筹划战争保障等等。只有解决了战略的全局问题，才可相应地自上而下制定各种下一层的计划。可见战争指导者的首要责任是以前瞻的眼光辨析利害，关照全局，未雨绸缪，掌控主动。

---

① 李际均：《军事战略思维》，军事科学出版社，1998年，第101页。

就秦汉历史的范围而论，在筹划与制定统一战略预案的过程之中，水银泻地般地渗透、贯彻前瞻意识与全局观念，并取得相当成功，为日后历史演进所基本证实的典范例子，莫过于诸葛亮在刘备"三顾茅庐"时所献的《隆中对》（亦称《草庐对》）①。

《隆中对》为刘备集团勾画了求生存，谋发展，取天下，致统一的系统完整的战略方案，面世以来，一直脍炙人口，被誉为文人战略家战略谋划的典范，千秋独步的战略名对。

这个统一战略预案的高明之处，在于它具有全局观念，同时又充满长远眼光、前瞻意识。一方面，它高屋建瓴，统筹全局，提出了"跨有荆益""两路出兵"的"三分割据纡筹策"。众所周知，谋全局的核心，首在战略目标的确定。诸葛亮以恢宏的气度和思接千古的见识，指陈时势，在总结历史经验和分析现实形势的基础上，指出在各种集团的消长纷争中，曹操是刘备的主要敌人。所以，刘备的现实目标应该是"跨有荆益"，即利用各种矛盾，夺取天下要冲荆州和天府之国益州，作为自己的立足之地，以此为角逐天下的根本，从而实现三分天下有其一的霸业。对现实目标的这一定位，是对天下大势的洞察，对敌我关系现状和变化趋势的把握，同时，也考虑到了战略地缘关系。

更为重要的是，《隆中对》的根本宗旨在于最终实现国家的统一，体现了战略决策上的前瞻意识。所以，它在制定现实目标的基础上，进一步提出了刘备集团的长远战略目标，这就

---

① 《隆中对》的文字内容，见《三国志》卷三十五《蜀书·诸葛亮传》的记载。

是"待天下有变"，由荆州、益州两路出兵，互相配合，密切协同，构成钳形进攻态势，兵锋北上，席卷两京，收复中原，兴复汉室。这里，它虽然未明言孙权政权的前途问题，但言下之意，待消灭了主要敌人强曹，孙权之接踵而亡自不待论矣。到那个时候，实现全国的统一，也就成了瓜熟蒂落、水到渠成的事情。

另一方面，《隆中对》所反映的大局观念与战略前瞻意识，并不是诸葛亮本人的突发奇想、闭门造车。它的可行性，建立在诸葛亮所提出的一系列实现战略目标相应的方法手段系统完善的基础之上。换言之，它的战略前瞻不是虚幻的"画饼"，而是极有可能实现的现实，目标的长远性与方法手段的有效性是协调一致的。这些方法手段包括了：第一，利用"天下思汉"的普遍心理，凭借刘备身为"帝室之胄"的优越背景，作为政治资本，争取政治上的主动，以与曹操之"挟天子以令诸侯"做法相抗衡。第二，推行"西和诸戎，南抚夷越，外结好孙权"的方针，做好"外交"工作，为自己争取安定的战略后方和比较可靠的盟友，从而保证自身的安全，使得自己能左右逢源，创造出有利于自己发展壮大的外部环境和良机。第三，"内修政理"，整顿吏治，清明政治，发展经济，搞好内部建设，积蓄实力，文武并用，刚柔相济。可见《隆中对》中有关战略长远目标的提出，不是偶然的，而是深思熟虑未来战略发展趋势后的独到心得，它的战略前瞻意识是鲜明合理的，因为它以政治、经济、外交努力来与实现战略目标的奋斗相配套和呼应，实际上已为战略前瞻意识的明确化和可操作化提供了必要的条件。

　　显而易见,《隆中对》是诸葛亮在形势最低迷之时慧眼识先机, 为刘备集团所制定的完整统一战略预案。它见微知著, 占隐察机以及战略上由弱转强的思想筹划, 达到了前无古人的境界。《隆中对》实施之初, 就使刘备取得了赤壁大战的胜利, 并使刘备迅速起弊振衰, 据有荆州大部, 继而进一步拓展西川, 攻取汉中, 终于开国蜀汉, 达于三国鼎立。尽管军事活动的动态性与不可捉摸性等因素干扰了《隆中对》战略计划的下一步发展, 所谓"天下有变", 变来变去, 变得对刘备集团日益不利, 终于使诸葛亮更为宏远的战略前瞻渐渐成为"明日黄花", 与占据中原、兴复汉室的目标渐行渐远, 但它毕竟是卓绝的以全局观念突出、前瞻意识鲜明为特征的统一战略预案。正如前人所评价的那样, 它是"孔明创蜀, 决沉机二三策, 遂成鼎峙, 英雄之大略, 将帅之弘规也"[①]。

　　其次, 就及时性而言, 是指制定战略预案之时必须充分关注到统一战争的具体进程, 在此基础上把握关节点, 适时完成具有战略意义的根本性转折, 使统一大业进入阶段性乃至超越性发展的轨道。这是统一战略预案是否成功的突出标志。在历史上, 秦国统一六国的战略运用, 就鲜明地体现了战争决策者在制定战略预案过程中注意时效性, 把握转折点, 最大限度创造有利战略态势的基本特色。换言之, 秦国决策者的每一次战略预案的制定, 都与统一战争的进程密切联系, 若合符契, 都是在总目标不变前提下所提出的阶段性运作纲领。

　　秦统一六国, 完成于秦王嬴政在位阶段。但是, 秦始皇

---

① 　王夫之:《读通鉴论》卷五, 引王溶语。

能够"挥剑决浮云,诸侯尽西来"①,却非一朝一夕之功,而是秦国多代君臣长期奋斗的结果,秦始皇不过是为这一伟大事业画上最后一个句号的历史终结者,所谓"奋六世之余烈,振长策而御宇内"②,指的就是这层意思。这意味着,秦国能在战国七雄的角逐中脱颖而出,笑到最后,是一个漫长曲折的历史过程,这中间曾有几个具有特殊意义的转折点,而它们又恰恰都被秦国战略决策者所捕捉到了,都提出了相应的战略对策,从而确保秦国的统一大业不断由一个阶段跨越到新的阶段,循序渐进,终于大成。

秦国致力于天下一统第一阶段的战略预案,是商鞅提出的《商君策》。它的核心是从地缘战略的高度指出魏国为秦国的"腹心之疾"。提出秦国要挥师东进,争夺天下,就必须先行扫除魏国这一障碍,"非魏并秦,秦即并魏"。因为魏国雄踞中原核心地带,"独擅山东之利",堵住了秦国东向发展的道路,对于秦国来说,除了以魏为主要对象,从其手中夺得中央核心地带之外,别无其他的选择。而一旦做到了这一点,则"秦据河山之固",便可"东乡(向)以制诸侯"(《史记·商君列传》),在统一事业中占据十分有利的战略态势。

至于实现这一战略目标的条件,商鞅也作出了周密的论证。他指出,其一,秦国经数年变法,已见成效,这时应继续实行富国强兵的国策,造就实现"东乡(向)以制诸侯"这一既定军事战略目标的坚强实力和后盾。其二,以外交配合军事

---

① 李白:《古风·秦王扫六合》,见《李太白全集》,岳麓书社,1995年。
② 贾谊:《过秦论》,载《汉书·贾谊传》。

斗争，谋求"诸侯畔之（魏）"的局面出现。商鞅认为，要对付战国初期头号强国魏国，仅仅依靠秦国自己的力量还不行，"以一秦而敌大魏，恐不如"，必须借助别国，最好是借力打人，坐收渔利。其三，充分利用自身有利的战略地理条件，尽快占据山河之险，"据河山之固"，为东出中原，角逐天下，完成统一，创造必要的机会。

历史恰恰为秦国提供了实现这一战略目标的契机。一是当时魏国的西进势头在受到秦国的顽强抵制后暂缓下来，自设置西河郡之后再无大的动作，并一度因秦的反击和东、南两个战略方向的威胁上升而迁都于大梁（今河南开封），减轻了对秦国的压力。二是东方的战略形势也发生了重大的变化，迅速崛起的齐国成了魏国最强劲的竞争对手，魏国的霸权受到齐国的有力挑战。魏、齐两强利益的碰撞使得双方面临着矛盾的激化，战争已不可避免。其三，魏国与传统盟友韩、赵二国的控制与反控制正在愈演愈烈，三晋一体的局面已濒于崩溃。凡此种种，都使得魏国无暇西顾，于是便为秦国的东进提供了良机。

秦孝公采纳了商鞅这个战略方案，坚决抓住魏国"大破于齐，诸侯畔之"，即马陵之战后魏国独霸中原战略格局被打破的大好时机，开始了秦国大举东进的军事行动。马陵之战的当年，商鞅便率军攻魏，次年（前341），秦又与齐、赵会盟，共同伐魏，多次大败魏军。此后，秦对魏的战略进攻有增无减，周显王三十九年（前330），秦将公孙衍率军大败魏师于雕阴（今陕西甘泉南），俘虏魏将龙贾，歼敌四万五千人，魏国被迫将河西之地献给秦国。次年，秦出兵助魏国击楚，战后魏国为了酬劳秦国的助战，又不得不将河西西北的上郡十五个县全部献给秦国。秦国几代国君的夙愿至此终于如愿以偿，秦国由此完全控制了西河（今陕西与山西交界处黄河南段）天险，从而能据崤、函之利，大河之险，东向以临天下，获得了进可攻退可守的战略主动。事实上百年后"秦王扫六合，虎视何雄哉"恢宏历史场景的上演，正是《商君策》合乎逻辑的圆满句号。

如果说，《商君策》是秦统一六国起步阶段切实可行的战略指导方案，那么范雎向秦昭王进献的《客卿对》[①]，则可以视为秦统一六国关键阶段用以指导统一大业实践的战略预案，是秦国在拥有强大战略优势地位背景下，恰到好处地发挥这种优势，使统一进程得以更健康更顺利发展的基本保证。

如果从公元前476年算起，至魏国人范雎入秦时，战国的群雄争战已经持续了二百来年。秦国的大国地位更加巩固，这是因为多极之间的互相攻伐，合纵连横，分化整合，使得关东六国或早已辉煌不再，或日暮途穷。如齐国在遭受乐毅统率的五国伐齐之役的重创后一蹶不振，丧失了角逐关东称雄天下的实力。楚国则因楚怀王误信张仪之言，"绝齐"而自陷孤立，加之屡受秦国的军事打击，国势日衰。韩、魏两国地处中原四战之地，兵连祸结，尤其是伊阙一战，痛遭秦军打击，阵亡将士多达二十四万之众，实力丧失殆尽，国势风雨飘摇，自保尚且不暇，更遑论抵挡秦国虎狼之师，其最终灭亡，只是时间问题而已。而秦国自商鞅变法，夺取西河形胜之地后，一直根据天下形势和各国关系的变化，以外交配合军事，交替实施东进和

---

① 《客卿对》的内容，载于《史记·范雎蔡泽列传》。

秦汉统一战争中的典型战略预案评析

南下的军事行动，并夺取了巴、蜀，另辟战略前进孔道，已是一枝独秀，雄视天下。由秦国担当统一全国，结束割据的历史重任的形势正日趋明朗。

秦国要实现其统一天下的既定目标，主要有两个战略方向。一是东进，出崤、函进攻三晋，直取中原，控制战略要地，切断诸侯间的联系，进而兼并六国。一是南下攻楚，解除侧后隐患，尔后迂回中原，统一天下。为此，秦国在攻伐韩、魏、赵进展不大的情况下，调整战略方向，派司马错大举攻楚，得手之后，又派遣白起率秦军攻下楚都郢城，迫使楚迁都于陈（今河南淮阳）。至此，秦国的势力延伸到长江中游、汉水流域，统一的态势更为有利。

秦昭王时期的这些成果是在其舅父魏冉的主持下取得的。魏冉是秦昭王之母宣太后的弟弟，也是秦昭王得以继位的靠山，他先后五次任秦相，主持朝政达二十五年之久。但魏冉并无一统天下的长远目标，仅将对外用兵作为巩固自己政治地位的手段。由此可见，一方面秦统一天下的时机正趋于成熟，另一方面由于权相个人意志的干扰，而不能使有利的战略条件在统一大业实现上发挥应有的作用，这个矛盾使秦统一天下的征程此时已面临得失成败的十字路口。而范雎在《客卿对》中构筑的统一方略的提出，则解决了这个复杂的矛盾，在统一大业往何处去的关键时刻，指点了正确的前进方向，确保这一事业不致中途而废。

《客卿对》是一个系统严密的统一大业中期战略预案，它的核心内容是远交而近攻。在该方案中，范雎向秦昭王指出，秦国据地利之便，国富兵强，已拥有了统一天下的战略优势：

"大王之国，四塞以为固……奋击百万，战车千乘，利则出攻，不利则入守，此王者之地也。民怯于私斗而勇于公战，此王者之民也。王并此二者而有之。夫以秦卒之勇，车骑之众，以治诸侯，譬若施韩卢而搏蹇兔也，霸王之业可致也。"（《史记·范雎蔡泽列传》）然而，实际情况却不是这样，秦国"至今闭关十五年，不敢窥兵于山东"，这实在是令人不能接受的事实。而秦之所以迟迟不能成就一统天下的大业，其根本原因在于"群臣莫当其位"，即执掌实权的穰侯魏冉不是忠心耿耿地为秦国谋取长远利益，而只是关心个人的得失，他所制定的攻伐政策，如越过韩、魏攻打齐国，就完全不符合秦国统一天下这最为重要的战略利益。另外"大王之计有所失也"，秦昭王本人也没有对统一大业作通盘考虑，并制定出合适的战略预案。

现在范雎把自己的战略构想向秦昭王和盘托出了，指明秦统一天下的唯一正确道路，乃是"远交而近攻"。理由是当时天下形势已越来越有利于秦国兼并关东六国，可以说是到了收功之时，所以战略方案必须切实可行，"得寸则王之寸也，得尺亦王之尺也。今释此而远攻，不亦谬乎！"范雎强调，这一战略有其可行性。其一，与秦相邻的韩、赵、魏三国地处天下中枢，"今夫韩、魏，中国之处而天下之枢也，王其欲霸，必亲中国以为天下枢，以威楚、赵。楚强则附赵，赵强则附楚，楚、赵皆附，齐必惧矣。齐惧，必卑辞重币以事秦。齐附而韩、魏因可虏也"。所以兼并韩、魏是日后统一天下的关键，其他问题可因之迎刃而解。针对秦昭王暂时不忍舍弃秦韩联盟的顾虑，范雎认为："秦韩之地形，相错如绣。秦之有韩也，譬如木之有蠹也，人之有心腹之病也。天下无变则已，天下有变，其为秦患者孰大于韩乎？王不如收韩。"即联盟靠的是同利而合，利尽而分，秦与韩的地缘关系，使双方的冲突不可避免。其二，远交近攻要以夺得土地和人口为主，"毋独攻其地，而攻其人"。即夺取土地与消灭敌人有生力量并举。而近攻韩、魏，正是秦国既夺占其地又消灭敌人有生力量的唯一正确途径。

克劳塞维茨说过，通过战斗和会战消灭敌军，是达成战略目标的真正重心。在范雎拟定的这份战略预案中，他不仅提出了"远交近攻"的会战目标，也提出了达成这一战略目标的具体方法步骤。即首先要利用外交与军事威慑，迫使地处中央地带的韩、魏与秦结好，控制这两国，然后威逼楚、赵，使楚、赵屈服，进而威慑距离最远的齐国。齐国依附之后，再放手兼并韩、魏两国国土。而韩、魏两国相较，则应先取韩国，"王卑词重币以事之；不可，则割地而赂之；不可，因举兵而伐之"。在此基础上，再次第攻取其他各国，最终完成统一大业。

秦昭王对范雎这一统一战略预案至为推崇，明确表示"寡人敬闻命矣"，彻底修正了魏冉等人的战略方案，并拜范雎为客卿，主持军事谋划和兼并事宜，而且很快将范雎的战略谋划付诸实施，"卒听范雎谋，使五大夫绾伐魏，拔怀（今河南武陟）。后二岁，拔邢丘（今河南温县）"。（以上见《史记·范雎蔡泽列传》）

被恩格斯称为"全世界公认的军事权威人士"的瑞士军事理论家若米尼（亦译作约米尼）曾说过，战略是在地图上进行战争的艺术，是研究整个战争的艺术。战略之核心在于抓住全部战争的锁钥，集中兵力攻击敌人的一翼或者一点，进行中央突破。范睢远交近攻的战略方案，作为对秦国"连横"战略的具体化和系统化，正符合这一战争艺术原理。首先，它从地缘关系思考战略问题，因为列强的争夺和实力的增强，在当时无非是土地。所以地缘问题对于军事、外交意义重大。远交近攻即对远方之国实行暂时的联合，以至少争取其中立，然后腾出手来对邻近之国实施军事打击，蚕食土地，增强实力，"得寸则王之寸，得尺亦王之尺"，不断扩大自己的疆域。其次，范睢的这一战略预案有其系统性，考虑到了每一战略步骤及实现之具体方法，其原则是先弱后强，由近及远，先据有中原枢纽，再向四周扩展，稳步完成统一。第三，远交近攻照应了军事与外交的综合运用，强大的军事实力是外交慑服之坚强后盾，而高明的外交又是军事行动的准备、先导以及补充，对于最大限度发挥军事力量的效果具有重大意义。所以，远交近攻战略方案是一个高度成熟的统一天下的军事外交战略，它在秦统一天下斗争的关键时刻起到巩固已有成果，开拓新的局面的重大作用，为秦国最后一扫六合，完成中国历史上史无前例的统一事业指明了方向，作出了规划，其意义与价值之巨大，乃是不言而喻的。

至于秦王嬴政提出的"灭诸侯，成帝业"战略预案，则是秦统一六国历史进程进入最后阶段时的收官之作，是一切就绪后为统一大业画上的一个圆满句号。公元前261年，秦军主力在白起的统率下，在长平地区（今属山西上党一带）同当时山东六国中唯一可以同秦国相抗衡的赵国军队进行战略决战，一举尽歼赵军主力四十五万之众，从而彻底清除了自己东进吞并六国，完成统一的最后障碍。

换言之，秦在长平之战中的大获全胜，标志着自己统一道路上的畅通无阻，整个统一大业已到了水到渠成的阶段，在这样的形势下，秦王嬴政把握历史的机遇，于秦王政十年（前237），采纳李斯、尉缭、顿弱等人的建议，最终下决心"灭诸侯，成帝业，为天下一统"（《史记·李斯列传》）。这标志着秦国的统一战略又一次有了根本性的转变，即从"犹抱琵琶半遮面"的扮演中脱身出来，放弃传统意义上的重创蚕食战略，而开始大张旗鼓执行兼并六国，统一中原的战略。同时更具体地制定了各个击破的作战指导方针，在此基础上又解决了确定重点打击对象的问题，把攻打赵国作为各个击破的突破口。战争的进程表明，秦国这一战争预案是完全正确的，它使秦国避免了陷入多线作战的被动局面，得以迅速各个击破关东六国，最终顺利完成了统一天下的宏伟事业。由此可见，秦统一大业最后阶段的顺利推进，同样离不开正确的战略预案的指导，换言之，战略指导原则得到及时的转变，是秦统一大业不可阻挡的原因所在。

再次，就操作性而言，是指制定战略预案之时必须充分关注到统一战争的技术处理细节问题，不仅要有宏观的总体把握，更需要有技术层面上的驾驭控制，总之，战略预案要切合实际，致力于服务运用贯彻的客观需要，具有很强的可操作性，从而确保国家统一大业的理想能够以有条不紊、井然有序的方式一步步走向最终的实现。这是统一战略预案是否成功的衡量尺度。

通过战争活动以实现国家的统一乃是统一大略决策者唯一的选择。众所周知，战争的具体运作更多的是技术层面的内容，作为实践过程，它不尚空谈，完全以利害关系为依据，强调操作的合理化、细致化，注重主观指导在驾驭战争机器时的功能与作用，这正如毛泽东所言："军事家不能超过物质条件许可的范围外企图战争的胜利，然而军事家可以而且必须在物质条件许可的范围内争取战争的胜利。军事家活动的舞台建筑在客观物质条件的上面，然而军事家凭着这个舞台，却可以导演出许多有声有色威武雄壮的活剧来。"[①] 战争既然具有这样的性质，主观指导在战争中既然具有这样的作用与意义，那么统一大略决策者在制定战略预案的时候，就自然而然要注重方案的细节化、程式化，使之具有最大程度上的可操作性，强调"定谋贵决，机巧贵速，机事贵密，进退贵审，兵权贵一"[②]，从而真正做到"凡军心之趋向，理势之安危，战守之机宜，事局之究竟，算无遗漏，所谓运筹帷幄，决胜千里也"[③]。

　　历史上这样的史实是不胜枚举的。如西晋灭吴统一全国的战略预案，就是建立在认真筹划、正确部署的基础之上的，有相当程度上的可操作性，实用价值至为显著，真可谓"夫期运虽天所授，而功业必由人而成"（《晋书·羊祜传》）。它的基本内容是根据羊祜所上的《平吴疏》中的建议确定的。羊祜作为晋灭吴统一全国的第一号功臣，[④] 在其《平吴疏》中为晋军拟定了具体的作战部署，阐述了正确的用兵方略，为晋武帝发动平

---

① 毛泽东：《中国革命战争的战略问题》，载《毛泽东选集》第一卷，人民出版社，1991年。

② 《虎钤经·胜败》。

③ 《草庐经略》卷二，《料敌》。

④ 羊祜病卒于灭吴之役前夕，未能亲历"王濬楼船下益州，金陵王气黯然收。千寻铁锁沉江底，一片降幡出石头"那辉煌的历史时刻，但其作为西晋灭吴统一南北的第一号功臣却是毋庸置疑的。故在平吴的庆功宴会上，晋武帝司马炎曾经"执爵流涕曰：此羊太傅之功也"。

吴统一战争，提供了一份可供具体操作的军事进攻战略方案。在方案中，羊祜为了确保灭吴之役达于预期效果，根据晋、吴双方的战略态势，提出应多路进兵，水陆俱下，即从长江上、中、下游同时发起进攻，即所谓"引梁、益之兵水陆俱下，荆楚之众进临江陵，平南、豫州，直指夏口，徐、扬、青、兖并向秣陵"。羊祜认为这个极具操作性的战略预案是一定能够应对复杂的战略态势、艰巨的战略任务的。因为这样一来，吴军自然是"无所不备，则无所不寡"，势必首尾不能相顾，其彻底失败的命运将注定不可避免："以一隅之吴，当天下之众，势分形散，所备皆急。巴、汉奇兵出其空虚，一处倾坏，则上下震荡。"（《晋书·羊祜传》）如此，则"军不逾时，克可必矣"，必将结束东汉末年以来分裂割据的局面，重新实现国家的统一。

很显然，《平吴疏》的确是高明的统一战争的战略预案，它的显著特征，是符合实际，可操作性强，充分体现了羊祜作为杰出战略家求真务实的处事原则与态度。晋武帝司马炎正是按照这份讲求实用、可供操作的军事战略预案，进行全面的军事部署，并于准备充分、条件成熟之际，分派六路大军，大举伐吴，一举成就了混同南北、统一国家的大业。

三、战略预案的随时应变与充实调整

正如有的军事学者所指出的那样，"不确定性是战争中最活跃的因素之一"[1]。所谓不确定性，是指战争中那些对一方或

---

[1] 李际均：《军事战略思维》，军事科学出版社，1998年，第82页。

双方在一定条件下属于无法明确的因素，它对战争的进程与结局往往会产生微妙但又实际的影响。作为战略指导者，怎样认识这种客观存在，怎样利用这种客观存在，通过主观能动作用，使有利于己不利于敌的因素成为现实，使有利于敌不利于己的因素消失或减弱，无疑是衡量其战略指导是否高超，是否成熟的一个重要依据。

"战略指导是战略家在敌我双方对立运动的动态中，在不断变化的战争形势和存在许多不确定因素的条件下进行的，因而很难始终如一地做到主客观一致。"[①]当战争爆发后，你会发现，原先的战略预案几乎没有一个是完全符合战争的客观实际发展的，这时必须做适当的调整乃是毋庸置疑的事情。换言之，从战争指导的认识论来说，依据战前诸多基本因素而制定相应的战略预案，是认识的第一个过程；战争展开之后，依据新的情况，构成新的判断，对原来的计划和部署进行调整、补充、修正，使之适应新的形势和要求，乃是认识的第二个过程。它的重要性一点也不亚于第一个过程。

统一战争是全局性的战争，它往往要经历漫长的战略准备与战争实施，长期性、曲折性、复杂性、变化性是它们带有共性规律的问题。元人郝经所云："故自汉唐以来，树立攻取，或五六年……晋之取吴，隋之取陈，皆经营比伙十有余年，是以其术得成，而卒能混一。"（《元史·郝经传》）说的正是这层意思。在这样的背景之下，战略预案随着战争的进程而作适当的充实或调整，便是非常正常又十分必要的做法，因为只有如

---

① 李际均:《军事战略思维》，第 107 页。

此，方能克服战争中的种种不确定因素，使战略预案更符合战争活动的实际，从而推动统一大业不断由胜利走向胜利。这正如利德尔·哈特在其名著《战略论》的"序言"中所言："战略学告诉我们，最重要的，就是一方面经常保持着一个目标，而另一方面在追求目标时，却应适应环境，随时改变路线。"

历史上根据战争进程而充实、调整原先的战略方案，从而使得统一战争得以更顺利进行的成功事例不在少数。如西晋灭吴之战的方略，在具体施行过程中就有过一定的调整充实。据《晋书·文帝纪》记载，早在司马氏代魏之前，司马昭就制定了"宜先取蜀，三年之后，因巴蜀顺流之势，水陆并进"，一举灭吴的战略方针。晋武帝代魏后，继续执行司马昭的这一方针，只是在时间上和战略手段运用上有过必要的调整与充实。晋咸宁二年（276），羊祜上疏晋武帝，分析当时形势，请求立即伐吴，晋武帝深以为是，准备采纳，可是就在这决断关头，形势骤然起了变化，使得西晋国家统一战略方案不得不随之稍做改变：当时凉州（治今甘肃武威）的鲜卑秃发树机能大规模起兵反晋，其势甚盛，给西晋王朝的统治带来极大的威胁，所以西晋朝廷只好把战略上的先南后北，临时调整为先北后南，暂时中止了灭吴统一战略的实行。次年三月，晋军在马隆的统率下攻灭树机能，西晋王朝原先的南北统一战略才重新被提上议事日程。

四、整体性战略预案与局部性战略预案

在中国历史大舞台上，统一战争犹如重头戏，曾不断地反

复上演。但每一出戏都不是简单的重复，而都是有共性前提下的个性展现。因此，用于指导统一战争的战略预案也各有自己的特色，其适用对象往往是颇有差异，这种情况的存在，恰恰反映出中华民族统一的多民族国家发展过程的阶段性特征和实现大统一的复杂性、曲折性，但无论如何，它们都是中华统一大略总体系中的有机组成部分，向人们呈示了统一战略预案各有千秋、异彩纷呈的个性魅力。

这里，我们不具体讨论秦汉历史时期不同统一战争战略预案的差异性问题，而只关注同一场统一战争战略预案的不同表现。这种不同表现除了反映时间上的阶段特点与差异外，还体现在规模上的全局性与局部性的有机统一上。换言之，统一战争的战略预案往往分为两个层次，一种是全局性，它一般贯穿于该场统一战争的始终，起着纲领性的指导意义（尽管也经常存在补充、修改、调整的现象，但总体方向通常不会改变）；另一种是局部性，它一般起作用于统一战争进程中某个特定的时期，在达成一定的战略目标后即会淡出乃至中止。前者体现的是全过程性与整体性，而后者体现的则是阶段性与不完整性，两者既有联系，更有区别，互为前提，互为补充，共同作用于统一大业的顺利推进。

在秦汉历史上诸多局部性的统一战略预案之中，东汉初年来歙为刘秀拟制的以"联陇制蜀，各个击破"为主旨的《平陇蜀策》，最为鲜明地体现了局部服务于全局，阶段服务于全程的特色，成为刘秀完成统一战争大业的一个不可或缺的重要环节。(《后汉书·李王邓来列传》)

来歙的《平陇蜀策》属于刘秀夺取两京后，如何再接再厉削平群雄、统一全国的阶段性战略预案。当时刘秀已击灭赤眉军，初步奠定了统一全国的基础。但是，削平各地割据势力，夺取全国的统一还有漫长的道路要走。

刘秀从建武二年（26）开始从事消灭各个割据势力的斗争。当时全国的形势对刘秀并不十分有利，他仅控制黄河南北的中原地带，在全国十三个州中，仅据有冀、豫、并、司隶四州（今河北、河南、山西、陕西大部分地区），即所谓"今四方豪杰各据郡国，洛阳地如掌耳"（《后汉书·冯岑贾列传》）。其余各州则处于各割据者的控制之下。其中东面有青州（今山东淄博）的张步、东海（今山东郯城）的董宪、睢阳（今河南淮阳）的刘永、庐州（今安徽庐江）的李宪。南面有南郡（今湖北江陵）的秦丰、夷陵（今湖北宜昌）的田戎。西面有成都的公孙述、天水（今甘肃通渭西）的隗嚣、河西（今甘肃兰州、武威、敦煌一带）的窦融等几股强大势力。北面的渔阳（今北京一带）则有彭宠。以当时天下形势论，刘秀处于中原四战之地，被割据势力四面包围着。

根据当时的战略形势，刘秀在其谋臣的辅佐下，权衡利害，制定先关东，后陇蜀，先东后西，由近及远，集中兵力，各个击破的战略方案。应该说，这样的战略方案是符合当时的客观形势的，因而也是正确可行的。

其一，关东的刘永称帝于睢阳，与刘秀的政治中心洛阳近在咫尺，而且刘永本人也是西汉帝室近亲，与刘秀相比，与刘氏皇室有着更为亲近的血缘关系。他在起兵后，同样以"兴复汉室"相号召，有与刘秀争夺天下的实力与资本，必须先予以铲除自属理所当然的事情。而南方南阳、夷陵一带的邓奉、秦丰也直接威胁着洛阳与长安，同样是刘秀集团的腹心之患，如不及早消灭，势必动摇刘秀的地位。相反，陇右的隗嚣、四川的公孙述与中原遥相悬隔，一时难以危及刘秀，同时早在此前，刘秀已派大将冯异进据关中形胜之地，构成洛阳的战力前哨，更使刘秀处于战略主动的地位。

其二，要集中力量解决东方的问题，必须以保证西方无事为基本前提，否则关中不稳，中原的局势势必随之动荡。尤其所要重视的，是必须防止关陇与四川联盟，趁机夺取关中。所以刘秀非常关心这一问题，特意向熟悉陇右情况的来歙询问："今西州未附，子阳（公孙述）称帝，道里阻远，诸将方务关东，思西州方略，未知所任，其谋若何？"（《后汉书·李王邓来列传》）来歙对此胸有成竹，建议刘秀对陇西的隗嚣和四川的公孙述进行分化瓦解，"联陇制蜀，各个击破"。这一战略预案显然是可行的，因为隗嚣和公孙述各有各的小算盘，隗嚣对公孙述信疑参半，曾派遣手下重臣马援出使四川打探虚实，可惜公孙述妄自尊大，对老友马援未予应有的尊重，马援对此十分不满，以"子阳井底蛙耳，而妄自尊大，不如专意东方"（《后汉书·马援列传》）为辞，向隗嚣汇报。加之隗嚣本来就对近邻公孙述怀有戒心，生怕其北上侵吞自己的地盘，陇、蜀遂失去了联盟的机缘，隗嚣遂决定通过联合刘秀以压制公孙述，来保证自己独霸一方。而刘秀对隗嚣的使臣马援则竭诚相待，予以争取，进一步促进了洛阳与陇西的联盟。这样，联陇制蜀之战略预案遂成现实，其结果既使得陇蜀互相攻伐，有力地打击了公孙述，又削弱了隗嚣的势力，同时又保证了刘秀自己可专力东向而无后顾之忧，坐收一石三鸟之效。

　　显而易见，来歙的"联陇制蜀"之策是刘秀从事统一大业过程中具有阶段性、局部性意义的战略预案。它的核心内容，是面对各个对手的复杂情况下，区分轻重缓急，确定最主要的打击对象，暂时放过或稳住次要或威胁较小的敌手，而首先孤立和打击最具威胁的敌人，从而避免出现多面树敌，多个方向作战的被动，使自己循序渐进，对各方势力加以各个击破。在当时情况下，公孙述的政治野心较大，实力强盛，并已公开与刘秀为敌，自然要毫不留情地予以打击，将其对刘秀从事关东、关中统一战争所构成的威胁降到最低的程度。相对而言，西边的隗嚣实力稍逊，更多地热衷于陇西一隅的割据和自保，对刘秀暂不构成直接紧迫的威胁，加之他与蜀地的公孙述存在着矛盾和嫌隙，可资利用，所以可以暂且不作为打击的对象，而且还可利用一切机会，通过各种手段进行积极的争取，在予以安抚、稳住其势力的同时，借助其存在和力量来牵制和抗衡公孙述，从而使刘秀方面左右逢源，上下其手，获取战略上的最大利益，确保刘秀在展开东线的统一战争时没有任何后顾之忧，为日后最终解决西线问题，完成全国的统一赢得必要的缓冲时间。这就是所谓的用空间换取时间。应该说，在一定的时间内，这一"联陇制蜀"的战略预案是没有其他方案可以取代的。历史发展也证明，刘秀正是按照这一战略预案，瓦解了陇蜀合作对付东汉的图谋，消弭了来自西线的直接威胁，为彻底平定东方创造了良好的战略环境。

　　当然，"联陇制蜀"这一战略预案不是刘秀统一战争的全局性战略，而只是特定时间内具有阶段性、局部性和特殊性的战略预案，属于整个统一方略中的有机组成部分，因而具有一定的时效性和相对的适应范围。当刘秀彻底平定东方之后，将主力兵锋西指之时，"联陇制蜀"的战略预案就自然要作出相应的调整。这时，陇右与西蜀都成了要打击的对象。陇、蜀在战略地理上本是互为表里，平陇即为灭蜀之前奏，不平定陇右而用兵西蜀，则面临侧背的极大威胁，若对陇、蜀同时用兵，则两面出击，兵力分散，加之山地作战，不便协同配合。而平定陇右之后，即可绕过秦岭南下，直趋阳平关，大军行动便利，可以确保统一全国大业的顺利成功。所以，对西线的战争必须根据形势的需要，做出由近及远，由弱及强，先陇后蜀的战略抉择。至此，来歙的"联陇制蜀"战略预案也就完成了它的历史使命，新的阶段性统一战略也随之制定和付诸实施。但尽管如此，我们也应该充分看到，没有前期的"联陇制蜀"，便谈不上后来的"先陇后蜀"，"联陇制蜀"是整个东汉统一大方略中一个必不可少的环节，是最终彻底解决陇、蜀问题的必要铺垫，它对于刘秀完成统一大业的意义至关重要。

需要进一步加以指出的是，"联陇制蜀"战略预案中所体现的抽象原则，如"分化瓦解""集中力量""各个击破"等，在刘秀进行统一战争的最后阶段仍得到了充分的继承和发扬。从这一意义说，"联陇制蜀"战略预案的生命力又不是暂时的，而是永恒的。

岂以一江限南北 *

——《取陈策》与《御授平陈七策》平议

隋五牙战船

---

* 本文与孙建民合著。

隋开皇元年（581），北周重臣杨坚通过"禅让"的方式，夺取北周政权，建立隋朝，建元开皇，是为隋文帝。隋文帝继承了北周的遗产，陈朝因丧失了四川和长江以北的全部领土，侧翼受到包围，因此，从581年起，就只能处于被动和守势。在长达六七年的时间里，杨坚首先把主要精力集中于对付突厥在北方的威胁，并致力于改革和巩固政权。但他即位一个月，就任命他最信任的将领前往与陈接壤的长江下游地区任职，开始日后大举伐陈的准备工作。后来又任命杨素为湖北、四川一带长江地区的总管，开始建立远征的水师。587年，又灭了建都于荆州的后梁，直接控制了长江中游。杨坚根据全国统一形势基本成熟的实际情况，积极从事统一大业，"潜有吞并江南之志"，希望在自己手中一举结束西晋末年以来两百余年大分裂的局面，为中国历史的发展揭开新的一页。

制定正确的统一战略，部署可行的统一措施，是完成国家统一的关键环节。这就需要决策者开诚布公，虚心听取各方面的合理建议，集思广益，博采众长，使自己的统一战略建立在客观正确的基础之上。隋文帝既将平陈统一南北提上议事日程，因此就很自然地鼓励臣下为统一大业献计献策，在此基础上制定正确适宜的统一战略方针。为此，他在八年之中，曾先后向多人征询关于平陈的建议。据《隋书》记载，当时共有高颎、李德林、贺若弼、杨素、王长述、崔仲方、高劢、王颁、梁睿、皇甫绩十一位大臣向隋文帝进献平陈之策，从不同的角度论证灭陈的必要性和胜利的可能性。高颎的《取陈策》和贺若弼的《御授平陈七策》是其中比较重要的两份。

高颎（约 541—607）是隋文帝杨坚最重要的辅弼大臣，隋朝初年政治舞台上的核心人物。隋朝建立后，出任尚书左仆射（宰相）一职，他素有"文武大略"，"识鉴通远，器略优深"，在隋朝实现国家统一大业的斗争中作出了突出的贡献。据史载，唐太宗对留用的隋代官员一致盛赞高颎做宰相的政绩感到大为惊异，所以令人找高颎的传记来阅读："朕比见隋代遗老，咸称高颎善为相者，遂观其本传，可谓公平正直，尤识治体。"（《贞观政要》卷五）承认高颎是一个有才能的战略家，一个讲求实效的行政官员，一位在制定隋朝政策中起着重要作用和负责执行政策的核心大臣。唐朝的大史学家杜佑也曾将高颎誉为春秋时齐国的管仲和战国时秦国的商鞅。高颎的贡献不但表现为他向杨坚推荐了苏威、贺若弼、杨素、韩擒虎等一代名臣良将，为统一战争的进行提供了人才资源，并在统一战争中担任晋王杨广元帅府长史，"三军谘禀，皆取断于颎"，指挥若定，功勋卓著；而且更表现在他以睿智的战略眼光，进献了著名的"取陈之策"，为杨坚制定灭陈战略和实现统一贡献了自己的聪明才智。

综观高颎所献之谋策，可发现其要点有三。第一，积极破坏陈朝正常的生产秩序，从经济上拖垮敌人，为隋朝的战略进攻创造有利的态势。具体的做法是，在江南收获季节，调集一部分兵力，虚张声势，摆出进攻的架势，"量彼收获之际，微征士马，声言掩袭"，迫使陈国方面屯兵守御，因而耽误其正常的农业生产活动，以"废其农时"。第二，采用派遣间谍进入敌境之法，破坏陈朝后方战略物资储备。具体做法是，"密遣行人"潜入陈国境内，"因风纵火"，焚毁陈朝的战略物资，而且一不做，二不休，只要陈朝方面重建就绪，就毫不犹豫地再次烧毁，即"待彼修立，复更烧之"，彻底破坏其财力物力，扰乱并打击其军心士气。第三，采用佯动误敌，麻痹陈军，削弱和瓦解陈朝的江防能力，为隋军日后发起突然袭击提供必要的条件。此即"多方以误之"，先以部分兵力佯动，诱使陈军集结，待陈军出动后便解甲收兵，如此反复多次，陈军便会习以为常，丧失警惕，"后更集兵，彼必不信"。这样当隋军真正大举南下时，陈军必然措手不及，一溃千里，从而收到战略突袭一举成功的奇效，此所谓"犹豫之顷，我乃济师，登陆而战，兵气益倍"。（《隋书·高颎传》）

高颎详细周密的计划，深受杨坚的重视，公元 588 年，隋文帝以皇帝个人的名义写信给陈后主，罗列陈后主的二十条罪状，数之为暴君，宣称隋朝将要发动的攻取南方的战争绝非妄启兵端，而是替天行道，执行天意。同时隋文帝颁布诏书，以道德和政治理由为自己伐陈大加辩解，自称要"显行天诛"，指责陈后主背信弃义、骄奢淫逸、杀害忠良，并在整个南方散发了三十万份诏书，"散写诏书三十万纸，遍谕江外"，以削弱南方的意志，击溃其心理防线。同时，争取江南士民对隋军南进之举的理解、同情和支持。

很显然，高颎的《取陈策》是从事经济打击与实施战略突袭有机相结合的战略构想。它从实际敌情出发，致力于消耗陈朝的军力与国力，使之"财力俱尽"，然后再乘其势衰不备之隙予以突袭，最终达到统一南北的战略目标。事实证明，这是最高明的战略方案，杨坚采纳后，果真收到使"陈人益弊"的实际效果，为此后隋军南下灭陈开辟了胜利的道路。

而贺若弼的《御授平陈七策》，则是从纯军事战略的维度，为隋朝平陈统一全国事业的顺利实现，创造了条件，提供了保证。

贺若弼（544—607）字辅伯，河南洛阳人。出身于将帅世家。祖父贺若统，西魏时任右卫将军、刺史等职。父贺若敦，官至西魏骠骑大将军，北周时任总管、刺史等职，后为宰相宇文护所忌而治罪，临行前嘱贺若弼"吾必欲平江南，然此心不果，汝当成吾志"。贺若弼将父亲的临终嘱托牢记于心，为实现父亲的遗愿刻苦练武学文，很早就"有重名于当世。"

史载："及帝受禅，阴有平江南志，访可任者。高颎荐弼有文武才干，于是拜吴州总管，委以平陈事，弼忻然以为己任。与寿州总管源雄并为重镇。弼遗雄诗曰：'交河骠骑幕，合浦伏波营。勿使骐骥上，无我二人名。'献《取陈十策》，上称善，赐以宝刀。"（《北史·贺若弼传》）可见，在平陈战争前，贺若弼本人提出的策略，一共有十项，此十项不见史载。平陈战争胜利结束后，贺若弼为美化隋文帝，说是隋文帝御授之策，故将之作为皇帝的"御策"作了追述，记为七策，可能其他三策没有起实际作用。而追记的这"七策"因经过平陈战争的检验，所以就更显其价值。同时，关于隋朝平陈统一全国的战前谋划，据《隋书》和《北史》记载，当时向隋文帝献策者有多人。高颎的《取陈策》，重在大战略即政治战略的谋划，而军事家贺若弼的《平陈七策》，则是从军事战略的角度提出对策。结合隋朝后来的平陈战争分析，可以认为，贺若弼的这份《平陈七策》，不仅有完整和详细周密的战略谋划，而且列出了许多应急的对策，从平陈战争的战略实施来说，应该算是诸臣的纯军事献策中最重要和最有价值的战略对策。

其一，将伐陈统一的战争定位为一次宽大正面的战略突袭。隋军要在"东接沧海，西拒巴、蜀，旌旗舟楫，横亘数千里"（《隋书·高祖纪下》）的宽大正面上实施战略突袭，使陈猝不及防，必须出其不意地发动突击猛打，才能达到迅雷不及掩耳之效。战争开始后隋朝动用了五十一万八千人的大军，部署八路进兵：秦王杨俊率水陆军由襄阳（今属湖北）进屯汉口，清河公杨素率舟师出四川永安，荆州刺史刘仁恩率部出江陵，与杨素合兵东下，晋王杨广率师自寿春出六合（今属江苏），庐州总管韩擒虎率部出庐江攻采石（今安徽马鞍山西南），吴州总管贺若弼率师出广陵攻京口（今江苏镇江），蕲州刺史王世积率舟师出蕲春（今属湖北）。从总体战略部署看，灭陈战争是在长江上、中、下游三个战略方向展开。四川的杨素只是起牵制作用，杨俊、刘仁恩所部重在控制长江中游，这三路大军以秦王杨俊为总指挥，在长江上、中游活动，从战略全局看，是次要攻击方向，其战略目标是切断上游陈军入援建康（今南京）之路。而由杨广节制、集中于长江下游的其他五路大军，则是隋军的战略主攻方向，承担了集中兵力灭陈的重任。在这一战略主攻方向中，又以杨广、贺若弼、韩擒虎三路为主力，直指陈朝政治中心建康。

所以，战略主攻方向上的突袭就更具有决定意义，是平陈统一全国的关键和重中之重。如果在战略主攻方向上达不成突袭的效果，则平陈统一全国的战争势必久拖不决。贺若弼在战前已对平陈战略的关键洞若观火，他提出的"七策"中，有五项就是解决战略主攻方向上欺敌误敌的对策，而且非常具体，比如他建议和实施欺敌误敌的地点如广陵、扬子津又均是主要战略方向中的主攻方向。

其二，为达成突袭，实现战略目的，要"多方误敌，困敝陈朝"，即事先就制造种种假象，尽量迷惑敌军，麻痹敌人，做好欺敌误敌工作。"七策"中的前五策均是这方面的具体对策：一是在广陵驻军万人"番代往来"，专门从事军事换防和佯动，迷惑陈军，使陈朝"初见设备，后以为常，及大兵南伐，不复疑也"，结果措手不及；二是在长江北岸经常组织军队演习，故意人马喧噪，以致日后隋军真的展开渡江作战行动时，陈军却习以为常，产生迷惑，造成"及兵临江，陈人以为猎也"的效果；三是用隋军老弱不堪征战的马匹去换陈国的民间船只，然后藏置起来，再从陈国买五六十艘破敝无用的船，布置在港口，让陈军以为北方的隋军缺乏渡江船只；四、五两策都是尽量不暴露隋军水军实力，比如在扬子江的港汊中多积苇荻，遮蔽住隋朝水军的舰只，等到大军渡江时，万船齐发；将战船涂以黄色，远处看来如同枯荻，使陈军不能发现。通过这些欺敌误敌、示假隐真的措施，掩盖隋军进攻的企图，使陈军丧失对隋军的警惕，轻敌麻痹，这样，隋军在主攻方向上，就可以以迅雷不及掩耳之势，达成突然袭击之效，从而在战略重点的主攻方向上一举突破。贺若弼在战略进攻的准备中也具体落实了自己的设想，并为日后的渡江作战创造了有利条件。史载："开皇九年，大举伐陈，以弼为行军总管。……先是，弼请缘江防人每交代际，必集历阳。于是大列旗帜，营幕被野，陈人以为大兵至，悉发国中士马。既知防人交代，其众复散。后以为常，不复设备。及此，弼以大军济江，陈人弗觉。袭陈南徐州，拔之，执其刺史黄恪。"（《北史·贺若弼传》）这表明，在日后的灭陈之役中，贺若弼"欺敌误敌、示假隐真"之举，的确收到了预期的效果。

其三，重视战略要地，先取京口（今江苏镇江）："先取京口仓储，速据白土冈，置兵死地，故一战而剋。"京口为建康的门户和屏障，是陈军重兵防守的江防要害和战略重点，夺得京口，建康就直接暴露于隋军的威胁之下。而夺得京口后，首先夺取此处的陈国仓储，不仅可以削弱陈朝的战略后备，而且可"因粮于敌"，为隋军渡江后的后勤供应提供保证。同时，夺取京口的关键是渡江后速据白土冈，这样，既可巩固对京口的占领，又可在南京外围消灭陈朝军队主力。

其四，重视进行心理战，制造舆论，争取民心。开皇八年（588）三月，杨坚颁布伐陈诏令，宣称陈后主二十余条罪状，表示大军伐陈是为了吊民伐罪，"显行天诛"，从而揭露陈朝的政治黑暗，以争取江南士民的同情和支持，又下令将诏书"散写三十万纸，遍谕江外"。同时，对已经捕获的陈朝间谍，一律放归江南，利用他们传播隋军声威，打击陈军士气。而贺若弼在率军夺得京口后，也遣散在京口的敌军俘虏，使他们扩大隋文帝敕书的影响，这样可以在政治上瓦解敌军军心，使其丧失继续战斗抵抗的斗志。

日后的战争实践证明，正因为隋军坚决贯彻了这一战略，所以灭陈统一全国的战争才进行得十分顺利，势如破竹。当隋军在长江上、中、下游同时发动攻击时，陈军沿江诸军才如大梦初醒。贺若弼率军由广陵顺利渡江，一举攻克京口，活捉陈南徐州刺史黄恪，俘获陈军五千余人，而且十分注意军纪，对战俘不但不杀，反而全部予以释放，"给粮劳遣，付以敕书，令分道宣谕"（《资治通鉴》卷一七七《隋纪一》），将隋文帝的伐陈诏书交由这些俘虏广为宣传。贺军所到之处，陈军望风而降，贺若弼乘胜率军溯江而上，向建康进逼。待逼近钟山，即屯兵于白土冈。陈叔宝为挽回败局，孤注一掷，令陈军主力集中于白土冈以北十公里的正面依次列成长蛇阵，企图阻止贺若弼部，贺率军与陈军决战，击败了陈军主力萧摩诃部，并生俘陈朝名将萧摩诃，经此一役，陈军主力和精锐一败涂地，失去了继续抵抗的资本。激战之际，隋军另一主将韩擒虎率军进攻建康，生擒陈皇帝陈叔宝，灭陈统一全国的战略顺利实现。

当然，这里有一个历史公案，与我们如何评价贺若弼《平陈七策》及其在平陈战争中的作用不无联系。历史上贺若弼与韩擒虎争功论辩相当著名，《资治通鉴》曾记："贺若弼、韩擒虎争功于帝前。弼曰：'臣在蒋山死战，破其锐卒，擒其骁将，震扬威武，遂平陈国。韩擒虎略不交阵，岂臣之比！'擒虎曰：'本奉明旨，令臣与弼同时合势以取伪都，弼乃敢先期，逢贼遂战，致令将士杀伤甚多。臣以轻骑五百，兵不血刃，直取金陵，降任蛮奴，执陈叔宝，据其府库，倾其巢穴，弼至夕方扣北掖门，臣启关而纳之，斯乃救罪不暇，安得与臣相比！'"（《资治通鉴》卷一七七）

其实，早在隋军攻下建康不久，关于贺若弼的战功问题就有了异议。当时，贺若弼因于京口与陈军的主力苦战，而使韩擒虎得以先入建康，亲擒陈后主，赢得万世功名，对此贺若弼颇不高兴，故与韩擒虎即有所争论。隋军总指挥兼东路战场主帅晋王杨广以贺若弼"先期决战，违军命，于是以弼属吏"，即交由军法处置。结果隋文帝杨坚还算客观，在贺若弼回到长安后，安慰说"克定三吴，公之功也"。后来还因念及贺若弼平陈之功，免其死罪。所以，贺若弼对自己平陈之功也一直颇为自信："自谓功名出朝臣之右，每以宰相自许。"这种"倜傥英略"的自信，自然招致物议，尤其为喜人奉承的隋炀帝杨广所忌恨。史载隋炀帝未即位时，曾问贺若弼道："杨素、韩禽、史万岁三人，俱良将也，优劣如何？"贺若弼则回答说："杨素是猛将，非谋将；韩禽（擒虎）是斗将，非领将；史万岁是骑将，非大将。"炀帝又问："然则大将谁也？"贺若弼不正面回答，而是说"唯殿下所择"，言下之意就是非我贺若弼莫属。这种态度，尤为隋炀帝所不喜，所以隋炀帝即位后，对贺若弼更加疏远，在巡幸北方到榆林时，借口贺若弼与高颎等"私议得失"，将其诛杀。

我们认为，评价平陈战争中的功劳，一个关键标准在于谁消灭了陈军的有生力量。平陈战争发起总攻前，隋文帝虽有让贺与韩"同时合势以取伪都"的命令，但隋军渡江三面包围建康之后，陈军主力被陈后主全部集中于建康城东，在这种情况下，贺若弼率军与陈军主力苦战于白土冈，将陈军主力绝大部分消灭于此。而韩擒虎在平陈战争发起后渡江的兵力十分有限，史载他仅率五百人，未经一次大战，趁机入建康。白土冈之战是隋、陈两军的主力会战，贺若弼经苦战消灭了陈军精锐。任蛮奴所统率的部队是陈军主力，但却是被贺若弼在白土冈打败后逃归降于韩擒虎的。同时，就对整个平陈战争的贡献论，韩擒虎确如贺若弼所言，只是一员"斗将"，未见他在战略谋划上有什么建树。而贺若弼在战前奉献了高明、有远见的

《平陈十策》，这份经过深思熟虑而精心制定的战略对策，具有极强的针对性和可操作性，其作用也为日后平陈战争的实践所证明。难怪在朝廷讨论平陈之功时，宰相高颎说："贺若弼先献十策，后于蒋山苦战破贼。臣文吏耳，焉敢与大将论功。"（《资治通鉴》卷一七七）所以，我们觉得《北史·贺若弼传》的"传论"还是比较公允的。"传论"说："自南北分隔，将三百年。隋文帝爰应千龄，将一函夏。贺若弼慷慨，申必取之长策，韩禽（擒虎）奋发，贾余勇以争先。隋氏自此一戎，威加四海。稽诸天道，或时有废兴；考之人谋，实二臣之功。其倜傥英略，贺弼居多。"

从「尚武」到「崇文」*

——漫说中华文化精神风貌之变迁

讲经图

---

* 本文与诸葛瑞强博士合写。

193

历史研究，尤其是文化史的研究，并没有一定之规，在具体的研究手段与方法上，我们既需要有饾饤补苴、发隐烛微的翔实考证，也不应该排斥天马行空、提玄钩要的粗犷勾画。就我个人并不成熟、更不高明的经验而言，我觉得比较有趣的做法是，在从事源远流长、异彩纷呈的中国历史的研究过程中，不妨从大视野的角度，在纵与横两个坐标上，进行系统的梳理与整体的把握，从而省识其趋势，揭示其特征，认知其价值。

多年来，我对中国古代历史与文化的发展大势、基本脉络、主要特点、表现形态等等，多少形成了一些自己的想法。我的基本观点是：中国的古代历史与相应文化，有其内在的大趋势与总规律。概括地说，也许存在着三条主线，即：政治格局与地理形势的演变上，是由东西之间的对峙逐渐转变为南北之间的角逐；学术气象与思想体系的嬗递上，是多次由分至合，又由合至分的循环往复；文化精神与民族性格的塑造上，是由"尚武"到"崇文"、由阳刚而阴柔、由积极进取一改为消极守成的历史转型。

一、"尚武"精神，先秦文化的基调

先秦是中国历史的少年时期，它的显著特色之一，是崇尚果毅勇武，充沛阳刚之气，积极有为，锐意进取。这首先在它的社会审美价值观念上有鲜明的体现。

具体地说，当时社会氛围可谓普遍推崇"尚武"精神，在社会政治生活中，"戎"，也就是军事，乃是最重要的两件大事之一，所谓"国之大事，在祀与戎"（《左传·成公十三年》）。前者，是用以沟通天人，从君权天授的角度，论证统治的合法性与神圣性；后者，则是统治得以维系与延续的基本物质保证。没有强大的武力，没有巩固的国防，一切的统治权益皆失去存在的可能与价值。《左传·襄公二十六年》云"政由宁氏，祭则寡人"，这里的"政"，第一属性就是军事。这也是世界历史上普遍存在过的"军事民主制"双头政治（祭司与军事首长共同治理）的孑遗在中国先秦历史上的残余痕迹。很显然，在当时人们的心目中，"执干戈以卫社稷"（《礼记·檀弓下》）才是正经的事业，只有孔武有力的武士，才是人群中的精英、社稷的靠山、国家的栋梁，所谓"赳赳武夫，公侯干城"（《诗经·周南·兔罝》），讲的就是这种时代风尚，换成在今天，"赳赳武夫"，那就是京剧《沙家浜》中胡传魁司令一类人物了，即四肢发达、头脑简单的粗汉一个。顾颉刚先生曾做过考证，认为"吾国古代之士，皆武士也"[1]。他们是"国士"，地位崇高，万人钦仰："国士在，且厚，不可当也。"（《左传·成公十六年》）

这种社会普遍"尚武"的风尚，在当时的婚姻择偶观中也有具体的反映。《左传·昭公元年》所记载的郑国贵族徐吾犯之妹的婚姻故事，就是一个形象生动的例证：

> 郑徐吾犯之妹美，公孙楚聘之矣，公孙黑又使强委禽焉。犯惧，告子产。子产曰："是国无政，非子之患也。

---

① 顾颉刚：《史林杂识初编》，武士与文士之蜕化，中华书局，1963年，第85页。

唯所欲与。"犯请于二子，请使女择焉。皆许之，子晳盛
饰入，布币而出。子南戎服入，左右射，超乘而出。女
自房观之，曰："子晳信美矣，抑子南，夫也。夫夫妇妇，
所谓顺也。"适子南氏。

可见，郑国贵族徐吾犯之妹择婿时，舍弃衣冠楚楚"盛
饰"、忸怩作态的公孙黑（子晳）而最终选择"戎服入，左右
射，超乘而出"的公孙楚（子南），其理由就是公孙楚粗犷强
悍，有一身的蛮劲，"子晳信美矣，抑子南，夫也。夫夫妇妇，
所谓顺也"。追求阳刚之气，鄙视阴柔之美，其"尚武"之价
值取向，可谓昭然若揭。显而易见，推崇勇敢，赞美果毅，乃
是当时人们的特殊嗜好与强烈追求。《国语·周语中》记载晋
国卿大夫郤至自称有"三伐"："吾有三伐：勇而有礼，反之以
仁。吾三逐楚君之卒，勇也。见其君必下而趋，礼也。能获郑
伯而赦之，仁也。"这里，"勇"为"三伐"之首，"尚武"之风
貌，可谓跃然纸上。而像《诗经·秦风·无衣》这样的诗篇，
更是将"尚武"精神弘扬光大到了极致："岂曰无衣？与子同
袍。王于兴师，修我戈矛，与子同仇。"

由于"尚武"精神风行弥漫于当时整个社会，因此，贵
族们都特别重视尊严，将个人的荣誉看得比生命还要重要，动
辄决斗，遵守规则，讲求信誉，视死如归，这就是"尚武"风
尚在贵族社会生活中的自然反映。换言之，提倡"信诺"，在
某种程度上，就是"尚武"精神在道德范畴上的必有之义。因
此，成书于春秋晚期的《孙子兵法》一书，在阐释"将有五
德"问题上，将"信"列为将帅必须具有的五项素质中的第

二位，其地位仅次于"智"而高于"仁""勇""严"。"人而无信，不知其可"（《论语·为政》），"言必信，行必果"（《论语·子路》），云云，遂成为当时社会的普遍共识，连孔夫子也将"信"这一道德伦理范畴，看成为治国安邦的先决前提与根本条件："自古皆有死，民无信不立。"（《论语·颜渊》）

《左传·昭公二十一年》所记载的宋国两位贵族的交锋，非常典型地透露了当时贵族在"尚武"精神熏陶下的规则意识，即战场交锋之"正大不诈"的原则。这一年，在宋国爆发了一场严重的政治动乱，史称"华豹之乱"。在平息叛乱的过程中，宋军主将公子城与叛军首领华豹在战场上相遭遇，双方之间展开了一场惊心动魄的生死较量，华豹身手敏捷，动作迅速，率先拉开弓弦，射了对方一箭，遗憾的是，他未能射中对方。按"军礼"的要求，接下来该对方射了，华豹当时心急火燎，还想发射第二箭。这时候，对手公子城发现华豹有作弊的嫌疑，忍不住高声大喊："不狃，鄙！"你怎么能不讲规则呢，这太卑鄙了！你已经射了我一箭，现在该轮到我回敬了。华豹一听，有道理，觉得非常惭愧，于是就停止了发射箭镞的动作，心想，且等你射完第一箭之后，轮到我，我再回敬射你一箭。于是他就傻傻地待在那里，静静地等着对方射，结果被公子城一箭射死。这就是当时"尚武"之风弥漫下，人们对信义的自然皈依。可见，贵族信守规则的意识，在战争这样的社会公共生活领域中也同样得以坚守，呈示着这种"尚武"精神引领下的诚信原则，所谓"逐奔不过百步，纵绥不过三舍"[1]，所

---

① 王震撰：《司马法集释》，卷上仁本第一，中华书局，2018年，第17页。

谓"君子不重伤，不禽二毛。古之为军也，不以阻隘也。寡人虽亡国之余，不鼓不成列"（《左传·僖公二十二年》），等等，皆系"尚武"精神浸润之下的自然产物。

二、"武学"教育，先秦"尚武"精神的载体

先秦时期的"尚武"文化精神的张扬，是与当时的教育主体与教学内容紧密联系在一起的。贵族所受教育的主要内容，军事科目占有很大的比重。当时的"六艺"，并非孔子整理古代经典以后所确立的"六艺"（诗、书、礼、乐、春秋、易），而是富有实践与操作意义的"礼、乐、射、御、书、数"。学"礼"，乃是道德行为准则的确立，学"乐"，乃是文化情操境界的塑造，"书"与"数"，则是应对社会事务能力的培养，而"射"与"御"的学习，则是为了军事技能的掌握。由此可见，当时的教育，注重的是德、智、体、美全方位健全人格的人才之培育，而军事技能的学习和掌握，则是非常重要的环节，这种教育模式，实与先秦时期的"尚武"风尚相一致。

据史料记载，上古三代时期军队的军事训练与实战演习，其名目称为"蒐""狝"，即主要通过"田猎"的方式来进行。当时，一般贵族子弟和上层国人子弟在成年之前，都必须接受一定的军事教育和进行军事训练。据《礼记·内则》记载可知，他们从十五岁开始学习有关的军事技能，主要的学习内容是"射"和"御"，这是与当时作战方式以车战为主的特殊历史条件相一致的。

但对广大"亦兵亦农"的普通国人来说，更主要的军事

训练和实战演习乃是通过参与田猎活动来实现的，即所谓"则其制令，且以田猎，因以赏罚，则百姓通于军事矣"[①]；"教于田猎，以习五戎"（《礼记·月令》）。一般在农闲时进行，这就是《左传·隐公五年》所说的："春蒐，夏苗，秋狝，冬狩，皆于农隙以讲事也。三年而治兵，入而振旅，归而饮至，以数军实。"可见当时统治者每年要进行四次田猎活动来使将士熟悉军事，以车兵、射士和步兵的作战阵形模拟实战进行演习，从而提高部队的实战能力。据《周礼·夏官·大司马》记载，在农闲时进行的四次军事演练，又有独特的命名：振旅、茇舍、治兵、大阅，这反映了其在演练上各有自己的不同侧重点。

在四时田猎习武活动中，尤以冬季的那一次"大阅"规模最大，最具有代表性，所以《国语·周语上》干脆忽略了其他三季的演练，仅仅把冬季的"大阅"列为军事训练活动，"三时务农而一时讲武"，此时，国君、朝臣都要参加，《诗经·豳风·七月》所载即系明证："二之日其同，载缵武功。"郑玄笺曰："其同者，君臣及民因习兵俱出田也。"所以冬季的"大阅"最为隆重盛大。

随着军事发展的需要，王室和各方国在利用田猎开展军事训练的过程中，也逐渐减少了娱乐性的成分，使之更适应实战的要求，如《周礼·夏官·大司马》对四时的田猎活动，作出了阶段性的安排：首先侧重进行基础性的军事演练，如阵形排

---

① ［清］黎翔凤撰，梁运华整理：《管子校注》卷八，小匡第二十，中华书局，2004年，第413页。

列，识别旗、鼓、金等指挥信号，并且"教坐、作、进、退、疾、徐、疏、数之节"等单兵队列教练；然后进行狩猎，以野兽为假设敌，模拟进攻行动，演习军阵；最后检查捕获物以论赏罚。仲冬十一月，则进行大规模的军事演习和军事检阅，"天子乃命将帅讲武，习射御，角力"（《礼记·月令》）。

排演练习战斗舞蹈（"武舞"）也是"尚武"氛围笼罩之下先秦军事训练中的重要项目。参加武舞的人员，一般都手持干盾，模拟基本战斗动作，既用来激励舞者本人和旁观者的战斗激情和尚武精神，又促使参加舞蹈者熟悉作战动作的要领，为实战作必要的准备。闻一多先生曾指出："除战争外，恐怕跳舞对于原始部落的人，是唯一的使他们觉得休戚相关的时机。它也是对于战争最好的准备之一，因为操练式的跳舞有许多地方相当于我们的军事训练。"① 这是很精辟的说法。唯根据实战过程，制为舞乐，"美盛德之形容"（《毛诗序》）者，不仅原始部落有之，夏商以降历代均有之；不仅汉族有之，其他民族也有之。

从文献记载看，当时的武舞是和射御紧紧联系在一起的。如《礼记·内则》说："成童舞象，学射御。"又如《诗经·齐风·猗嗟》也说："舞则选兮，射则贯兮。四矢反兮，以御乱兮。"可见武舞实际上就是军事操练的一种形式②，是"尚武"文化精神的艺术上之形象写照，它与"蒐狩"活动一起，构成当时军事训练的主体内容，并且在实战中体现出其独特的壮观

---

① 《闻一多全集》，《神话与诗·说舞》，三联书店，1982年，第198—199页。

② 《礼记·郊特牲》有"朱干设锡，冕而舞大武"之语，意谓手执装有铜盾饰的朱漆盾牌，盛装跳大武舞。这也是武舞为重要军事训练形式之一种的重要证据。

景象。相传武王伐纣时，在进攻朝歌的前夜，士兵们曾"欢乐以达旦，前歌后舞"①。而在凌晨进攻时，勇锐的巴师则"歌舞以凌"，就透露了这方面的消息。

先秦时期还开设各级学校培养人才，在贵族子弟与上层平民中进行军事教育。这些学校，从本质属性上讲，乃是"武学"。对此，王晖教授在其《庠序：商周武学堂考辨——兼论周代小学大学所学内容之别》②一文中曾有翔实的论证。他认为，商代的武学堂为"庠"，周代的武学堂为"序"，其就性质而言，乃属于当时的"大学"辟雍，其基本功能，是教学射、御技能的场所，在教学射御技能的同时，也进行礼仪活动的教育。这样，《孟子·滕文公上》所言三代教育"设为庠、序、学、校以教之。庠者，养也；校者，教也；序者，射也"，其真实含义才得以清楚明白了。

夏代的史迹尚不是很清楚，但商代对贵族子弟、战车甲士进行射、御训练则已经得到甲骨卜辞的证实。卜辞中有大量诸如"王其学众伐于□方""学马""教戍"一类的记载③，还常见是否令其人"庠射""庠三百射"的反复占卜。据王晖教授的观点，"庠"是商代学校的名称，可见当时射手、御者要经过学校的专门训练，而教练的选择多经反复占卜，显得极其郑重、谨慎④。

---

① ［汉］伏胜撰，郑玄注，［清］陈寿祺辑校：《尚书大传》卷三，周传，四部丛刊景清刻左海文集本。

② 参见王晖《庠序：商周武学堂考辨——兼论周代小学大学所学内容之别》，《中国史研究》2015年第3期。

③ 参见王贵民《商周制度考信》，台北明文书局，1989年，第241—246页。

④ 参见罗琨、张永山《夏商西周军事史》，《中国军事通史》第一卷，军事科学出版社，1998年，第138页。

西周时期的学校军事教育得到进一步加强。当时，在中央设立有"辟雍""学宫""射庐""大池"等学校机构，可以统称为"序"。《孟子·滕文公上》言"夏曰校，殷曰序，周为庠"，王晖认为，这里殷商学校名称与周代学校名称属于互乙错讹，而许慎《说文解字》"广部"、《汉书·儒林传》皆作"殷曰庠，周曰序"，乃是与甲骨卜辞、西周金文所述学校名称相一致的。诸侯国及卿大夫采邑，也设置有"泮宫""庠""序""校""塾"等学校，以保证军事教育与军事训练的普遍推行。

大致而言，贵族子弟一般从十五岁起学习乐舞（包括"武舞"）和射御课程，每名"学士"都要学好射箭和驾驭兵车的本领，这些本领包括"五射"（五种射箭技法）和"五驭"（五种驾车技巧），由保氏等专业人员负责传授。周代的射仪，规模十分盛大，据《仪礼》记载，分为大射、宾射、燕射、乡射四种，各有定制，所用的弓、箭、靶和伴奏音乐均不相同，其目的是通过表彰射、御之善者，以提高射、御之术，加强军队的战斗力。其中，大射是在射宫举行的"选射之礼"。至今尚存的周金亚尊就是此种射仪上使用的饮器。据静簋记载，当时有位名叫"静"的王子，曾遵照"王命"和一些贵族少年在"学宫"习射。两个月后，他们又参加了一次在"大池"举行的田猎，进行实际演习，而周王本人也经常在射宫和猎场亲自发矢操练。这种武学教育体系的确立和武学教学内容的落实，也就成为先秦"尚武"文化精神维系与发扬的重要制度性保证。

除开展射、御技能训练外，在整个社会"尚武"风尚的影响下，当时的学校还从事告庙、献俘、庆赏、饮至等"军礼"的教育。它们和射、御训练一起，构成当时贵族子弟的主要学习内容，通过这一途径，弘扬"尚武"精神，增强武备观念，提高军事技能，提升军队的战斗力。

三、"六略"之学：从图书分类看先秦"尚武"之风

先秦时期的"尚武"精神之充沛激昂，我认为还可以通过对《汉书·艺文志》图书分类与学科界定的考察而有所认知。

在今天，人们呼吁重归传统、倡导弘扬国学，这当然值得赞许，应该肯定。然而，当激情渐渐消退，理性终占上风之时，我们是否该扪心自问：我们究竟要回归哪个传统，我们到底是弘扬哪种国学？是回到明清？还是唐宋？抑或秦汉？甚至先秦？是依据《隋书·经籍志》所最终确定的经史子集的四部之学，还是复振《汉书·艺文志》所系统构建的六艺、诸子、诗赋等六略之学？是回归以经典传承为中心的诗、书、礼、乐、易、春秋的"六艺"呢，还是回归以全面培养为宗旨的礼、乐、书、数、射、御的"六艺"？

要对这些问题做出比较科学的回答，就需要我们回归经典，回归学术，考镜源流，辨章学术，发隐烛微，提玄钩要。而重点关注与深入研究《汉书·艺文志》，毫无疑义，就是实现这个目标的必有之义、必由之途。

众所周知，《汉书·艺文志》在中国学术发展史上具有提纲挈领、举足轻重的地位，它承载了先秦至秦汉学术形态演变的基本脉络，是后世梳理、认知、评判先秦及两汉学术的最重

要凭借。因此，还原《汉书·艺文志》形成的历史场景，再现《汉书·艺文志》编排的内在逻辑，梳理《汉书·艺文志》论列学术的基本考量，对把握先秦秦汉的学术文化整体面貌与基本特征具有关键的意义，而后世对先秦秦汉学术若干重大问题的争论，也往往以《汉书·艺文志》为探讨的逻辑起点与根本核心。套用明代兵家茅元仪评论《孙子兵法》的话来说就是："前《汉志》者，《汉志》不遗；后《汉志》者，不能遗《汉志》。"

《汉书·艺文志》是《汉书》"十志"之一。它首先是记载"六艺"百家文献的图书总目录，其内容分为《六艺》《诸子》《诗赋》《兵书》《术数》《方技》六略，共收书三十八种，五百九十六家、一万三千二百六十九卷。同时它又是体现先秦至两汉的学术文化发展总成就、总趋势与总特征的理论总结，因为在叙录书目的同时，《汉志》在每种图书之后均有"小序"，在每一《略》之后均撰有"总序"，对先秦至两汉的学术文化的源流、嬗变、特色、价值、影响，都有系统的梳理与全面的总结。

我始终认为：图书的目录分类，不能单纯地视为目录学问题，它是学术思想文化发展状态与特征的综合性、集中性体现，即准确折射了其所处时代的"文化性格""学科建设"面貌与特色。《汉志》身上这一点有尤其明显的反映。所谓的"经、史、子、集"图书四部分类法，是历经荀勖《中经新簿》、阮孝绪《七录》，至《隋书·经籍志》最终确立的，虽说它在目录学史上有重要的地位与价值，但是明显偏重于纯学理的图书分类，与《汉书·艺文志》的目录体系与学术旨趣有显著的差异。稍加分析，我们就能发现，在《汉书·艺文志》中，实用之学与理论之学是结合在一起的，"七略"实际上是"六略"。它传承西汉刘向《别录》、其子刘歆《七略》而来，在刘氏父子的学术总结基础上集萃撮要，遂成文献总目和学术渊薮。

第一略"辑略"，即导言、通论，紧接而来的六艺略，就是理论指导，诗、书、礼、乐、春秋、易，即国家的统治思想与文化；诸子略，就是中国的学术思想流派；诗赋略，就是文学艺术作品；兵书略，就是用于指导战争实践的理论及其相应的操作方法；术数略，近似于现代的"理科"；方技略，颇类似于今天学科体系中的"工科"。这些都是属于自然科学范畴的东西。换言之，《汉志》"六略"，前三"略"，"六艺""诸子""诗赋"属于同一性质，可归入"道"的层面；而后三"略"，"兵书""术数""方技"又是另一个性质近似的大类，属于"术"的层面。"道"的层面，为"形而上"；"术"的层面，为"形而下"。"形而下"者，用今天的话来说，是讲求功能性的，是工具型的理性，它不尚抽象，不为玄虚，讲求实用，讲求效益。但经史子集里却淡化了这些操作性、实践性的东西，取消了兵书、术数、方技三大类图书典籍的独立地位，将它们纳入"子部"之中。《汉志》的图书目录分类，从学科体系构筑上考察，显然更全面、更系统。我们今天弘扬国学，要真正超越经史子集的传统，回归理论与实践相结合的中国传统学术的原生态。实际上，经史子集就是次生态，原生形态应该是六艺之学，就是从西周的六艺之学，一直延续到班固《汉书·艺文志》的六略之学。

而"六略"之学之所以向"四部"之学嬗递,我认为,除了魏晋门阀制度背景下,史部著述数量由于谱牒学、方志学等发达而剧增等文献积累内容变化的具体原因外,也与中国文化性格特征、价值取向的转型有内在的关系,这种转型,从本质上来概括,就是由"尚武"转向"崇文",由阳刚转向阴柔,由进取转为守成。

这种"尚武"的魂魄,至两汉而未改,故张骞敢于横绝大漠,致力"凿空";班超勇于进取开拓,"投笔从戎";陈汤能斩钉截铁发出铿锵有力的时代强音,"明犯强汉者,虽远必诛!"(《汉书·傅常郑甘陈段传》)所谓"汉唐雄风",其底蕴、其特色,就是对先秦时期"尚武"风尚的传承和赓续!这种"尚武"的文化精神,折射到当时的图书目录分类中,就是"兵书略"独立成为一"略",是一级学科,与"诸子略"并列。兵家高于儒、道、法、墨等其他诸子。

汉代传承先秦以来的"尚武"文化精神,对承载"尚武"意识的兵书高度重视。首先,表现为对兵书的整理与校订。与秦王朝仇视和灭绝文化的立场与态度不同,西汉王朝的统治者相对重视文化的积累与发展,尤其是注重对实用性较强的学术文化的提倡。兵学是实用之学,直接关系到政权的稳定,因此为统治者所关注,校理兵书就是这方面的重要举措。

汉代对兵书的搜集整理工作主要有三次。第一次是汉高祖在位时"韩信申兵法":"张良、韩信序次兵法,凡百八十二家,删取要用,定著三十五家。"(《汉书·艺文志》)限于汉初"干戈未息","自天子不能具醇驷,而将相或乘牛车"(《汉书·食货志》)的政治经济条件,以及"挟书律"未除的文化氛围,这次整理大约主要重在搜集和遴选。第二次是在汉武帝时，当时反击匈奴的战争正在如火如荼地进行，为了夺取战争的胜利，统治者对兵学的关注自然又提到议事日程，于是就有军政杨仆整理兵书之举："军政杨仆捃摭遗逸，纪奏兵录，犹未能备。"（《汉书·艺文志》）颜师古注曰："捃摭，谓拾取之。"可见杨仆的工作主要也是搜集兵书。遗憾的是，由于种种原因，这次整理尚存在缺陷，"犹未能备"。第三次是在汉成帝时，由任宏论次兵书，"光禄大夫刘向校经传诸子诗赋，步兵校尉任宏校兵书，太史令尹咸校数术，侍医李柱国校方技。每一书已，向辄条其篇目，撮其指意，录而奏之"（《汉书·艺文志》）。可见是由步兵校尉任宏整理兵书，并由刘向总其成，为整理校订后的兵书作叙录，附于其书之中，上奏皇帝。这次整理的意义要远远大于前两次，不仅划分了兵家的各类流派，而且还认真厘定了文字，规范了版本，揭示了各部兵书的学术价值，即刘向、任宏将搜集到的各部兵书，校勘其文字，确定其书名，统一其篇名，排定其篇章次序，撰就其提要，缮写而后成为定本，由国家集中收藏。通过这次整理，先秦至西汉中期的兵书基本上以较完善的面貌存之于世。

其次，表现为对兵书的分类与学术价值总结。在西汉第三次兵书整理过程中，步兵校尉任宏对搜集到的兵书进行了系统的分类工作，"任宏论次兵书为四种"，即根据西汉中叶以前兵书的基本内容和主要特征，把兵家划分为兵权谋家、兵形势家、兵阴阳家、兵技巧家等四大类。其中兵权谋家共十三家，著作259篇，现存《吴孙子》（即《孙子兵法》）、《齐孙子》（即《孙膑兵法》）和《吴子兵法》等，这是兵学流派中最主要的一

从「尚武」到「崇文」

派。兵形势家共十一家，著作 92 篇，现仅存《尉缭子》。兵阴阳家共十六家，著作 249 篇，其中有许多是托名黄帝君臣的作品，现都已散失，只有后世诸如《太平御览》《册府元龟》等类书、政书保留有极零星的内容。兵技巧家共十三家，著作 199 篇，亦已基本散失。如果做个对比，我们可以发现，其数量并不亚于同时期的任何一家诸子作品，如据江庆柏《汉初墓葬与汉初思想的儒学特征》①一文中的统计，诸凡汉武帝前汉代儒家类著述为八家 133 篇，其数量尚不及"兵权谋""兵阴阳""兵技巧"中任何一家的数量。先秦与两汉的"尚武"之风高扬，于此即可见一斑。

在划分兵书种类的基础上，刘向、任宏还就每类兵书的军事学术特点加以分析和总结。他们指出"兵权谋家"的基本特点是："权谋者，以正守国，以奇用兵，先计而后战，兼形势，包阴阳，用技巧者也。"(《汉书·艺文志》)可见这一派主要是讲求战略的，是一个兼容各派之长的综合性学派。

"兵形势家"的基本特点为："雷动风举，后发而先至，离、合、背、向，变化无常，以轻疾制敌者也。"(《汉书·艺文志》)即主要探讨军事行动的运动性和战术运用的灵活性与变化性。有学者认为这一学派主要是讲求战术的。

而"兵阴阳家"的主要特点则是："顺时而发，推刑德，随斗击，因五胜，假鬼神而为助者也。"(《汉书·艺文志》)这表明它注重"时"，注意天时、地利条件与战争关系的研究，可能与范蠡以及黄老学派有浓厚的渊源关系。

---

① 参见江庆柏《汉初墓葬与汉初思想的儒学特征》，《孔子研究》1987 年第 3 期。

至于"兵技巧家"的主要特点乃为:"技巧者,习手足,便器械,积机关,以立攻守之胜者也。"(《汉书·艺文志》)这就是说,这一派注重的是军械和作战技术,它包括设计、制造攻守器械和学习使用器械的技术方法、要领、军事训练等等。

任宏、刘向对兵家流派的划分与总结,是中国兵学发展史上一个具有里程碑意义的事件,从此兵家四分法经《汉书·艺文志》记载而为后世兵家奉为圭臬[①],成为后世兵书撰著与兵学理论建树的规范程式与指导方针。

但是,在后来"崇文"的文化氛围越来越浓厚的历史背景下,兵家的地位日趋低落,兵书的总量相对萎缩,兵书略作为独立一大门类被取消,归入"子部"之中,且日益边缘化,由"蔚为大国"退化为"蕞尔小国"了。这就是目录分类变化背后的学术文化变迁之一个显著事例,也是"尚武"精神日益萎缩的一个具体象征。

四、"守文":"尚武"精神的式微

春秋后期,随着"学在官府"格局的瓦解,学术下移趋势的不可逆转,"尚武"风尚也开始悄然改变了。社会上"崇文"的现象逐渐高涨了起来。许慎《说文解字》有云:"儒,柔也。术士之称。"[②]可见,在这之前,儒,作为一个群体,在社会上乃是被边缘化的角色,在当时相当多人的眼中,"四体不勤,五

---

① 班固《汉书·艺文志》源于刘歆《七略》,而刘歆承其父业"总括群书,撮其指要,著为《七略》"。《隋书·经籍志》,又源于刘向之《叙录》。

② [汉]许慎撰,[宋]徐铉校订:《说文解字》,中华书局,2013年,第159页。

谷不分"，只会摇唇鼓舌，不能冲锋陷阵，正是这些"文化人"的最大特征。他们是一群文弱窝囊的迂夫子，是一批混迹江湖的寄生虫。用《墨子·非儒下》的话来讲，即"博学不可使议世，劳思不可以补民，累寿不能尽其学，当年不能行其礼，积财不能赡其乐，繁饰邪术以营世君，盛为声乐以淫遇（愚）民，其道不可以期世，其学不可以导众"[①]。但随着孔子正式创立儒家，"儒"就成为章太炎《国故论衡》下卷《原儒》中指出的"私名"之"儒"：

> 儒有三科，关达、类、私之名。达名为儒，儒者，术士也……儒之名盖出于需。需者，云上于天，而儒亦知天文，识旱潦……古之儒知天文占候，谓其多技，故号遍施于九能，诸有术者悉晓之矣。
>
> 类名为儒，儒者，知礼乐射御书数。《天官》曰：儒以道得民。说曰：儒，诸侯保氏，有六艺以教民者。《地官》曰：联师儒。说曰：师儒，乡里教以道艺者。此则躬备德行为师，效其材艺为儒。
>
> 私名为儒。《七略》曰："儒家者流，盖出于司徒之官，助人君顺阴阳明教化者也。游文于六经之中，留意于仁义之际，祖述尧、舜，宪章文、武，宗师仲尼，以重其言。于道为最高。"周之衰，保氏失其守。史籀之书，商高之算，蜂门之射，范氏之御，皆不自儒者传。[②]

---

① 吴毓江撰，孙启治点校：《墨子校注》，中华书局，1993年，第439—440页。

② 章太炎：《国故论衡》，卷下诸子学九篇，《原儒》，上海古籍出版社，2003年，第104—105页。

自此之后，儒作为中华文化精神的承载者、守护者，逐渐成为社会生活的主导力量，"祖述尧、舜，宪章文、武，宗师仲尼"的基本立场和价值取向，无疑要潜移默化、感化挹注，改变和重塑中华民族的文化性格，而精神风貌上的"尚武"转向"崇文"，则是这种改造中最为突出的变化之一，这就是《汉书·儒林传》中所津津乐道的政治文化新气象："自此以来，公卿大夫士吏彬彬多文学之士矣。"

　　当然，这种民族文化性格的转型，有个漫长的过程，如前所述，汉、唐时期，尽管"崇文"的风尚越来越炽热，但"尚武"精神的魂魄犹存，汉唐雄风依然凌厉而高扬。领略"建安风骨"，或者品读唐人的"边塞诗"，我们分明能感受到当时人们那种慷慨激昂、遒劲豪迈的阳刚之气，那种悲凉沉郁、睥睨天下的风骨气概。"捐躯赴国难，视死忽如归！"（曹植《白马篇》）这就是"尚武"文化精神与民族性格的生动诠释。到了唐代，这一传统仍在延续，像"宁为百夫长，胜作一书生"（杨炯《从军行》），"男儿何不带吴钩，收取关山五十州。请君暂上凌烟阁，若个书生万户侯"（李贺《南园十三首之五》），"健儿宁斗死，壮士耻为儒"（杜甫《送蔡希曾都尉还陇右因寄高三十五书记》），等等，均洋溢着高昂的英雄主义与"尚武"精神。

　　由"尚武"到"崇文"的根本转折点是在宋代。众所周知，赵匡胤发动"陈桥驿兵变"，黄袍加身，建立宋朝之后，片面汲取唐末藩镇割据、五代政权更替的历史教训，在国家治理问题上，一味推行"重文教，抑武事"[①]的基本国策与方针，

---

① ［宋］李焘撰：《续资治通鉴长编》第三册卷十八，中华书局，1995年，第394页。

从而在国家发展大战略的层面，从根本上决定了"尚武"精神消亡，"崇文"意识全社会化这一趋势的不可逆转性。

在这样的政治环境和社会氛围之下，宋代的人们在其身份认同上，普遍以"崇文"为荣，而以"尚武"为耻，反映在个人仕途上，只要有机会，就希望出任文职，而排斥担当武职系统的官员。例如，宋代著名兵学思想家、经典兵书《何博士备论》的作者何去非，尽管兵学造诣精深，又身为武学教授（后晋升武学博士），但自上任之日起就不安心本职工作，曾转求其好友苏东坡两次上书朝廷，请求"改换文资"，即希望把他由武官改为文官，由武学博士转任为太学博士。何去非的选择，就是这方面非常有代表性的例子。

同样的道理，身为文职官员，如果要被改授武职，哪怕武职官衔更大、地位更高，一般也不愿意而婉言谢绝。《湘山野录》"卷中"就有这方面的生动记载："真宗欲择臣僚中善弓矢，美仪彩，伴虏使射弓。时双备者惟陈康肃公尧咨可焉。陈方以词职进用。时以晏元献为翰林学士、太子左庶子，事无巨细，皆咨访之。上谓晏曰：陈某若肯换武，当授与节钺，卿可谕之。时康肃母燕国冯太夫人尚在，门范严毅。陈曰：当白老母，不敢自辄。既白之，燕国命杖挞之，曰：汝策名第一，父子以文章立朝为名臣。汝欲叨窃厚禄，贻羞于阀阅，忍乎！因而无报。"[1]

在"崇文"社会大氛围笼罩下，武将在文官的眼中，简直就是四肢发达、头脑简单的大草包，司马光《涑水记闻》"卷

① ［宋］释文莹撰：《湘山野录》，明津逮秘书本。

七"中有关寇准斥责曹利用不假辞色，态度之恶劣，可为佐证："寇为枢密使，曹利用为副使，寇以其武人，轻之。议事有不合者，莱公辄曰：君一武夫耳，岂解此国家大体！"①武人出身的官员，即使是爬到了枢密使、宰相这样的最高位置，其内心仍耿耿于怀于非科举正途仕进，缺乏底气，不无自卑，有时候免不了要发点牢骚。如名将狄青就是如此："韩枢密功业、官职与我一般，我少一进士及第耳！"②狄青以卓越的战功而成为宋仁宗时期的最高军事长官——枢密使，但由于他是行伍出身，因此受到文臣们的嘲讽和排挤，他的名望与身份，也大大低于当时与他平级的枢密使韩琦。因为韩琦乃是以进士出身出任武职，看不起军人，说："东华门外以状元唱出者乃好儿。"缘是之故，狄青才有上述的感慨。在这样的"重文抑武"背景下，先秦时期的"尚武"之风真是销声匿迹，荡然无存了。

客观地讲，宋代的"文治"，是高度文明、高度成熟，可谓极大的成功，看张择端《清明上河图》所直观反映的汴京市民生活情景，读《武林旧事》《东京梦华录》之类的宋人笔记所记载的勾栏、瓦舍热闹场面，我们不能不承认宋代城市繁华、经济发达、文化进步，"暖风熏得游人醉，直把杭州作汴州"，我们可以批评宋时民众安于现状、缺乏进取的问题，但却不能不承认"山外青山楼外楼，西湖歌舞几时休"，老百姓安居乐业、悠闲自在的事实。

但是，缺乏"尚武"精神支撑的宋代国防，则是完全的失

---

① ［宋］司马光撰：《涑水记闻》，清武英殿聚珍版丛书本。

② ［宋］王铚撰：《默记》，清知不足斋丛书本。

从「尚武」到「崇文」

213

败，说宋代"积贫"，也许未必，但称宋代"积弱"，则是殆无疑义。它不仅不能收复当年被石敬瑭割让出去的战略要地燕云十六州，反而年复一年让契丹、女真、蒙古人欺凌打压，损兵折将，割地求和，面子里子都输得干干净净。它打不过辽，打不过金，打不过蒙元，那也就认了，可在小小的西夏面前，都难逞一胜，则多少有些让人匪夷所思了。

这种局面一直延续下来，中华民族的文化性格中，"粗犷""原始野性"的成分可谓日益弱化，阴柔替代阳刚，文弱替代武毅，成为普遍的社会风尚，说到底，这是"尚武"文化精神一步步走向消亡。到了清末民初，中国民族性，似乎再也看不到刚毅进取的特色，而成了鲁迅先生所批判的"中庸"模样："我们中国的最伟大最永久，而且最普遍的'艺术'是男人扮女人。这艺术的可贵，是在于两面光，或谓之'中庸'——男人看见'扮女人'，女人看见'男人扮'，表面上是中性，骨子里当然还是男的。"①"尚武"文化精神至此终于走入彻底的沉寂。这种局面，于今好像也不曾绝迹：男人，缺乏粗犷阳刚之气概，动辄成了"伪娘""奶爸"或"小鲜肉"；而女人呢，则或多或少丧失了温柔婉丽的天性，大多以"虎妈"自居了。

这种唯"崇文"而不"尚武"之风的盛行，从兵书地位在整个文化事业与图书分类中被日趋边缘化，也可以有所感受。中国古代兵书的数量之大，内容之广，确实是令人惊讶和震撼的，形容为"汗牛充栋""数不胜数"毫不为过。许保林先生《中国兵书知见录》曾著录兵书3380部，2323503卷（959部

---

① 《鲁迅全集》第五卷，最艺术的国家，人民文学出版社，1981年，第85页。

不知卷数，未计在内）；其中存世兵书 2308 部，18567 卷（731
部不知卷数，未计在内）；存目兵书 1072 部，4936 卷（228 部
不知卷数，未计在内）。① 这个统计尚是初步的，刘申宁先生的
《中国兵书总目》有更多的著录，达四千余部之多。② 但不管是
三千多部，抑或四千余部，中国为世界上首屈一指的"兵法大
国"，乃是当之无愧的。

　　但是，如我们所看到的，最终被收录于清代《四库全书》
的古代兵书，仅寥寥二十部而已③，像著名兵书《武备志》《筹
海图编》《翠微先生北征录》《百战奇法》等，都被摈弃，不予
收录。总之，在整个《四库全书》中，兵书的数量微不足道，
所占《四库全书》全部图书的比重，也几乎可以忽略不计。须
知，汉代编撰《汉书·艺文志》时，收录的兵书，就有"兵权
谋"十三家，"兵形势"十一家，"兵阴阳"十六家，"兵技巧"
十三家了。一千多年下来，被朝廷认可并收录入皇家图书编目
体系的，数量不曾增加，反而呈减少的趋势，这实在是不太正
常的文化现象。而这种文化现象之所以会出现，归根结底，乃
是受"尚武"转向"崇文"这种民族性格与文化精神之嬗变所
左右的。

---

① 参见许保林编《中国兵书知见录》，解放军出版社，1988 年。
② 参见刘申宁《中国兵书总目》，国防大学出版社，1990 年。
③ 就在这二十部之中，《黄石公三略》还是重复收录的，除了《三略》文本之外，
　 尚将《三略直解》收录在其中，由此可见，《四库全书》所收的兵书，实际上
　 仅有十九部。

西周武士复原图（刘永华　绘）

一

按照辩证法的基本逻辑，任何人，任何事物，都是可以"一分为二"的。所以，在评论历史人物时，无论该人如何优秀，怎样杰出，也得用显微镜找到他的缺点，即所谓的"历史局限性"。孙子固然是"百世兵家之师"，《孙子兵法》一书尽管被誉为"兵学圣典"，但同样也不能一味肯定，需要指出其不足，这样才算是科学的态度，正确的立场。

在孙子身上挑刺，并不是一件太容易的事情。当然，办法总比困难多，横挑鼻子竖挑眼，最厉害的书，最优秀的人，毛病一定能够被发现，孙子也没有任何例外。大致而言，对孙子其人其书的批评和指责，在古代，主要是以儒家的道德伦理规范来评价孙子，贬斥的重点，不外乎看不惯孙子明白道出用兵打仗的真谛"兵者，诡道也"（《孙子兵法·计篇》，以下引《孙子兵法》文字，只标注篇名），揭示克敌制胜的普遍规律"兵以诈立，以利动，以分合为变"（《军争篇》）。这样赤裸裸的真理，让那些沉溺于"仁义道德"幻梦，习惯于"君君臣臣，父父子子"和谐纲常，"迂远而阔于事情"的村学陋儒如何能够忍受，于是乎，难免要对孙子大肆挞伐，严词痛斥了："非诈不为兵，盖自孙、吴始。甚矣，人心之不仁也！"（叶适《水心别集·兵权》）"兵流于毒，始于孙武乎？""武称雄于言兵，往往舍正而凿奇，背义而依诈"，"《诗》《书》所述，《韬》《匮》所传，至此皆索然无余泽矣！"（高似孙《子略·孙子》）有人甚至将《孙子兵法》一书斥为"盗术"："孙、吴之书，盗术也。

不足陈于王者前。"（参见陈师道《后山集》）

　　当代对孙子其人其书的质疑，自然不会像古代三家村的冬烘先生那样，着眼于道德的层面发高论了。不过，鸡蛋里面挑骨头的思维方式和手法路径乃是一脉相承的。大致而言，这些攻讦，基本上是围绕三个命题做文章。一是批评孙子的"不战而屈人之兵"主张，断言其属于一厢情愿的和平幻想，"是唯心论的说法。从来不战而屈人之兵的事，是没有的"①。总而言之，孙子在当年是仰望星空太多，脚踏大地过少，只晓得理想很丰满的道理，却不明白其实现实很骨感的逻辑。不战而胜，更多的是望梅止渴，画饼充饥，海市蜃楼，是镜里花、水中月，完全当不得真的。二是认为孙子的许多看法、观点，有形而上学的弊端，其思维方式存在着一定的片面性，如在军事后勤保障问题上，孙子只讲因粮于敌，而很少说到千里馈粮，这显然是有片面性的，"因粮于敌的思想，孙子提出于前，兵家鼓吹于后。但是其局限性也是明显的"，"是不足取的封建糟粕"②。众所周知，正确的军事后勤补给原则，应该是因粮于敌和千里馈粮两者的有机结合，相辅相成，所谓"古之名将，内必屯田以自足，外必因粮于敌"（《宋史·李郃传》）。如此种种，不胜枚举。三是"在军队问题上，孙子过分强调将帅个人的偶然性作用，而轻视军中广大士兵群众的集体作用，更无视战地居民的人心向背"（郭化若《论孙子兵法》）。认为他过分突出将帅的地位和作用，动辄就说什么"将者，国之辅也"（《谋攻篇》），

---

① 郭化若：《论孙子兵法》，《宋本十一家注孙子》"代序"，中华书局上海编辑所，1961年。

② 吴如嵩主编：《中国古代兵法精粹类编》，军事科学出版社，1988年，第712页。

"夫知兵之将，生民之司命，国家安危之主也"（《作战篇》）。认为这实际上就是鼓吹和宣扬个人英雄史观，与之相反，孙子将普通士兵和广大民众却视作无物，不屑一顾，把他们看成牛羊，可以任人摆布，"若驱群羊，驱而往，驱而来"，主张"愚兵"，"能愚士卒之耳目"。（《九地篇》）认为慈不掌兵，将帅应该是铁石心肠，成冷血动物，要把士卒置放到无路可走的绝境，让他们在求生本能的驱动下，形格势禁，不得不为活命而与敌人拼个鱼死网破，所谓"投之亡地然后存，陷之死地然后生"（《九地篇》）。总之，认为孙子根本不懂得"战争之伟力的最深厚之根源，存在于民众之中"（参见毛泽东《论持久战》）的道理，也不了解"兵民是胜利之本"这一条颠扑不破的真理。

这里，我们暂且不对前两种质疑和批判进行讨论，仅就孙子的重将"愚兵"观念做实事求是的辨析。孙子突出将帅的地位与作用，忽略乃至轻视普通士卒的价值，的确是其根深蒂固的观念，这一点，我们不必为他讳言。但是，从本质上来说，这恰恰道出了尽管残酷但却正确的一般真理，即将帅是军队的灵魂，是全军的核心，也是制胜的关键，所谓"兵熊熊一个，将熊熊一窝"，"千军易得一将难求"，"置将不善，一败涂地"（《史记·高祖本纪》）。毛泽东也曾说过，思想政治路线确立以后，干部就是决定的因素。在孙子看来，战场上从来不相信眼泪，胜利才是衡量战略决策高下、作战指挥得失、队伍建设成败的唯一标准。所以在队伍建设、人员配置、用人方略上，抓关键，讲重点，就必须聚焦在将帅问题上，而不宜眉毛胡子一把抓，西瓜芝麻随地捡，空洞地讲大道理，唱道德高调，一味以今天的立场和原则，否定在战争特殊条件下"愚兵"之举的必要性。须知，经国与治军，乃是两种性质不同的运作，所谓"以正治国，以奇用兵"（《老子》第五十七章），"国容不入军，军容不入国"（《司马法·天子之义》）。而不同性质的矛盾，必须用不同的方法来加以解决，切不可随意混淆两类不同性质的矛盾。所以，从根本上讲，孙子最大限度地强调将帅的地位，把将帅能否真正发挥作用，视为制胜之道的重中之重，是完全合理的，是无可置疑的。对孙子的将帅中心论的否定和抨击，是不能成立的。

二

缘此之故，孙子强调军事行动必须以将帅为中心，高度重视将帅队伍的建设。当然，权利和义务是同步的。将帅在享有崇高地位和荣耀、拥有战场上生杀予夺、独断专行权力的同时，也需要做到德能配位，道德情操超凡脱俗。这包括在处事原则上，能够做到"战道必胜，主曰无战，必战可也，战道不胜，主曰必战，无战可也。故进不求名，退不避罪，唯人是保，而利合于主"（《地形篇》）。在知识才能上，能够做到"知彼知己"，"知天知地"，"通于九变"（参见《地形》《九变》诸篇）。在部队的管理方面，能够做到"令素行以教其民"，"与众相得"（《行军篇》），使广大士卒"亲附"，全军上下协力。在个人修养方面，能够做到"静以幽，正以治"（《九地篇》），沉着冷静而幽深莫测，正派公道而办事干练。

当然，在将帅问题上，孙子最为关注的，是将帅综合优秀素质的养成。为此，他提出了系统的将帅素质构成体系，这就是《孙子兵法·计篇》中说的"将有五德"："将者，智、信、仁、勇、严也。"对此，宋代梅尧臣注云："智能发谋，信能赏罚，仁能附众，勇能果断，严能立威。"应该说，理解和阐释得十分到位。这也就是司马迁对将帅道德与人品概括的另类演绎："文能附众，武能威敌。"这五项基本素质及其排序逻辑，既体现了对一般领导者应该共有的素质的普遍性要求，也揭示了对军事家和战争指导者应该特殊强调的专业性个体性要素，既兼顾了全面，更突出了重点，可谓高屋建瓴，举重若轻，充分呈示了孙子兵学理论的永恒魅力。

孙子是兵学家，不是道德家，所以，他毫不犹豫地将"智"列为将帅综合素质构成中的首位。这就是说，一个将领是否优秀，是否合格，关键看他是否足够睿智，是否聪明，能否触类旁通，能否举一反三。杜牧《孙子注》有云："盖智者，能机权，识变通也。"普鲁士军事学家克劳塞维茨在其不朽名著《战争论》中指出："战争是充满不确定的领域，战争中的行动所依据的情况有四分之三好像隐藏在云雾里一样，是或多或少不确定的。因此，在这里首先要有敏锐的智力，以便通过准确而迅速的判断辨明真相。"[①] 这真可谓千年之后孙子的异域知己。一个将帅倘若头脑不好使，那么再仁慈，再勇敢，亦无济于事，也是废物，诚如鲁迅先生所言，忠厚乃是无用的别名！道理的确很简单，只有睿智，才能注意信息的搜罗和掌握，才能重视搜集情报，做到"知彼知己"，"知天知地"，为正确判

---

① 《战争论》，中国人民解放军军事科学院译，解放军出版社，2012年，第51页。

断敌情、下定决心创造必要的前提。只有睿智，才能辩证分析和认知事物的利弊得失，"是故智者之虑，必杂于利害。杂于利而务可信也，杂于害而患可解也"（《九变篇》），"故不尽知用兵之害者，则不能尽知用兵之利也"（《作战篇》）。见利思害，见害思利，把握主动，胜券在握。只有睿智，才能高明预测战局的发展趋势，不但"遍知"天下，更能"先知""早知"，从而未雨绸缪，从容应对各种挑战，避免犯战略选择上的错误，避免走南辕北辙的弯路。只有睿智，才能正确评估敌我双方的实力，既看到对手的优势，也捕捉到对手的软肋，既肯定我方的强项，也不有意讳言我方的短板，在此基础上扬长避短，避实击虚。只有睿智，才能精准地选择战略上的突破方向，"并敌一向，千里杀将，此谓巧能成事者也"（《九地篇》），牵一发而动全身，以点带面，中心突破，四面开花。孙子在战略运筹上讲求综合，强调系统，但是在战略部署和实施上，则主张突出重点，把握关键，认为"备前则后寡，备后则前寡，备左则右寡，备右则左寡，无所不备，则无所不寡"（《虚实篇》），最忌讳的就是平均使用力量，在他看来，面面俱到，其实就是面面不俱到，什么都是重点，就没有了重点。所以主张要在决定性的地点，投入决定性的资源，"识众寡之用"，"以十击一"。由此可见，孙子将"智"列为将帅应有的综合素质的首位，绝非偶然，乃是有深意存焉。

在孙子的将帅素质光谱序列上，紧随"智"而居第二位的是"信"。这同样是孙子合乎逻辑的选择。"信能赏罚"，梅尧臣这样解读，还是狭窄了一些。"信"是为人处事上最可贵的情操与道德，是最高的伦理准则。所谓"言必信，行必果"，"言而无信，不知其可"。也是经国安邦或沙场竞雄的重要保证："小信未孚，神弗福也。"（《左传·庄公十年》）孔子认为，一个国家要巩固和发展，需要有三个基本要素：强大的国防——"足兵"，丰厚的经济基础——"足食"，以及"民信之"。如果迫不得已只能留下一个最重要的，那也唯"信"而已：自古皆有死，"民无信不立"（《论语·颜渊》）。孙子也认为，作为将帅，必须讲信用，守承诺，切忌出尔反尔，朝令夕改，食言而肥。威信，意味着统帅的威望乃是建立在讲信用基础之上的，真正做到信赏必罚，言出必行，履及剑至。另外，孙子突出"信"的地位，将它置于将帅"五德"序列中的第二位，也恰好从一个侧面透露出《孙子兵法》一书的成书年代当在春秋后期，当时贵族精神尚未泯灭，"信"是贵族立身处世之道的核心伦理准则，所谓"成列而鼓，是以明其信也"（《司马法·仁本》）。而进入战国时期，社会文化气质和精神风貌遂有了根本的变化，顾亭林《日知录》"周季风俗之变"对此所论甚详，大家自可覆按。那种建立在贵族精神上的荣辱观被彻底颠倒，是非心、感恩心、敬畏心几乎荡然无存，代之而成为社会普遍风尚的，是功利之心的甚嚣尘上，笼罩一切，"滔然道德绝矣……贪饕无耻，竞进无厌，国异政教，各自制断。上无天子，下无方伯。力功争强，胜者为右。兵革不休，诈伪并起"（刘向《战国策书录》）。在这种背景下，"信"就相对被边缘化，不再像春秋时期那样是贵族安身立命所普遍奉行的最高道德伦理准则。虽然后世儒家所倡导的"五常"之中，尚有"信"的一席之地，但位置已是在最后，算是忝陪末座了。故孟子言"四端"，只涉及"五常"中的"仁、义、礼、智"，"恻隐之心，仁之端也；羞恶之心，义之端也；辞让之心，礼之端也。是非之心，智之端也"（《孟子·公孙丑上》），而根本无视"信"的存在。对"信"的重视程度之别，其实说到底就是春秋与战国的时代精神之别，孙子对"信"的强调，恰好透露出其书为春秋晚期之产物的信息。

三

在孙子所倡导的将帅素质综合指标中，"仁"也是一个十分重要的要素，位居第三。稍加考察，我们就能发现，孙子所言之"仁"，对将帅来说，其实有两个层面的含义。浅层次的"仁"，就是指身为将帅者，当仁慈宽厚，富有悲天悯人的同情之心，能关心普通士卒，爱护广大民众，"视卒如婴儿"，"视卒如爱子"，与普通士卒劳逸相均，休戚与共。但是，就深层次而言，孙子所说之"仁"，应该是指身为将帅者的领导风格，其所应该具备的胸襟和肚量，即，能做到虚怀若谷，海涵包容，不以己之是非为是非，所谓"海纳百川，有容乃大"，能够开诚布公，集思广益，能够兼听则明，集众人之知为知。明白"水至清则无鱼，人至察则无徒"的道理，懂得"眼睛里面揉不得沙子"绝对未必是好事情的人生哲理，换言之，统帅或决策者千万不可自以为是，锱铢必较，对属下强求一律，求全责备。很显然，孙子的"仁"之深层次考量，把包容性推崇为决策者的博大胸襟之体现，高明领导艺术之特征，乃是合乎春秋时期人们关于"仁"真实含义理解的普遍共识的，因为当时人们对"仁"之本质的解读，就倾向于将"仁"看作诸多美德的有机综合，融会贯通，浑然一体。如《左传·襄公七年》就明确强调："恤民为德，正直为正，正曲为直，参和为仁。"显而易见，"仁"是"德、直、正"三者之间的有机结合与哲理抽象——"参和为仁"。

"勇"，在孙子的将帅素质养成结构中，也占有一席之地，在"五德"中排列在第四的位置。孙子所说的"勇"，同"仁"一样，也有两个层面的含义。首先，就低层次来说，"勇"就是不怕牺牲，视死如归，敢于搏杀，赴汤蹈火在所不辞，奋勇争先死不旋踵。所谓"投之无所往，诸、刿之勇也"（《九地篇》）。用《吴子兵法》的话来说，就是"临敌不怀生"，"受命而不辞，敌破而后言返"，"出师之日，有死之荣，无生之辱"（《吴子兵法·论将》）。其次，从更高的层次来说，"勇"其实是要求将帅具备毅然决然的担当精神，敢于负责，敢于承受。不抱怨于上，不诿过于他人。这种敢于负责的勇气，才是真正的大勇！有些统帅之所以难以让部下心悦诚服，很重要的原因之一，就是他们畏葸萎靡，优柔寡断，只会算计，患得患失，缺乏担当精神，从来不对事情负责，有了成绩，都贪得无厌，归功于自己，认为都是自己英明领导的结果，而一旦有问题，有缺憾，他们却从不在自己身上找原因，总是千方百计甩锅，推诿责任，找下属做替罪羊，这如何能让下属服气？其心怀怨怼，也是自然而然了！这一点，克劳塞维茨也在《战争论》有深刻的诠释，他曾经这么说过："（作为统帅）必须具有两种特性：一是在这种茫茫的黑暗中仍能发出内在的微光以照亮真理的智力。二是敢于跟随这种微光前进的勇气。前者在法语中被形象地称为眼力，后者就是果断。果断是勇气在具体情况下的一种表现，但它不是敢于冒肉体危险的勇气，而是敢于负责的勇气，也就是敢于面对精神危险的勇气。"[1] 而瑞士军事学家若米尼在其《战争艺术概论》一书中的观点也是相同的，他认为："一个军队总司令的最主要素质，永远是（一）具有顽强的性格与勇敢的精神，能够作出伟大的决定。（二）冷静沉着，或具有体魄上的勇气，不怕任何危险，学问仅居第三。"[2] 由此可见，孙子所说的"勇"，对将帅而言，是担当，是果断，"勇能果断"，梅尧臣的解读与阐释，真可谓是一语中的。

"严"，也是孙子的将帅综合素质体系中的一个有机组成部分和必有之义。慈不掌兵，"严"是将帅统军理兵的客观要求。曾国藩有言，以菩萨心肠，行霹雳手段，这个霹雳手段，就是"严"的形象写照。旅进旅退，令行禁止，这是军队克敌制胜的前提条件，统帅，在某种意义上来说，就应该是铁石心肠，冷血动物。所谓"严能立威"，按照《尉缭子·兵令上》的逻辑，其最高境界，乃是要让士卒畏将如虎，"卒畏将甚于敌者战胜，卒畏敌甚于将者战败"。在这个问题上，东西方军事学家的看法是殊途同归的。古代希腊军事学家色诺芬在其《长征记》中也主张："一支没有惩罚的军队是没有好处的。一个兵要执行好勤务，不伤害朋友，或是毫无遁词去攻击敌人，他必须对指挥官怕得比敌人厉害。"[3] 荀子在《议兵篇》中有云："齐之技击不可以遇魏氏之武卒，魏氏之武卒不可以遇秦之锐士。"战国时期，秦军之所以能够成为虎狼之师，战胜攻取，所向披

① 《战争论》，第53页。
② 《战争艺术概论》，刘聪译，解放军出版社，1988年，第74页。
③ 《长征记》，崔金戎译，商务印书馆，1985年，第57页。

靡，关键就在于秦军军纪最为严酷，这在反映秦国军事思想的兵书《尉缭子》一书中有充分的体现。它记载了大量的军纪军法，而且十分严酷，没有任何的宽贷，动辄就诛杀无赦，并株连家人同僚，充斥着血腥之气，令人闻风丧胆："将自千人以上，有战而北，守而降，离地逃众，命曰国贼。身戮家残，去其籍，发其坟墓，暴其骨于市，男女公于官。"（《尉缭子·重刑令》）而恰恰是这种严刑峻法，使得秦军将士在战斗中不敢有任何的侥幸心理，只能一往直前，与敌生死相搏。这才有"奋六世之余烈，振长策而御宇内，吞二周而亡诸侯"（贾谊《过秦论》），于公元前 221 年实现天下一统，六合混同，"秦王扫六合，虎视何雄哉。挥剑决浮云，诸侯尽西来"（李白《古风·秦王扫六合》）。

四

孙子的将帅素质观，全面系统，要言不烦，基本上解决了将帅道德情操养成的核心问题，"后孙子者，不能遗孙子"（茅元仪《武备志·兵诀评序》）。后人在这方面很难再有大的突破，都不能绕开孙子的论述另起炉灶，而只能在孙子基本观点的理论框架内做些修修补补的工作。说到底，军事理论的核心命题是一以贯之的，是超越时空的，用俗话说，就是"太阳底下没有新鲜事"。这正如英国军事学家富勒在其《装甲战》一书中所言："世界上没有绝对新的东西。我曾说过，学员只要研究一下历史，就可看出，战争的许多阶段将再次采用基本相同的作战形式。只需进行一些研究和思考，将会认识到，过去所采用的所有战略和战术，自觉或不自觉地都是根据军事原则制定的。无论军队是由徒步步兵、骑兵，还是由机械化步兵组成，节约兵力，集中，突然性，安全，进攻，机动和协调等原则总是适用的。总之，摩托化和机械化只是改变了战争的条件，即改变了将军使用的工具，而不是他的军事原则，这一点是显而易见的。"[①] 每个作战指导是如此，将帅的素质养成也不曾有例外。

当然，孙子构建的将帅素质养成系统内部的相关要素，也会有一定的微调和修正，与时俱进，别开生面。拿春秋末年的兵学典籍《孙子兵法》与战国时代的兵学名著《吴子兵法》《尉缭子》《六韬》相比，我们能够发现，在将帅素质养成问题上，它们之间既有共性，又有各自的个性，既不乏同一性，也不无差异性。这种差异性的产生，本质上是春秋战国时期战争宗旨和性质的嬗变，是当时时代精神更替与政治命题转换在将帅素质养成上的折射。春秋战争的核心主题是争霸，而战国战争的中心命题乃是兼并，到后期更升级为统一。在这样的时代背景下，后人在孙子将帅素质论的基础上有所微调，打上新时代的烙印，也是理有固宜，势所必然了。

战国兵书中在相关将帅素质养成问题阐释上，差异于孙子的论述，概括起来，主要有两点。一是将帅品德修养内容上的具体化，细致化。如关于将帅与普通士卒关系处理方面，虽然都提倡和衷共济，营造良好的内部氛围，但《孙子兵法》中只是提出抽象的原则，大而化之地做些强调，所谓"与众相得"，

---

① 《装甲战》，周德等译，解放军出版社，2006年。

孙子论「将」

229

"视卒如婴儿","视卒如爱子"云云,可是在《尉缭子》《六韬》等典籍中,这种"与众相得"的原则,乃被具体化了,有了切实可行的可操作性。它们要求,将帅要得人之用,就必须以身作则,身先士卒,率先垂范,与普通士卒同甘共苦,休戚与共,从而来争取得到广大士卒的衷心拥护,热忱爱戴:"将冬不服裘,夏不操扇,雨不张盖","军皆定次,将乃就舍。炊者皆熟,将乃就食。军不举火,将亦不举"(《六韬·龙韬·励军》)。凡此种种,不胜枚举。

二是因时代政治生态、文化氛围的改变,而对将帅综合素质养成的具体纲目,做合乎逻辑、顺应现实的调整。在孙子那里,将帅综合素质的五个要素,为"智、信、仁、勇、严"。《六韬·龙韬·论将》也把将帅应该具备的基本素质概括为五项,所谓"将有五材",纲目数量虽然仍为五项,但是具体内容却有了较大的差异,成了"勇、智、仁、信、忠"。"勇"变成为"五材"之首,另外,又用"忠"取代了"严","勇则不可犯,智则不可乱,仁则爱人,信则不欺,忠则无二心"。应该指出,这种调整,不是偶然的,而是战国新型政治生态在将帅综合素质养成方面的曲折体现。众所周知,学术界一般将《孙子兵法》视为成书于春秋后期的著作,《六韬》的成书年代,专家们的基本观点则是认同为战国晚期。春秋与战国之间,政治生态有了根本性的变化,即春秋时期的贵族联合执政,到了战国时期,基本上为君主专制集权所取代。在这种"惟辟作福,惟辟作威"的专制集权体制之下,将帅施行机断指挥的相对独立性当然是日趋式微,他们的身份已完全依附于君主本位,他们扮演的角色,其实也就是中央君主专制集权体制这架高速运转机器中的一颗螺丝钉而已。这样的新型政治生态，决定了"智"不可能被列为"五材"之首，因为足智多谋，只会让大权独揽的君主有芒刺在背的感觉，只会让君主很不放心，寝食难安。同样的道理，《六韬》也不可能将"仁"置于"五材"的首要位置，将帅汲汲于"爱兵恤民"，这在君主眼里，迹近收买人心，有沽名钓誉、分庭抗礼的潜在威胁。所以，在专制集权的君主看来，将帅最重要的素质，就是不怕死，敢于冲锋陷阵，能够骁勇善战，因此，勇就成了身为将帅者的第一"美德"了。至于"忠"被列入"五材"，也完全是专制集权体制条件下，将帅必须对君主毫无保留地输诚纳忠的义务，绝对不允许有任何其他的想法，所谓"忠则无二心"的谜底，正在这里。

从这个意义上说，从孙子和《六韬》所列的将帅综合素质内涵与次序的微妙差异性上，我们能够观察到将帅素质的构成和变化，换言之，概念或范畴的提出或取舍，一定会隐晦而曲折地折射出不同历史时期之政治生态的鲜明特征，而同样的道理，我们也可以通过它，来正确地解读和深刻地理解像《孙子兵法》这样的经典文本所蕴含的特定文化气息，从而真正感受并领悟一种难以言说且又魅力永恒的时代精神。

公元前 146 年罗马对迦太基最后一战

「同」大于「异」：中西方军事学宗旨与原则的比较研究

233

一、中西方军事思想比较视野下所呈示的差异性

众所周知，中西文化比较研究，是学术界热衷搞的热点之一。这当然有积极的意义，但是，也往往难以避免有张冠李戴、郢书燕说的尴尬，其症结，就在于强调矛盾特殊性的同时，忽略或掩盖了矛盾普遍性。即在比较的过程中，经常在强调事物的某些方面因素的同时，漠视和淡化了事物的其他方面因素。这个问题，在中西方军事学研究领域同样存在。

譬如，拿《孙子兵法》与《战争论》做比较就是有明显问题的，它们产生的时间有落差，它们并不处于同一个时空中，不在同一个社会形态里，《孙子兵法》是古代兵书，而《战争论》则是近代工业革命以后的产物。这样做中西比较是很困难的，我们容易拿一点有意无意地掩盖其他方面。比如我们说，西方讲个体，中国讲集体，西方是独创的，中国是协作的，中国是讲抽象的，而西方则是注重具体的，等等，这在音乐方面就不成立。在中国，独奏曲才反映出中国音乐的水准与成就，如《广陵散》《二泉映月》《江河水》《春江花月夜》《十面埋伏》等等；而西方音乐的最高形式，恰恰是由弦乐部、木管乐部、铜管乐部、打击乐部组合演奏的交响乐，那是典型的合奏。所以简单地作中西比较，并推导出某种结论，往往似是而非，缺乏逻辑。

除了时空上的落差，再就是比较中对象选择性也很容易出问题。我们在进行中西方军事思想比较时，参照范本往往局限于《孙子兵法》《战争论》《战争艺术概论》等极个别的代

表作，可是，无论是中国，还是西方，军事思想的载体是丰富多彩、形式多样、内涵不一的。仅就中国古代而言，除了占主导地位的"兵权谋家"之外，还有"兵形势""兵阴阳""兵技巧"等三大学派，它们之间的学术宗旨、思想内容、价值取向、逻辑结构、表述方式、文字叙述，可谓差异巨大，各不相同。"兵形势"的"雷动风举，后发而先至，离合背向，变化无常，以轻疾制敌"，完全不同于"兵技巧"的"习手足，便器械，积机关，以立攻守之胜"（《汉书·艺文志·兵书略序》）。因此，即便是所谓的"百世兵家之师"《孙子兵法》也无法覆盖中国古代兵学，它的许多特点，只能说是《孙子兵法》所独有的，而不是中国兵学所共有的。把《孙子兵法》所呈示的文化特征，泛化为整个中国古代兵学特征，实际上属于以偏概全，挂一漏万。

例如，我们经常说，《孙子兵法》重战略，讲宏观，重理念，讲抽象，这应该没有大的问题。事实上，《孙子兵法》阐述兵理的确极具特色，其突出的特点是：舍事而言理，词约而义丰，具有高度的哲理色彩和抽象性。后世兵书祖述《孙子兵法》，很自然形成了以哲理谈兵的历史传统，如《孙膑兵法》《吴子兵法》《尉缭子》《六韬》《三略》《李卫公问对》《阵纪》《兵经百篇》《草庐经略》《投笔肤谈》等著名兵书都以哲理性强而著称，一些大型综合性兵书如《武经总要》《武备志》等也收录了很丰富的军事理论内容。即使是那些阵法、兵器等技术型兵书，也大都以理论为纲进行编纂，从而形成了中国兵书"舍事言理"或"以理系事"的创作风格。至于编修形式上，后世兵书亦多有模仿《孙子兵法》者，如《投笔肤谈》即"仿

《孙子》之遗旨，出一隙之管窥，谬成十三篇"（西湖逸士《投笔肤谈》）。但是，并非所有古代军事文献都是以这样一个特征面世，它就无法囊括《盖庐》《伍子胥水战法》《火攻挈要》《墨子城守十二篇》等"兵阴阳"或"兵技巧"的内容与特色。所以，我们仅仅拿《孙子兵法》与《战争论》为中西方军事思想进行比较的素材，在有限的材料的基础上，再来分别归纳和揭示中西方军事思想与文化的具体特征，就不免会陷入顾此失彼、捉襟见肘的逻辑困境了。

当然，我们这么说并不意味着中西方军事思想之间不存在一定的差异性。概括而言，这种差异性大致体现为：概念范畴精确性与顿悟直觉形象化之别，宏观定性与微观定量之程度不一之别，侧重理念提炼与注重操作践行之力度有异之别。

通常而言，以《战争论》为代表的传统西方军事思想相对是以概念和范畴的归纳、描述、阐释为主体，而中国古代兵学的很多表述却是相对模糊的，如孙子对"形"和"势"的论述，"胜者之战民也，若决积水于千仞之谿者，形也"（《孙子兵法·形篇》）；"故善战人之势，如转圆石于千仞之山者，势也"（《孙子兵法·势篇》）。这都是非常形象、文学性的语言，但是显然不怎么具体，更谈不上是科学准确，它所体现的，恰恰是混沌整体的东方思维特点。

在对有关的范畴、概念阐释上，这种差异性是屡见不鲜的。如"攻守"问题，是中西方军事思想家所共同关心并加以深入阐发的，但论证的方式与文字表述，却是各具特色的。孙子主张根据战场情势的变化，采取相宜的攻守策略，主动灵活地打击敌人。一般地说，受种种主客观条件的制约，在临战之前，双方的力量对比尽管有强弱之别，但并不是一成不变的，所以作为战争指导者，要善于根据战场情势，发挥主观能动性，采取正确的、行之有效的措施和方法，使己方的军事实力得以充分施展，已有优势进一步加强，若处劣势则设法改变摆脱，高敌一筹，稳操胜券。在这个过程中，如何采取适当的作战样式，仍是一大关键。通常的作战样式不外乎攻与守两种，两者各有自己的功能，一般地说，"不可胜者，守也；可胜者，攻也"。高明的军事家应该按照"守则不足，攻则有余"的作战规律，从自己军事实力条件出发，灵活主动地实施进攻或进行防御。若是实施防御，要善于隐蔽自己的兵力，"藏于九地之下"，令敌无法可施；一旦展开进攻，则要做到"动于九天之上"，使敌猝不及防。总之，只有在攻守问题上真正做到因敌变化，随机处置，才算是完全掌握了灵活机动的指挥艺术之精髓。这时候无论是实施进攻，还是进行防御，都可以得心应手，从容自如，无往而不胜，"故能自保而全胜"。(《孙子兵法·形篇》)

　　而克劳塞维茨的《战争论》一书中，也曾对攻守问题进行过深入的探讨，并且得出了和孙子近乎一致的结论。他说："假定使用的是同一支军队，进行防御就比进攻容易。"防御这种作战形式，就其本身来说，比进攻的作战形式要显得优越。这是因为防御者可以得到的"待敌之利和地形之利"，"不仅仅是指进攻者在前进时所遇到的种种障碍（如陡峭的山谷、高山峻岭、两岸泥泞的河流、成片的灌木林，等等），而且是指那些能使我们隐蔽的配合军队行动的地形"。因此，在"力量弱小"之时就不得不采用防御的作战样式，"防御是一种较强的但带有消极的目的的作战形式，那么，自然只有在力量弱小而需要运用这种形式时，才不得不运用它。一旦力量强大到足以达到积极的目的时，就应该立即放弃它……所以以防御开始而以进攻结束，是战争的自然进程"。① 而富勒的看法亦和克氏相近，"作战艺术有赖于进攻和防御之紧密结合，犹如建筑大厦少不了砖和水泥一样……正确的作战艺术取决于攻防行动的紧密结合，换言之，作战的胜负取决于两者结合的有效程度。几乎也可以说，搞好攻防结合就胜利，搞不好攻防结合就失败。……确实，有时打算用防御行动来避战。但是，这并不是彻底避战，只是暂时或局部的避战。避战是为了在更加有利的条件下再次作战，在一地避战是为了在另一地更有力地作战。这样的避战行动可稳定战斗，即为尔后战斗（如不是当前战斗）奠定基础。因此，让我们永远牢记：防御是进攻的基础；也让我们永远不忘记：适时的防御是胜利的基本保证。"② 这些都是非常谨严的表述，不过，其说的道理同样不外乎"守则不足，攻则有余""攻是守之机，守是攻之策，同归乎胜而已"（《唐太宗李卫公问对》卷下）的含义罢了，然而，其形式逻辑展示路径与语言文字描述方式，彼此间的差异性乃是相当明显的。

二、"同归而殊途，一致而百虑"：中西方战略观念的同一性

但是，正如《周易》中所说"天下同归而殊途，一致而百

---

① ［普鲁士］克劳塞维茨：《战争论》（上、下卷），军事科学院译，解放军出版社，2012 年，第 366 页。

② ［英］富勒：《装甲战》，周德等译，解放军出版社，2016 年，第 167—169 页。

虑"（《周易·系辞下》），中西方军事思想的"同"才是主流。矛盾的普遍性是根本，特殊性是补充，差异性是"末"，同一性才是"本"，主次秩序不可混淆，本末关系不宜颠倒。

简略地说，中西方军事学战争观念与战略思想上的同一性集中呈示为以下几个方面。

第一，在价值理念上，"慎战""备战"是中西方战争观念上的普遍取向。

众所周知，不懂兵道，不会打仗，那么"人为刀俎，我为鱼肉"，人家就会杀上门来欺负你，生命财产难以保全，政权社稷危若累卵。但是，战争意味着鲜血的汩汩流淌、财富的灰飞烟灭，所以中国古代兵家既能正视战争现实，又反对好大喜功，穷兵黩武，它不同于法家之流的迷信暴力、汲汲于"好战""主战"，也不同于老子、孔子、墨子的空谈道德、一味"非战""反战"，而是强调慎战至上，反对无限制动用军事手段。孙子说："兵者，国之大事，死生之地，存亡之道，不可不察也。"（《孙子兵法·计篇》）《司马法·仁本》说："故国虽大，好战必亡；天下虽安，忘战必危。"

检阅西方有代表性的军事学著作，我们能发现，既"重战"，又"慎战"，也是其战争观念的基调与主旋律。如克劳塞维茨说："如果说流血的屠杀是残酷可怕的，那么这只能使我们更加严肃地对待战争，而不应该使我们出于人道让佩剑逐渐变钝，以致最后有人用利剑把我们的手臂砍掉。"[1] 这是"重战"。

但是，西方军事学家更普遍强调战争必须有所节制，不可

---

[1] 《战争论》，第300、301页。

肆意妄为。这方面，英国军事学家富勒的观点具有代表性，他说："战争可分为两大类：具有有限政治目的战争，和具有无限政治目的的战争。只有第一种战争给胜利者带来利益，而决非第二种。"[①] "作战的最终目标是歼灭敌人这种有害的信条，在理论上否定了战争的真正目的，即建立更加美好的和平生活。……要实现战争的真正目的，就必须终止使用破坏性手段。这就是说，战争必须逐步地由武力争斗发展到智谋与士气斗争的阶段，换言之，指挥艺术必须基本上代替暴力，用瓦解士气或精神上的打击，代替武力争斗或肉体的攻击。"[②] "战争中野蛮的行为是不划算的，不要使你的敌人陷入绝望，尽管你会赢得战争，但是这样会拖延战争，造成财产和人员的更大伤亡，这本质上来说对你是不利的。"这与《孙子兵法·军争篇》中的"归师勿遏，围师必阙，穷寇勿迫"思想一致，是完全符合政治生态学的一般原理的，即"除恶不能务尽"，留有对手，恰恰是自己得以生存的前提，所谓"无敌国外患者，国恒亡"。不仅如此，在必要时还要向对手施以援手："纵观战争史，值得注意的是，敌友关系是频繁变化的。当你打败了你的对手时，你应该明智地让他再站起来。这是因为，在下次战争中，你有机会需要他的帮助。"[③] 为此，富勒对克劳塞维茨致力于赢得战争的观点给予批评："克劳塞维茨有许多盲目的见解，其中最大的错误是：他从来没有认识到战争的真正目的是和平而不是胜利。因此，和平应该是政策中的主要思想，胜利只不过是为达

---

① ［英］富勒：《战争指导》，绽旭译，解放军出版社，2014年，"前言"第4页。

② 《装甲战》，第54页。

③ 《战争指导》，"前言"第4页。

到这种目的的手段。"①

　　第二，都普遍强调精神要素在战争中所发挥的关键性作用。

　　中西军事思想家对从事战争的精神要素的重视是高度相似的，认为军队精神风貌是战争取胜的关键。《孙子兵法》认为，战争的胜负首先取决于"道"："道者，令民与上同意也"（《计篇》），强调"上下同欲者胜"（《谋攻篇》），"修道而保法"（《形篇》），做到政治清明，上下和谐，内部团结。而战争指导者要鼓舞斗志，振奋士气，在于能够在精神的层面上，让士卒们置身于无路可退的绝境，使其在求生的本能驱使下，奋不顾身，死不旋踵："投之无所往，死且不北，死焉不得，士人尽力"，这就是所谓的"善用兵者，携手若使一人，不得已也"，"投之亡地然后存，陷之死地然后生"（《九地篇》）。《淮南子》中也说："千人同心，则得千人力；万人异心，则无一人之用。"（《淮南子·兵略训》）即便是古代兵家所津津乐道的"不战而屈人之兵"，"全胜不斗，大兵无创"，其成功的要诀也首先是精神上对敌手的彻底碾压，使对手完全丧失抵抗的意志，放弃任何侥幸心理，束手就擒，自甘失败，所谓"三军可夺气，将军可夺心"。而我方则胜券在握，无往而不胜，"以威德服人，智谋屈敌，不假杀戮，广致投降"（《阵纪·赏罚》），真正进入用兵的理想境界。

　　在西方军事学家的心目中，军事力量的最核心要素，同样不是物质层面的，而是精神层面的，一支军队战斗意志坚强与

「同」大于「异」：中西方军事学宗旨与原则的比较研究

————————
① 《战争指导》，第84页。

否，精神风貌是激扬高昂还是萎靡不振，直接关系到战斗力的高下，决定着战争的胜负归属。克劳塞维茨在这方面有大量的论述，他说："斗争是双方精神力量和物质力量通过物质力量进行的一种较量，不言而喻，在这里不能忽视精神力量，因为正是精神状态对军事力量具有决定性的影响。""物质的原因和结果不过是刀柄，精神的原因和结果才是贵重的金属，才是真正的锋利的刀刃。""任何战斗都是双方物质力量和精神力量以流血的方式和破坏的方式进行的较量。最后谁在这两方面剩下的力量最多，谁就是胜利者。在战斗的过程中，精神力量的损失是决定胜负的主要原因。……因此，使敌人精神力量遭受损失也是摧毁敌人物质力量从而获得利益的一种手段。"[1]博福尔在《战略入门》中也说："要想解决问题，必须首先创造、继而利用一种情况使敌人的精神大大崩溃，足以使它接受我们想要强加于它的条件。"[2]富勒在《战争指导》一书中一再强调，军事胜利的标志，乃是在精神上彻底击垮对手，而非其他："战略的目的是以武力而不是以文字来维护一种政治主张。这通常以作战来实现，其真正的目的不是摧毁物质力量，而是在精神上压倒敌人。"[3]

第三，中西方军事学家都强调以实力建设为本。

军事实力是军队综合战斗力的具体表现，也是战争的物质基础。在军事斗争中，奇谋妙计固然占有举足轻重的位置，但

---

① 《战争论》，第 101、179、246 页。

② ［法］安德烈·博福尔:《战略入门》，军事科学院外国军事研究部译，军事科学出版社，1989 年，第 8 页。

③ 《装甲战》，第 53 页。

从根本上讲，强大的军事实力才是真正决定战争胜败天平上的砝码。因为不仅"伐兵""攻城"离不开一定的军事实力的巧妙运用，就是"伐谋""伐交"也必须要以雄厚的军事实力为后盾。

综观古往今来的战争历史，无一不是力量强大的一方战胜力量弱小的一方。即使本来是弱小的一方，要最后战胜力量强大的一方，也是由于通过各种各样的手段，逐渐完成优劣强弱态势的转换，使得自己的力量最后从总体上超过了最初力量强大的一方，然后才能摧枯拉朽，所向披靡，这实实在在是不以人们主观意志为转移的战争一般规律。杜甫诗云"诸葛大名垂宇宙"，但是不论诸葛亮怎样足智多谋，殚精竭虑，鞠躬尽瘁，"三顾频烦天下计，两朝开济老臣心"，五月渡泸，深入不毛，六出祁山，北伐中原，但到头来依然是僻处西南一隅，"出师未捷身先死"，就是因为蜀汉与曹魏实力之比，实在太过于悬殊了，"起巴蜀之地，蹈一州之土，方之大国，其战士人民，盖有九分之一也"，"众寡不侔，攻守异体"（《三国志·蜀书·诸葛亮传》），常言道，"巧妇难为无米之炊"，诸葛亮"连年动众，未能有克"的命运乃是由实力注定了的。

既然敌我力量对比对战争胜负结果具有关键性的意义，以孙子为代表的中国兵家便提出了在军队作战中要努力确保自己先立于不败之地，"先为不可胜"，"不可胜在己"，做到"胜兵先胜而后求战"，在此基础上，则要积极寻求和利用敌人的可乘之机，即所谓"以待敌之可胜"，"不失敌之败也"，一旦时机成熟，便果断采取行动，乘隙蹈虚，以压倒的优势，予敌人以致命的打击，"故胜兵若以镒称铢"，"胜者之战民也，若决积

「同」大于「异」：中西方军事学宗旨与原则的比较研究

水于千仞之谿者，形也"，认为唯有如此，才是真正"能为胜败之正"（《孙子兵法·形篇》），成为战争胜负的主宰。应该说，这一作战指导思想是带有普遍指导意义的。

实力建设为本，谋略只起辅助作用，西方军事学家的认识同样如此。如克劳塞维茨就指出："任何一次出敌不意都是以诡诈（即使是很小程度的诡诈）为基础的。……（诡诈）这些活动在战略范围内通常只起很小的作用。""对统帅来说，正确而准确的眼力比诡诈更为必要，更为有用。战略支配的兵力越少，就越需要使用诡诈。因此，当兵力很弱，任何谨慎和智慧都无济于事，一切办法似乎都无能为力的时候，诡诈就成为最后手段了。"[①] 而若米尼也认为：佯动欺骗，也只是一种万不得已情况下的选择，作战胜利从根本上说，是建立在拥有强大实力的基础之上："首先必须行动迅速，其次必须极力以佯动欺骗敌人，使敌人不了解真实情况。然而，这是一种最大胆的机动，只有在十分急需的情况下才可以采用。"[②]

第四，中西方军事学家都强调将帅为军队的灵魂，将帅的素质直接关系战争的胜负。

克敌制胜的重要条件之一，在于将帅的素质和能力。俗话说，千军易得，一将难求，其德行情操的优劣，韬略智慧的长短，指挥艺术的高下，直接关系到军队的安危，战争的胜负。因为假如统军之将猥琐无能，"伐谋""伐交"固然无从谈起，"伐兵""攻城"也将一事无成。所以孙子等中国古代兵家

---

① 《战争论》，第 206、207 页。

② ［瑞士］若米尼：《战争艺术概论》，刘聪译，解放军出版社，1988 年，第 155、156 页。

对将帅的作用和地位予以充分的肯定，把它看作是保证战略目标实现的重要条件，"将者，国之辅也。辅周则国必强，辅隙则国必弱"（《孙子兵法·谋攻篇》），"故知兵之将，生民之司命，国家安危之主也"（《孙子兵法·作战篇》）。一再强调"夫总文武者，军之将也。……得之国强，去之国亡"（《吴子兵法·论将》）；"国之大事，存亡之道，命在于将"（《六韬·龙韬·论将》），"置将不善，一败涂地"（《史记·高祖本纪》）。对此，西方军事学家的认识也是相似的，如若米尼就强调指出："一个统帅的高超指挥艺术，无疑是胜利的最可靠的保证之一，尤其是在交战双方的其他条件都完全相等时，更是如此。""有关支配军队的制度是政府军事政策中最重要的组成部分之一。一支精锐的军队，在才能平庸的司令官指挥之下，能够创造出奇迹。而一支并非精良的军队，在一位伟大的统帅指挥之下，也能创造出同样的奇迹。但是，如果总司令官的超人才能还能再加上精兵，就一定能创造出更大的奇迹。"①

将帅的作用，既然如此重要，那么，对将帅提出高素质的要求，也就是选将任将中的必有之义了，这方面，中西军事学家的认知也没有任何差异。孙子主张将帅应该具备"智、信、仁、勇、严"等"五德"，强调将帅要做到"静以幽，正以治"（《孙子兵法·九地篇》），"进不求名，退不避罪，唯人是保，而利合于主"（《孙子兵法·地形篇》）；《六韬·龙韬·论将》提出"将有五材"："勇、智、仁、信、忠。"而若米尼则把将帅所需要拥有的最核心素质归纳为两大类："一个军队总司令的

---

① 《战争艺术概论》，第62、63页。

最主要素质，永远是（一）具有顽强的性格与勇敢的精神，能够作出伟大的决定；（二）冷静沉着，或具有体魄上的勇气，不怕任何危险，学问仅居第三位。但是学问却能起有力的辅助作用；不承认这一点，就是瞎子。"[①]

在将帅的诸多应有素质中，睿智与勇敢应该是最为重要的，所谓"智能发谋"，"勇能果断"。尤其是"智"，更是重中之重，因为只有睿智，才能注重搜集信息，"知彼知己"，"知天知地"；只有睿智，才能高明分析事物的利弊得失；只有睿智，才能正确预测战争的发展趋势；只有睿智，才能全面评估敌我双方的实力对比；只有睿智，才能准确选择战略的突破方向。这一点，中西方军事学家的论述可谓是异曲同工。《虎铃经·先谋》有云："用兵之要，先谋为本。"克劳塞维茨则说："如果我们进一步研究战争对军人的种种要求，那么，就会发现智力是主要的。战争是充满不确实性的领域。战争中行动所依据的情况有四分之三好像隐藏在云雾里一样，是或多或少不确实的。因此，在这里首先要有敏锐的智力，以便通过准确而迅速的判断来辨明真相。……战争是充满偶然性的领域，人类的任何活动都不像战争那样给偶然性这个不速之客留有这样广阔的活动天地……要想不断地战胜意外事件，必须具有两种特性：一是在这种茫茫的黑暗中仍能发出内在的微光以照亮真理的智力；二是敢于跟随这种微光前进的勇气。前者在法语中被形象地称为眼力，后者就是果断。""智力到处都是一种起主要作用的力量，因此很明显，不管军事行动从现象上看多么简

---

① 《战争艺术概论》，第 74 页。

单，并不怎么复杂，但是不具备卓越智力的人，在军事行动中是不可能取得卓越成就的。"①而若米尼的观点更是明快简洁，即：1. 善于审时度势；2. 能够践行落实。一个将帅的才能包括两个完全不同的方面。一方面是善于审时度势和计划行动；另一方面是善于亲自使行动计划付诸实施，直至成功。这第一种才能可能是一种天赋，但是这种天赋还可从学习中得到培养和发展。至于第二种才能，主要决定于将帅的个性。通过学习虽然能发展和完善个性，但人却永远不能培养出属于个人天赋的"能力"。②

将帅要发挥作用，提高效率，很重要的保证，是君主不加掣肘，将帅拥有战场的机断指挥权力，所以，中西军事学家都反对"将从中御"。孙子提倡"君命有所不受"，主张"战道必胜，主曰无战，必战可也；战道不胜，主曰必战，无战可也"（《孙子兵法·地形篇》）。《三略·中略》认为："出军行师，将在自专。进退内御，则功难成。"所言都是一个道理。而在西方，"君命有所不受"这一原则，同样得到充分的肯定，如拿破仑就曾就此发表过看法，堪称真知灼见："总司令不能借口大臣或国王的命令来掩饰自己的罪过，因为大臣或国王都远离战场，他们很少知道或完全不知道当时的战争局势。1. 任何一个总司令，如果明明知道计划不好，而且有致命的危险，却仍然着手执行这个计划，那么，这个总司令就是罪犯。他应当向上级报告，要求修改计划，最后宁可辞职不干，也不能成为毁灭

---

① 《战争论》，第 53、55、69 页。

② 参见《战争艺术概论》，第 374 页。

自己部队的祸首。2. 任何一个总司令，如果确信战争不能致胜，而仍旧遵照上级命令作战，那这个总司令也是罪犯。"①

三、中西方军事学关于作战指导原则上的同一性

在作战指导也就是战法、战术问题上，中西方军事学的基本原则也是完全相通的，具有高度的同一性。

第一，集中优势兵力，在决定性的地点投入决定性的力量，这是中西军事学家共同关注的作战指导命题。

集中优势兵力，在全局或局部上造成"以镒称铢"的有利态势，各个歼灭敌人，乃是夺取战争胜利一个不可忽略的环节。作战双方，谁拥有优势的战场地位，谁就能拥有军队行动的主动权，这乃是古今中外战争中的一条重要规律。大体而言，两军对阵交锋，凡兵力薄弱、指挥笨拙的一方，一般情况下，总是比较被动。所以，古往今来的军事家们很自然地提出了"众寡分合"的著名命题。所谓"众寡"，就是指兵力的对比问题；所谓"分合"，就是指兵力的部署使用问题。两者的核心所在，就是要集中兵力，在全局或局部上造成优势，分一为二，避实击虚，各个击破敌人。

孙子明确强调"识众寡之用者胜"，把这看成是"知胜有五"（《孙子兵法·谋攻篇》）的一项重要因素。这里的"众寡"，当然是指兵力的多少，而"用"则是指兵力的运用，也即《孙子兵法·军争篇》中所说的"分合为变"。孙子认为，

---

① ［法］拿破仑:《拿破仑文选》（上卷），陈太先译，商务印书馆，1980年，第351页。

要确保掌握主动权，使胜利的天平朝着自己一方倾斜，就必须在战场交锋时集中优势兵力，给敌人以毁灭性的打击。

兵力的大小与兵力的集中分散，并不是同一回事情。从总体上说，兵力对比即使占优势，但在具体作战过程中也极有可能因兵力部署的分散而丧失优势；反之，即使兵力在总体上占劣势，但也有希望通过相对集中而形成局部上的优势。这说明，集中兵力是有一定条件的，从主观上说，敌我双方谁也不傻，都力求集中兵力，千方百计追求战场上的优势。然而能不能实现这个初衷，则取决于指挥员主观能动性能否得到充分的发挥。通过高明的指挥，使我方兵力集中而使敌人兵力分散，这才是集中兵力的关键。

孙子在"众寡之用"问题上，既肯定集中兵力的意义，提倡"以十击一"；又积极探讨如何在战争活动中通过"分合为变"等手段的运用，来达到集中兵力、掌握主动的目的。

孙子认为，集中兵力的关键，在于最大限度地发挥主观能动作用，善于创造条件，捕捉战机。从战术上讲，就是要做到"形人而我无形"，使敌人显露真情而我军不露任何痕迹，即敌人在明处作靶子，我方在暗处施算计。他进而论说道，这样一来，我军兵力就可以集中而敌人兵力却不得不分散。通过调动敌人，来使我方的兵力集中在一处，而让敌人的兵力分散在十处。于是，集中兵力的意图即得以实现，我方便能以十倍于敌的兵力去进攻敌人，从而造成我众而敌寡的有利态势。而能做到集中优势兵力攻击劣势之敌，"则吾之所与战者约矣"，出现"吾所与战者寡"（《孙子兵法·虚实篇》）的局面。

孙子在肯定集中兵力重要性的同时，也深刻揭示了分散兵力的危害性。他认为，在兵力部署上如果不分主次方向，平均使用力量，单纯企求"无所不备"，那到头来势必形成"无所不寡"，不能实现"我专而敌分"的意图。因为面面俱到等于面面不俱到，什么都是重点等于没有重点，为此，孙子特别强调"并敌一向，千里杀将"（《孙子兵法·九地篇》）。

孙子之后的兵家，也一致强调集中兵力的必要性，如《淮南子·兵略训》就曾用形象的比喻来说明这层道理："夫五指之更弹，不若卷手之一挃；万人之更进，不如百人之俱至。"《百战奇法·形战》则更明确指出"以众击寡，无有不胜"，高度重视运用"分合为变"的手段，来达到避实击虚、集中兵力的目的，"设虚形以分其势"，造成"敌势既分，其兵必寡；我专为一，其卒自众"的有利态势，牢牢掌控住作战的主动权。

通观西方代表性的军事学著作，集中兵力，将决定性的力量投入决定性的地点，也是军事学家的普遍共识。克劳塞维茨就一再强调集中兵力为"最普遍的制胜因素"："数量上的优势不论在战术上还是在战略上都是最普遍的制胜因素。""人们必须承认，数量上的优势是决定一次战斗结果的最重要的因素，只不过这种优势必须足以抵消其他同时起作用的条件。从这里得出一个直接的结论：必须在决定性的地点把尽可能多的军队投入战斗。""我们认为，决定性地点上的兵力优势，在我们欧洲的这种情况下以及一切类似的情况下，是十分重要的，即使在一般情况下，无疑也是一个最重要的条件。在决定性地点上能够集中多大的兵力，这取决于军队的绝对数量和使用军队的艺术。"[①]

---

① 《战争论》，第 192、194、195 页。

他的观点，也为其他军事学家所普遍认同，如若米尼指出："腓特烈大帝的作战报告已开始使我发现他在莱顿（利萨）大获全胜的秘密。我认为这个秘密实在很简单，就是集中他的主力去攻击敌人的一翼而已。""（为了达到集中兵力的目的，应当正确选择作战线方向，）利用战术机动，把主力用于战场的决定点上，或用于攻占敌军战线上的要点……实际上，一个主要战区总是只有左、中、右三个区域。同样，每一个区域，每个作战正面，每个战略阵地，每条防线，和每条战术战斗线，也总是只有中央和两端三个部分。在这三个方向当中，总有一个方向是对我方到达既定重要目标最为有利的，有一个方向是次有利的，而另一个方向则是比较最不利的。看来，在明确了这一目标与敌人阵地之间，以及这一目标与地理上各点之间的关系之后，有关战略机动和战术机动的每个问题，都可以归结为一个问题，就是决定向右，向左或是向正前方机动……凡是运用这一原理的人，总是可以获得最辉煌的胜利，凡是忘却这一原理的人，总是难免遭到最大的失败。""作战线的方向只能指向敌军中央或其两翼之一。除非在兵力上占无限的优势，才可以同时对敌军的正面和两翼采取行动。否则，在任何情况下，假使对敌军正面和翼侧同时采取行动，那都是犯了极大的错误。"[1]

再如，在富勒看来，拿破仑军事指挥艺术的精髓之一，就是在作战过程中善于集中兵力，给敌人以致命的打击。对此，他在《战争指导》一书中总结道："集中。为了进行决定性的

---

[1] 《战争艺术概论》，第 17、89、90、134 页。

战斗，拿破仑把一切的辅助性行为减到了最低程度，以便能集中最大可能的兵力。科林引用他的话说：军队必须集结，而且必须把最大可能的兵力集中在战场之上。……部署兵力的艺术也就是进行战争的艺术，应该用这样的方法部署你的兵力，即不管敌人采取什么行动，你都应能在几天之内把你的兵力集合到一起。……战争中的第一原则，就是要求所有的部队在战场上集中好了之后才进行会战。同时因为，军事指挥的艺术，就在于当自己的兵力数量居于劣势时，反而能在战场上化劣势为优势。这就是说，一支劣势的部队，如能正确地进行集结，那么，通常都能战胜一支数量虽然居于优势但却不能正确集结的部队。"①

按西方军事学家的理解，集中兵力的原则是贯穿于整个战争行动过程之中的，即使在整体力量弱于对手的情况下，也要通过高明的部署与指挥，在一定的区域范围内集中兵力，形成对敌手的局部优势："即使不能取得绝对优势，也要巧妙地使用军队，以便在决定性地点上造成相对的优势。正如《高卢战记》所言：为了避免在同一时期跟敌人庞大的兵力作战，设法把敌人的军队分开，是一件极为重要的事情。"同样的道理，在退却或失败的状况下，也切忌分散兵力，确保军队集中的原则没有丝毫的动摇，从而为恢复元气、卷土重来创造必要的条件。"任何其他分兵退却的做法，都是极其危险的，是违背事物的性质的，因而也是非常错误的。军队在任何一次失败的会战中都处于削弱和瓦解的状态，这时，最迫切需要的是集中兵

---

① 参见《战争艺术概论》，第48、49页。

力，并在集中的过程中恢复秩序、勇气和信心。"①

当然，"众寡分合"这个命题本身是辩证的。中西军事学家都认为：在特定的情况下，也不能一味地强调集中兵力，而有必要进行积极的分散兵力，以策机动。换言之，兵力集中与分散，乃是有机统一的，正如古人所言，"分不分，为縻军；聚不聚，为孤旅"（《唐太宗李卫公问对》卷下）。

现代战争中，随着信息化、智能化程度的不断提升，随着武器杀伤力的日益增大，分散兵力与集中兵力的关系，更值得战争指导者辩证地加以认识与把握了。

第二，中西军事学家普遍重视军队行动的快速机动，致力于夺取战争主动权。

从军事学角度来讲，通过旷日持久同敌人拼消耗、拼意志来完成战略优劣态势的转换，最终赢得战争的胜利，毕竟是一种颇不情愿但又无可奈何的选择。如果自己方面在实力上明显占有优势，又机遇巧合，那么自然应该采取"快刀斩乱麻"的手段，干净利落地解决对手，尽可能用最小的代价换取最大的胜利，这就是所谓的兵贵神速，速战速决。古今中外军事学家普遍肯定和倡导这条原则，都主张在尽可能短的时间里打败敌人，实现预定的战略目标作为用兵打仗的理想追求。因为他们都知道一个普通的道理：一分钟决定战斗的结局，一小时决定战局的胜负，一天决定帝国的命运。军队的迅速机动和闪电般的冲击永远是真正的战争灵魂。所以在中国，孙子主张"兵贵胜，不贵久"（《孙子兵法·作战篇》），"始如处女，敌人开

① 《战争论》，第 197、307、308 页。

「同」大于「异」：中西方军事学宗旨与原则的比较研究

户；后如脱兔，敌不及拒"，强调"兵之情主速，乘人之不及，由不虞之道，攻其所不戒也"（《孙子兵法·九地篇》）。《吕氏春秋》的作者把迅猛神速、进攻速胜看成是"决义兵之胜"的关键[1]，明朝人尹宾商更是强调"时不再来，机不可失，则速攻之，速围之，速逐之，速捣之"，认为如此这般，则"靡有不胜"。[2]

而在西方，这一原则也为众多军事学家所激赏，成为作战指挥艺术中的一条铁律。如若米尼曾指出："对兵力的使用，要求遵守以下两条基本原则：第一，战略原理本身的基础，就是通过发挥机动性和快速性的方法取得优势，以便能逐次把自己的主力只投向敌军战线的几个部分；第二，必须在最具有决定性的方向实施突击。"[3] 富勒在《战争指导》一书中总结希特勒的军事思想，认为希特勒十分重视军队行动的迅捷性，"他对高速车辆、高速公路和飞机都很感兴趣，所以，以高度的机动性和打击力为基础的战争，深深地吸引着他。德国的空军和陆军，都是以发展速度为目标而组织起来的"。在同书中，富勒还分析了拿破仑的作战指导成功秘诀正在于"快速机动"："机动。科林写道：在拿破仑战争中，迅速是一种必要的和基本的因素。……（拿破仑）他说：在战争的艺术之中，也像在力学中一样，时间是重量和力量之间的重要因素。又说：在战争中，时间的损失是无可弥补的；对此提出的各种理由都是不妥

---

① 《吕氏春秋·论威》："急疾捷先，此所以决义兵之胜也，而不可久处。"

② 《白豪子兵篇》，卷一，《迅》。

③ 《战争艺术概论》续编（一），第374页。

的，因为拖延只能使行动失败。"^①所有这些，都证明中西军事学家在军队开进与展开过程中机动迅速问题上理性认识的一致性。

当然，快速机动，归根结底都是为了夺取战争的主动权，主动权乃是军队行动的自由权。在战场上，若失去行动自由，让对手束缚住了手脚，则进退不得，攻守无措。可见，主动权即军队命脉之所系，有了主动权，弱可以变强，少可以转多，败可以转胜，反之亦然。中国古代兵家对这层道理早有深刻的领会，并用简洁深刻的一句话，概括揭示了牢牢掌握主动权的不朽命题："致人而不致于人"（《孙子兵法·虚实篇》），即善于调动敌人而不被敌人所调动。这一原则是兵家制胜之道的灵魂。无怪乎《唐太宗李卫公问对·卷中》要这么总结古代兵法："千章万句，不出乎'致人而不致于人'而已。"西方军事学家同样将夺取和掌握主动权问题视为制胜的关键，其相关论述与中国古代的兵家并无差异，这在博福尔《战略入门》中称为"行动自由"而获得的"主动"："选择最好的手段，也许就是战略的最重要任务。这种选择的范围非常广泛，从心理的暗示起，到物质的毁灭止。战略使人能应付困难的局面，并且常能使力量薄弱的一方转为胜利者。在这种选择中，以及在随后的作战指导中，其'试金石'都是行动自由。战略的实质就是对行动自由的争夺。所以战略的基础就是确保自己的行动自由（通过奇袭或主动进攻）。""在这个对抗行动中，问题并不仅是抵挡敌人的攻击，必须一方面阻止敌人获得主动，另一方面尽

---

① 参见《战争指导》，第 307、47 页。

量发挥自己的主动性，一直到决定已经达成时为止。"①

第三，中西军事学家都强调用兵作战的最高规则是没有规则，没有规则才是唯一的规则。

这在孙子那里，是"战胜不复，而应形于无穷"，是"兵无常势，水无常形，能因敌变化而取胜者，谓之神"（《孙子兵法·虚实篇》）。在《司马法》那里，是"无复先术"（《司马法·严位》）。用岳飞的话讲，则是"阵而后战，兵法之常，运用之妙，存乎一心"（《宋史·岳飞传》）。即高明的作战指导者在对敌作战过程中，要切忌僵化保守，拘泥成法，而必须根据敌情的变化，随时调整兵力部署，改变作战方式，始终保持主动："水因地而制流，兵因敌而制胜。"（《孙子兵法·虚实篇》）在中国古代兵家的观念中，唯有"因敌而制胜"，方可排除干扰，顺利实施"避实而击虚"的作战指导，真正做到"致人而不致于人"，由用兵的"必然王国"进入用兵的"自由王国"。否则，即便熟读兵书，满腹韬略，也不免是食古不化，胶柱鼓瑟，纸上谈兵，到头来终究逃脱不了丧师辱国、身败名裂的悲剧下场，正所谓"法有定论，而兵无常形。一日之内，一阵之间，离合取舍，其变无穷。一移踵、瞬目，而兵形易矣。守一定之书，而应无穷之敌，则胜负之数戾矣！"（《何博士备论·霍去病论》）

西方军事学家同样高度重视作战指导上的灵活应变、创新发展，也反对抱残守缺、墨守成规，强调要随着军事技术的变化和发展，针对不同的作战对象，根据不同的作战条件与环境，不断地改变战法、灵活地运用战术。这方面，富勒在其

---

① 《战略入门》，第 138、139 页。

《装甲战》一书中的许多观点是具有代表性的：这首先是武器
装备的进步，一定会带来作战方式的变革，"十五、十六世纪火
药的出现，十九世纪蒸气动力和化学科学的发展，均引起当时
军队编制装备的改变；同样，在当今年代，油料、电力、高爆
炸药、蒸气动力和化学的发展，必然会引起战争的全面改变，
以致建立新的军事体制。""新式武器的投入使用不能不引起
条件的变化，而条件的每次变化又都会要求军事原则应用的变
更。"其次，制胜的关键在于灵活应变、便宜从事："除攻城战
外，各种作战的成功秘诀不仅是作战方法，更重要的是机断行
事。因此，指挥官的作战计划必须简明扼要，并具有灵活性。
计划应留有充分余地，使下属指挥官能机断行事。""不能以一
成不变的思想来制订计划，而必须用灵活机动的思想来制定计
划，也就是说，计划必须包括若干个预备方案。"①

　　富勒曾经这么说过："世界上没有绝对新的东西，我曾说
过，学员只要研究一下历史，就可看出，战争的许多阶段将再
次采用基本相同的作战形式。只需进行一些研究和思考，就会
认识到，过去所采用的所有战略和战术，自觉或不自觉地都是
根据军事原则制订的。……无论军队是由徒步步兵、骑兵，还
是由机械化步兵组成，节约兵力、集中、突然性、安全、进
攻、机动和协调等原则总是适用的。总之，摩托化和机械化只
是改变了战争的条件，即改变了将军使用的工具，而不是他的
军事原则，这一点是显而易见的。"② 这是就时间的角度说明军

_____

① 《装甲战》，第 2、113、11、12、63 页。

② 《装甲战》，第 13 页。

事学基本原则的永恒性、稳定性，其实，从空间的视角考察，这种统一性、常态化又何尝不是如此！中西方军事学著作在语言体例、逻辑概念梳理、形象描述等方面固然存在着很大的差异，是两种军事文明的产物，但是，"百川异源，而皆归于海；百家殊业，而皆务于治"（《淮南子·泛论训》），万变不离其宗，中西方军事学的基本核心问题，如重视将帅、灵活多变、集中兵力、以攻为主、重视精神因素及士气的振奋等等，完全可以说是旨趣一致、异曲同工的，数千年来都是一脉相承、互相贯通的，这种一致与相似，远远胜过所谓的"差异"与"对立"。我们应该充分看到中西方军事学的这种同一性，从而更好地认识中西方军事思想文化中那些超越时空的价值，并从中汲取有益的启迪。

长期以来，人们在从事文化交流或文明对话时，总是强调立足于特定文化的本位立场，在突出自己文化鲜明特征的前提下，来与他类文化或文明进行比较，这样做的结果，常常是展示不同文化之间的特殊性、独立性、差异性，而有意无意地淡化了不同文化之间的内在普遍性、同一性、共通性。

于是，较量高低、争雄恃强，也就成了文明冲突、价值分殊的常态，强势的文化会利用掌握的话语霸权而强行推销自己的价值观、政治观、社会观，而处于弱势地位一方的文化，则因不甘心被边缘、被消解而在压力前产生巨大的反弹，进行猛烈反抗。在这种情况下，文明的交流越是深入，则冲突的程度愈激烈；文化的互动越是频繁，则排斥的态势愈明显。这样非但不能和平共存，反而导致诸多的曲解、误判与对峙。"道术将为天下裂"，这样的结果，虽然令人悲哀，但却是不争的严峻现实。毕竟，在老子所追求的"鸡犬之声相闻，民至老死不相往来"社会生态里，文明的碰撞，文化的冲突，是不可能发生的。

而问题的根本，我们认为，就是人们在面对不同文明、不同文化时，其讨论的重点，总是热衷于"求异"，而未能改变视野，将"求同"放在中心的位置。应该说，是"求异"还是"求同"，是互相指摘还是彼此欣赏，这对文明对话顺利畅达与否关系至为重大，对文化的包容与否也实具关键的意义，所谓立场决定态度，品格彰显高度。换言之，如果人们不能克服"求异"的价值取向，那么就必然无法体现"同归而殊途，一致而百虑"的文化宗旨，就会难以真正实现文明平等、文化宽容、人类和谐、世界和平的理想追求。

所以，我们开展文化交流、文明对话，首要的任务是要改造我们的文化观，基本立场当由注重"求异"转化为"求同"，改弦更张，拨乱反正。否则，必然是缘木求鱼、南辕北辙。上述我们有关中西方军事学理论的比较与分析，以及所得出的初步结论，在其种意义上说，就是一个范例，也是一种尝试。

「同」大于「异」：中西方军事学宗旨与原则的比较研究